TILL KALSBACH

Die gerichtliche Nachprüfung von Maßnahmen der Staatsanwaltschaft im Strafverfahren

NEUE KÖLNER RECHTSWISSENSCHAFTLICHE ABHANDLUNGEN

HERAUSGEGEBEN VON
DER RECHTSWISSENSCHAFTLICHEN FAKULTÄT
DER UNIVERSITÄT ZU KÖLN

HEFT 49

Berlin 1967

WALTER DE GRUYTER & CO.

vormals G. J. Göschen'sche Verlagshandlung · J. Guttentag, Verlagsbuchhandlung
Georg Reimer · Karl J. Trübner · Veit & Comp.

Die gerichtliche Nachprüfung von Maßnahmen der Staatsanwaltschaft im Strafverfahren

Von

Dr. Till Kalsbach

Wuppertal

Berlin 1967

WALTER DE GRUYTER & CO.

vormals G. J. Göschen'sche Verlagshandlung · J. Guttentag, Verlagsbuchhandlung
Georg Reimer · Karl J. Trübner · Veit & Comp.

Gedruckt mit Unterstützung der Stiftung Volkswagenwerk

Archiv-Nr. 27 08 67 0

Satz und Druck: Max Schönherr, 1 Berlin 65

Dem Andenken meines Vaters,
Rechtsanwalt Dr. Werner Kalsbach

VORWORT

Die vorliegende Arbeit wurde Ende 1963 abgeschlossen und geht demgemäß von dem damaligen Rechtszustand aus. Inzwischen ist die Strafprozeßordnung insbesondere durch das Strafprozeßänderungsgesetz vom 19. Dezember 1964 (BGBl I S. 1067) in verschiedenen Punkten umgestaltet und mit Datum vom 17. September 1965 in ihrem neuen Wortlaut bekannt gemacht worden (BGBl I S. 1373). Von den damit eingetretenen Änderungen konnten die Erweiterung des Akteneinsichtsrechts des Verteidigers im Vorverfahren (§ 147 StPO n. F.) und der Ausbau der gerichtlichen Kontrollbefugnisse bei der Auswahl des zuständigen Gerichts durch die Staatsanwaltschaft (§§ 24 I S. 2, 74 a GVG, 209 III StPO n. F.) im Text nicht mehr berücksichtigt werden. In beiden Fällen deckt sich die ausdrückliche gesetzliche Regelung nunmehr mit der hier schon für das frühere Recht vertretenen Auffassung. Dennoch dürften die entsprechenden Abschnitte der Arbeit nicht völlig überholt sein. Auch die Neufassung des § 147 StPO regelt nämlich den Anspruch auf Einsicht in die Ermittlungsakten der Staatsanwaltschaft nur für einen Teilbereich, und über die Tragweite des § 209 III StPO sind bereits neue Meinungsverschiedenheiten entstanden (vgl. LG Rottweil, NJW 1966, 215, mit ablehnender Anmerkung von Kleinknecht).

Literatur und Rechtsprechung sind bis Ende 1963 berücksichtigt. Auf spätere Entscheidungen und das seither veröffentlichte Schrifttum auf dem Gebiet des Strafprozeßrechts ist in den Fußnoten nach Möglichkeit hingewiesen. Die nunmehr bereits recht umfangreiche Rechtsprechung zum Rechtsschutz gegen Justizverwaltungsakte auf dem Gebiet des Strafrechts (vgl. die Übersichten von Altenhain: DRiZ 1964, 297; JZ 1965, 756; JZ 1966, 16) stimmt mit den hier gefundenen Ergebnissen nicht immer überein. Sie bringt aber — wie eine eingehende Überprüfung gezeigt hat — keine grundsätzlich neuen Argumente und bietet deswegen keinen Anlaß, von den Ergebnissen der vorliegenden Untersuchung abzurücken.

Wuppertal, im August 1966

Till Kalsbach

INHALTSÜBERSICHT

EINLEITUNG

Seit dem Inkrafttreten der Verwaltungsgerichtsordnung (VwGO) am 1. 4. 1960 entscheiden die ordentlichen Gerichte über die Rechtmäßigkeit der sogenannten Justizverwaltungsakte auf den Gebieten des bürgerlichen Rechts, des Zivilprozesses, der freiwilligen Gerichtsbarkeit und der Strafrechtspflege sowie der Maßnahmen von Vollzugsbehörden im Vollzug der Freiheitsstrafen, der Maßregeln der Sicherung und Besserung, des Jugendarrests und der Untersuchungshaft (§ 23 I EGGVG, eingefügt durch § 179 VwGO). Diese Neuregelung, die für die Grenzziehung zwischen ordentlichem und Verwaltungsrechtsweg von großer Tragweite ist, da sie viele Maßnahmen der Justizbehörden erfaßt, die früher von den Verwaltungsgerichten überprüft wurden[1], hat im Bereich der Strafrechtspflege die Aufmerksamkeit auf die zuvor nur wenig beachtete Frage gelenkt, ob und inwieweit auch gegenüber Anordnungen, Verfügungen und sonstigen Maßnahmen der Staatsanwaltschaft (StA) der Rechtsweg offensteht. Während in früheren Untersuchungen über die gerichtliche Nachprüfung von Justizverwaltungsakten die Tätigkeit der StA entweder übergangen[2] oder mit dem Hinweis auf ihre Sonderstellung ausgeklammert wurde[3], hat man sich bald nach Erlaß der §§ 23—30 EGGVG verschiedentlich mit dem Rechtsschutz gegenüber Maßnahmen der StA beschäftigt[4] und ist dabei zu sehr unterschiedlichen Ergebnissen gekommen. Den damit aufgetauchten Zweifelsfragen will diese Arbeit im Zusammenhang nachgehen. Sie beschränkt sich auf den Kern der staatsanwaltlichen Tätigkeit, die Maßnahmen der StA im Verlauf des Strafverfahrens. Da sich die Strafverfolgungstätigkeit der StA infolge ihrer engen Beziehung zu den richterlichen Funktio-

---

[1] Vgl. ALTENHAIN JVBl 60, 193 ff.; LÜKE JuS 61, 205 ff.; SIEVEKING MDR 60, 177 (178 Anm. 10); STICH DÖV 60, 368 f.

[2] ASSCHENFELD MDR 50, 85 f.; TIETGEN NJW 56, 1129 ff. Auch das Schrifttum zu Art. 19 IV GG erwähnt die StA nicht: GIESE 7 zu Art. 19; VON MANGOLDT-KLEIN VII 2 zu Art. 19; MAUNZ-DÜRIG Art. 19 IV Rdz. 17 ff.; WERNICKE BK II 4 zu Art. 19.

[3] RUSCHEWEYH DVBl 58, 686.

[4] ALTENHAIN JVBl 60, 193 (194); KAISER NJW 61, 200 u. 1102; LÜKE JuS 61, 205 (208 ff.); SCHMIDT SchlHA 62, 73 f.; THIERFELDER DVBl 61, 119 f. und NJW 61, 1101 f.; VOGEL NJW 61, 761 ff. Vgl. ferner die Rechtsprechungsübersicht bei ALTENHAIN DRiZ 63, 8 (9 f.), jetzt fortgesetzt DRiZ 64, 297; JZ 65, 756 u. JZ 66, 16.

nen im Rahmen der Strafrechtspflege und wegen ihrer Eingliederung in ein prozeßförmiges, gerichtliches Verfahren weitgehend von ihren sonstigen Aufgaben[5] unterscheidet[6], führt hier die Frage nach Umfang und Form des Rechtsschutzes zu besonderen Problemen, die das Thema aus dem allgemeinen Fragenkreis der gerichtlichen Nachprüfbarkeit von Justizverwaltungsakten herausheben[7].

Angesichts der Vielzahl von Entschließungen, Verfügungen, Anordnungen und anderen Maßnahmen, welche die StA im Ermittlungsverfahren und während des weiteren Verfahrensablaufs zu treffen hat, lassen sich — will man nicht rechtliche Wertungen vorwegnehmen — die Erscheinungsformen ihrer Tätigkeit, auf die sich die Untersuchung erstrecken soll, hier nicht durch einen einheitlichen und präzisen Begriff erfassen, sondern nur umschreiben. Nicht in den Bereich der Untersuchung fallen solche Maßnahmen der StA, die ihrer Natur nach nicht rückgängig zu machen sind, sondern allenfalls Schadensersatzansprüche des Betroffenen auslösen können, wie z. B. die Anordnung der körperlichen Untersuchung oder der Durchsuchung bei Gefahr im Verzuge (§§ 81 a II, 105 I[8]). Auch durch die Ersatzpflicht des Staates erfährt zwar der einzelne im weiteren Sinne „rechtlichen Schutz" gegen rechtswidrige Übergriffe staatlicher Organe[9]. Von Rechtsschutz im eigentlichen Sinne kann aber im öffentlichen Recht nur dort gesprochen werden, wo es um die Beseitigung bestehender Rechtsbeeinträchtigungen, also um die Frage geht, ob jemand bestimmte Anordnungen oder ein bestimmtes Verhalten der Behörde hinnehmen muß oder ob er hiergegen den Richter mit dem Ziel anrufen kann, die Aufhebung der Maßnahme oder die Verpflichtung der Behörde zu einem bestimmten Verhalten zu erreichen. Von vornherein auszuscheiden sind ferner die Fälle, in denen die StA lediglich Anträge an das Gericht richtet[10]. Hierzu gehört insbesondere die Erhebung der öffentlichen Klage. Da es ohne sie nicht zu einer gerichtlichen Untersuchung kommen kann (§ 151), wird der Beschuldigte

[5] Wegen der Bedeutung der §§ 23 ff. EGGVG für die Maßnahmen der StA auf dem Gebiet des Zivilrechts vgl. LÜKE a. a. O. FN 4.

[6] EB. SCHMIDT DRiZ 57, 273 ff. sowie neuerdings MDR 64, 629 ff. u. 713 ff.; i. e. u. S. 7 ff.

[7] RUSCHEWEYH a. a. O. FN 3.

[8] Alle ohne nähere Angabe zitierten Paragraphen sind solche der StPO.

[9] MENGER MDR 55, 512 f.

[10] Z. B. die Beantragung richterlicher Untersuchungshandlungen im Ermittlungsverfahren (§ 162 in Verb. mit §§ 48 ff., 133 ff. — richterliche Vernehmungen —; §§ 81 a, 81 c — Anordnung der körperlichen Untersuchung —; §§ 87 ff. — Leichenöffnung —; §§ 94 ff. — Beschlagnahme und Durchsuchung —; § 111 a — vorläufige Entziehung der Fahrerlaubnis —; §§ 112 ff., 126 a — Verhaftung und einstweilige Unterbringung —); ferner die Einlegung von Rechtsmitteln (§§ 304 ff., 312 ff., 333 ff.).

zwar regelmäßig ein Interesse daran haben, schon die Anklageerhebung zu verhindern[11]. Nicht sie, sondern die damit nur beantragte Eröffnung des Hauptverfahrens durch das Gericht (§§ 203, 207) bildet aber die Voraussetzung und die Grundlage der Hauptverhandlung[12], so daß der Anklageerhebung für die hier interessierende Frage ebensowenig selbständige Bedeutung zukommt wie anderen Prozeßhandlungen, die lediglich auf die Anrufung des Gerichts hinzielen[13].

---

[11] Vgl. die Amtl. Begründung zum Regierungsentwurf des StPÄG (Art. 2), DBTag, Drucks. IV/178, S. 17 u. 27 ff. — Inzwischen ist diesem Interesse durch die Einführung des Schlußgehörs (§§ 169 a, 169 b StPO i. d. F. des StPÄG vom 19. 12. 1964 [BGBl. I S. 1067]) Rechnung getragen, das die Stellung des Beschuldigten und seines Verteidigers im Vorverfahren verstärken und die Erhebung unberechtigter Anklagen verhindern soll (Amtl. Begründung zum Regierungsentwurf a. a. O.; Beratungen des Rechtsausschusses [DBTag, 4. Wahlperiode, 12. Ausschuß, stenographische Sitzungsberichte] S. 12/11 ff. u. 13/3, 13/7; Dahs NJW 65, 81 [83]; Eb. Kaiser in Leitfaden zur kleinen Strafprozeßreform, München und Berlin 1965, S. 20; Schorn NJW 65, 713 [714]; Schwarz-Kleinknecht [26. Auflage, 1966] 1 zu § 169 b). Hiermit haben sich jedoch neue Rechtsschutzprobleme ergeben. Es stellt sich z. B. die Frage, welche Rechtsbehelfe dem Beschuldigten zur Verfügung stehen, wenn die StA ihm in umfangreichen Sachen bei der Frist- bzw. Terminbestimmung gem. §§ 169 a u. b StPO keine ausreichende Zeit zur Vorbereitung seiner Verteidigung einräumt (vgl. OLG Hamm NJW 66, 684). Nach Auffassung des OLG Hamm (a. a. O.; siehe auch OLG Frankfurt NJW 66, 363) ist gegen Verfügungen der StA, die das Schlußgehör betreffen, ein Antrag auf gerichtliche Entscheidung gem. § 23 EGGVG nicht zulässig (ebenso Müller-Sax [KMR], Kommentar zur StPO, 6. Auflage, Darmstadt 1966, 5 zu § 169 a). Dem Beschuldigten muß aber auch hier in irgendeiner Form Rechtsschutz zuteil werden. Wenn die StA dem Beschuldigten im Rahmen der §§ 169 a, 169 b StPO pflichtwidrig keine ausreichende Vorbereitungszeit einräumt, so verletzt sie ihn nicht nur in seinen prozessualen, sondern auch in seinen durch Art. 6 MRK sowie Art. 103 I GG, das allgemeine Rechtsstaatsprinzip und Art. 1 I GG gewährleisteten Rechten. Damit eröffnet ihm aber — wie unten im einzelnen dargelegt werden wird — Art. 19 IV GG den Rechtsweg. Wenn man unter diesen Umständen die Zulässigkeit eines Antrags auf gerichtliche Entscheidung gem. § 23 EGGVG verneint, so muß man zumindest dem Eröffnungsrichter die Befugnis zuerkennen, die Beachtung der §§ 169 a u. b StPO durch die StA im Zwischenverfahren zu prüfen und, falls sie verletzt sind, die Anklage erst zur Hauptverhandlung zuzulassen, wenn die StA das Schlußgehör in ordnungsmäßiger Form nachgeholt und danach erneut über die Anklageerhebung entschieden hat (vgl. dazu auch Dahs jun., Das rechtliche Gehör im Strafprozeß, München und Berlin 1965, S. 73 f.).

[12] BGHSt 10, 278 (279); KM 1 zu § 207; Schwarz-Kleinknecht 4 zu § 207.

[13] Nach Eb. Schmidt, NJW 63, 1081 (1086), soll das selbst dann gelten, wenn der Eröffnungsbeschluß beseitigt werden sollte. Dem steht allerdings entgegen, daß nicht erst die Verurteilung, sondern schon die Hauptverhand-

Im Rahmen des nach diesen Einschränkungen verbleibenden Bereichs, in den z. B. die Entschließung der StA über das besondere öffentliche Interesse an der Strafverfolgung (§ 232 StGB), die Entscheidung über die Gewährung von Einsicht in die Ermittlungsakten, die Einstellung des Verfahrens (§§ 170, 153 ff., 376) und die Auswahl des zuständigen Gerichts nach den §§ 24 I Nr. 2 u. 3, 74 I GVG fallen, will die Arbeit versuchen, zunächst den Umfang und die Grenzen des Rechtsschutzes gegen Maßnahmen der StA im allgemeinen klarzustellen, um dann zu typischen und umstrittenen Beispielfällen Stellung zu nehmen.

lung den Angeklagten schwer belastet (ders. LK II Rdz. 4 vor § 158) und eben deswegen niemand ohne den Willen des Gerichts auf die Anklagebank kommen soll (KERN StVR S. 157).

1. KAPITEL

Umfang und Grenzen des Rechtsschutzes gegen Maßnahmen der Staatsanwaltschaft im allgemeinen

1. Abschnitt

Die gesetzlichen Grundlagen des Rechtsschutzes

A.

In welchem Umfang die Strafverfolgungstätigkeit der StA überhaupt gerichtlicher Kontrolle zugänglich ist, ergibt sich auch heute noch in erster Linie aus Art. 19 IV GG. Nachdem der Gesetzgeber mit dem Erlaß der §§ 23—30 EGGVG die Anfechtbarkeit der sog. Justizverwaltungsakte generell geregelt hat, liegt es zwar nahe, schon bei der Beantwortung der grundsätzlichen Frage nach Umfang und Grenzen des Rechtsschutzes im allgemeinen von diesen Bestimmungen auszugehen, und dieser Weg wird heute auch durchweg eingeschlagen[14]. Da die §§ 23—30 EGGVG nur gelten, soweit die ordentlichen Gerichte nicht schon nach anderen Vorschriften — z. B. auf Grund der Bestimmungen über das Anklageerzwingungsverfahren (§§ 172—177) — angerufen werden können, erfassen sie aber jedenfalls nur einen Ausschnitt aus dem hier interessierenden Bereich. Schon deswegen sind sie nicht der geeignete Ausgangspunkt für eine umfassendere Untersuchung. Darüberhinaus zeigt sich bei näherer Betrachtung sehr bald, daß man allein auf ihrer Grundlage auch in dem verbleibenden Teilbereich nicht zu gesicherten Ergebnissen kommen kann. Vor der Prüfung, ob eine bestimmte von der StA im Verlauf des Strafverfahrens getroffene Entscheidung die Merkmale eines Justizverwaltungsaktes i. S. des § 23 I EGGVG erfüllt, muß zunächst einmal die Frage beantwortet werden, ob nicht übergeordnete Gesichtspunkte die Anwendung der §§ 23 ff. EGGVG auf die Tätigkeit der StA im Strafverfahren schlechthin verbieten. Hierzu sagen diese Bestimmungen aber nichts. Aus der Tatsache, daß schon die StPO gewisse Entscheidungen der StA gerichtlicher Kontrolle unterstellt[15],

---

[14] ALTENHAIN, KAISER, LÜKE, SCHMIDT, THIERFELDER a. a. O. FN 4.

[15] Z. B. die Anordnung der Beschlagnahme bei Gefahr im Verzuge (§§ 98 II, 100 II), die Einstellung des Verfahrens bei Verbrechen und von Amts wegen zu verfolgenden Vergehen, soweit sie nicht auf die §§ 153 ff.

während sie andere ausdrücklich[16] oder stillschweigend[17] ausnimmt, folgt nach allgemeinen Rechtsgrundsätzen, daß die ausgeklammerten Entscheidungen ohne die Möglichkeit der Anfechtung hinzunehmen sind[18]. Die sich hieraus gegen die Anwendbarkeit der §§ 23 ff. EGGVG ergebenden Bedenken[19] greifen nur dann nicht durch, wenn die StA auch bei ihrer Tätigkeit im Strafverfahren als Trägerin der „öffentlichen Gewalt" i. S. von Art. 19 IV GG handelt[20]. Ob das der Fall ist, läßt sich aber angesichts der engen Verbindung zwischen ihren Aufgaben und den richterlichen Funktionen im Rahmen der Strafrechtspflege nicht ohne weiteres sagen und ist deswegen zunächst zu klären.

Für denjenigen, der wegen einer bestimmten, ihn belastenden Maßnahme der StA ein Gericht anrufen will, stehen zwar die verfahrensrechtlichen Vorschriften im Vordergrund. Er hat sich die Frage vorzulegen, ob ihm spezielle Bestimmungen den Weg zu den ordentlichen Gerichten eröffnen oder ob die §§ 23 ff. EGGVG eingreifen. Nur in diesem Zusammenhang ist für ihn Art. 19 IV S. 1 GG unter Umständen von Interesse. Bei der hier angestrebten grundsätzlichen Erörterung der Anfechtbarkeit von Maßnahmen der StA im Strafverfahren geht es dagegen zuerst darum, ob diese Maßnahmen solche der „öffentlichen Gewalt" i. S. von Art. 19 IV GG sind. Von der Beantwortung dieser zwar im allgemeinen stillschweigend übergangenen[21], aber nicht

---

gestützt wird (§ 172 II), und die Wahl der Strafkammer als zuständiges Gericht (§ 209 I, §§ 24, 74 GVG).

[16] § 172 II S. 3.

[17] Z. B. die Verweigerung von Akteneinsicht sowie nunmehr auch die das Schlußgehör betreffenden Verfügungen gem. §§ 169 a u. 169 b (s. dazu OLG Hamm NJW 66, 684; i. e. o. FN 11).

[18] Tietgen NJW 56, 1129 (1131).

[19] Kaiser NJW 61, 200 (201); Schmidt SchlHA 62, 73; Schwarz-Kleinknecht 1 zu § 23 u. 1 zu § 24 EGGVG.

[20] Art. 19 IV GG gewährt lückenlosen Rechtsschutz: Hesse S. 89, 92 f.; von Mangoldt-Klein VII zu Art. 19; Maunz-Dürig Art. 19 IV Rdz. 1, 9; Tietgen a. a. O. FN 18; Wernicke BK II 4 zu Art. 19; BGHZ 10, 295 (297); BVerwGE 1, 159 (161); BFH JZ 51, 599.

[21] Überwiegend wird die Geltung von Art. 19 IV GG für die Tätigkeit der StA im Strafverfahren unterstellt oder ohne weiteres bejaht: Altenhain JVBl 60, 193 (194) und neuerdings JZ 65, 756 (757 f.); Lüke, Thierfelder a. a. O. FN 4; BGHSt 16, 225 (230); OLG Bremen VRS 20, 56 (57); OLG Celle NdsRPflege 60, 259 (260). Z. T. vertritt man die Ansicht, daß der Betroffene nur die in der StPO vorgesehenen Anfechtungsbefugnisse habe, ohne auf Art. 19 IV GG einzugehen: Schmidt, Schwarz-Kleinknecht a. a. O. FN 19.

unbestrittenen[22] Frage hängt der Umfang des dem Betroffenen zu gewährenden Rechtsschutzes ab. Erst im Anschluß hieran wird zu untersuchen sein, welches Gericht berufen ist oder sein soll, die etwa erforderliche Rechtmäßigkeitskontrolle zu übernehmen, und welches Verfahren hierbei einzuschlagen ist.

B.

1. Nach Auffassung von Friesenhahn[23] und Friedrich Klein[24] umfaßt der Begriff der „öffentlichen Gewalt" i. S. von Art. 19 IV GG nur die hoheitliche Tätigkeit von Verwaltungsbehörden im engen, „technisch spezifischen" Sinne. Hierzu gehört die StA nicht. Ihre staatsrechtliche Stellung ist zwar auch heute noch nicht eindeutig geklärt. Die insoweit vertretenen Ansichten reichen von der Meinung, die StA stehe als Mittlerin auf der Grenze zwischen Verwaltung und Rechtspflege[25], bis zu der Auffassung, sie sei Trägerin echter richterlicher Funktionen und Bestandteil der rechtsprechenden Gewalt i. S.

---

[22] Kaiser a. a. O. FN 19; Obermayer S. 52; Eb. Schmidt NJW 63, 1081 (1086). I. e. sogleich unten. Eine eingehendere Untersuchung liegt, soweit ersichtlich, nicht vor.

[23] DV 1948/49, 478 ff.

[24] VVDStRL 8, 67 (78 ff.).

[25] Neumayer DRiZ 56, 132 (133); Schwarz-Kleinknecht 2 vor § 141 GVG. Vgl. ferner W. Bühler S. 56; K. Peters S. 128 f. Nach Schäfer (bei LR (21) Einl. Kap. 7, S. 57) ist die Beteiligung der StA bei der Ausübung der Rechtsprechung „Verwaltungstätigkeit wenn auch Verwaltungstätigkeit eigener Art", und Würtenberger (S. 88 ff.) führt aus, wenn die Funktion des Richters der Justizgewalt zugeordnet sei, so lasse sich die Macht der StA von der Regierungsgewalt, also der Verwaltung ableiten. Ebenso jetzt auch Nawakowski (Gutachten für den 45. DJT [Verhandlungen des 45. DJT, Karlsruhe 1964, Band I Teil 2, München und Berlin 1964] S. 10 ff., 31 ff. u. 45 f.) sowie insbesondere Sarstedt NJW 64, 1752 ff.), der mit einleuchtenden Gründen darlegt, daß die StA als Organ der Rechtspflege vollziehende Gewalt ausübe und nur dieser Umstand ihre Gleichstellung mit den Gerichten rechtfertige. Auch Eb. Schmidt (MDR 64, 713) hebt gegenüber der These von der Richtergleichheit der StA (s. FN 26) neuerdings hervor, daß man die Tätigkeit der StA „durchaus der Verwaltung zuordnen" könne, ohne sie damit „zur Exekutivbehörde zu degradieren", weil sich „ihre Funktion als Justizbehörde und als Organ der Rechtspflege so stark in den Vordergrund dränge, daß sich alles ihr Eigentümliche von hier aus erkläre, und sie funktional von Verwaltungsbehörden anderer Kategorien wesensmäßig unterscheide". Damit dürfte die Unsicherheit, die sich verschiedentlich aus der Vermengung der Gegensatzpaare „Verwaltung und Rechtspflege" und „vollziehende Gewalt und Rechtsprechung" ergeben hat, überwunden und der Standpunkt der h. L. (s. u. FN 38) präzise formuliert sein.

von Art. 92 GG[26]. Auch diejenigen, welche die innere Beziehung der StA zur vollziehenden Gewalt (§ 147 GVG) hervorheben, betonen jedoch, daß ihr Wesen durch ihre auf Rechtsverwirklichung und Rechtsdurchsetzung gerichtete Tätigkeit im Rahmen der Strafrechtspflege geprägt werde und sie somit trotz ihrer Zwischenstellung ein Organ der Rechtspflege, nicht der Verwaltung sei[27]. Hierüber kann auch angesichts der Entwicklungsgeschichte der StA gar kein Streit bestehen[28]. Seit ihrer Entstehung hat man die StA herrschend als Repräsentant des staatlichen Rechtswillens und als „Gesetzeswächter" im Strafverfahren angesehen, der „von Anfang an dahin zu wirken habe, daß überall dem Gesetz ein Genüge geschehe"[29]. Diese Auffassung hat sich auch in der Reichsjustizgesetzgebung von 1877 durchgesetzt[30] und gilt, nachdem man sich in der nationalsozialistischen Zeit teilweise von ihr abgewandt hatte[31], heute wieder unumschränkt[32]. Im Gegensatz zu den anderen Zweigen staatlicher Rechts-

---

[26] Görcke ZStW 73 (1961), 561 ff., insb. 575 ff.; Göbel NJW 61, 856 (857 f.); Güde Mitteilungsblatt des Bayerischen Richtervereins Nr. 2/1959, S. 6 (8 ff.); Kohlhaas, Stellung der StA, S. 46 ff.; Wagner NJW 63, 8 ff. Kritisch hierzu jetzt Eb. Schmidt LK I (2. Aufl. 1964) Rdz. 96 sowie MDR 64, 629 ff. u. 713 ff.

[27] Neumayer, K. Peters, Schäfer a. a. O. FN 27; W. Bühler S. 57 ff.; Schwarz-Kleinknecht Einl. 3 E, 1 vor § 141 GVG u. 1 zu § 122 DRiG; Würtenberger S. 91 ff., 94; ebenso Nawakowski u. Sarstedt a. a. O. FN 25.

[28] Die Geschichte der StA und der sie tragenden Prinzipien ist so oft und so eingehend dargestellt worden, daß eine Wiederholung sich hier erübrigen dürfte. Hinzuweisen ist insoweit insbesondere auf Otto, Die Preußische StA, 1899; Elling, Die Einführung der StA in Deutschland, 1911; Carstens, Die Geschichte der StA in Deutschland bis zur Gegenwart, 1932; W. Bühler S. 31 ff.; Döring DRiZ 58, 282 ff.; Henkel S. 41 ff., 105 ff., 179 ff.; Eb. Schmidt Kohlrausch-Festschrift S. 273 ff., MDR 51, 1 ff. u. DRiZ 57, 273 (275 ff.).

[29] Promemoria der Justiz- und Staatsminister v. Savigny und Uhden v. 23. 3. 1846 bei Otto S. 40 ff.

[30] Vgl. Eb. Schmidt Kohlrausch-Festschrift S. 282, MDR 51, 1 ff., DRiZ 57, 273 (275), MDR 61, 269 (271); W. Bühler S. 31 ff.

[31] Z. B. Henkel DR 1935, 277 (278). I. e. vgl. W. Bühler S. 44 ff.

[32] Auch die Entscheidung BGHSt 15, 156 besagt nichts anderes. Arndt (NJW 61, 1615, 1617) und Göbel (NJW 61, 856) wollen ihr zwar entnehmen, der BGH habe hier die StA als Organ der Exekutive angesehen. Tatsächlich hat er jedoch nur von der Gefahr gesprochen, daß die Exekutive durch Weisungen (§ 147 GVG) gegenüber der das Anklagemonopol besitzenden StA (§§ 151, 152 I) in unzulässiger Weise Einfluß auf Strafbarkeit und Strafverfolgung gewinnen könne, wenn nicht die StA im Rahmen des Legalitätsprinzips eine feste höchstrichterliche Rechtsprechung beachte. Ob das zutrifft. (kritisch auch Eb. Schmidt MDR 61, 269 ff.), muß hier auf sich be-

pflegetätigkeit umfaßt die Strafrechtspflege neben der Aufgabe der Rechtsfindung die der Strafverfolgung. Mit der Einführung der StA sind diese beiden, ursprünglich in der Hand des Inquisitionsrichters vereinigten Aufgaben der Justizgewährung auf zwei staatliche Organe verteilt worden. Die Funktionen von StA und Gericht hängen damit voneinander ab und bedingen sich gegenseitig. So kann man die StA trotz ihrer bürokratischen Organisation (§ 144 GVG) und ihrer abhängigen Stellung (§§ 145 ff. GVG) jedenfalls nicht als Verwaltungsbehörde bezeichnen und demgemäß ihre Tätigkeit im Strafverfahren — wenn man der Auffassung von F. Klein und Friesenhahn folgen will — *nicht* als Ausübung öffentlicher Gewalt i. S. von Art. 19 IV GG ansehen.

2. a) Im Gegensatz zu dieser engen Auslegung erfaßt Art. 19 IV GG nach herrschender Lehre[33] jede hoheitliche Tätigkeit mit Ausnahme der Rechtsprechung selber[34], also einen bedeutend weiteren Bereich. Der Begriff der Rechtsprechung wird dabei überwiegend formell verstanden. Unabhängig davon, ob materiell rechtsprechende oder verwaltende Tätigkeit ausgeübt wird, liegt ein nicht unter Art. 19 IV GG fallender Akt der Rechtsprechung hiernach stets, aber auch nur dann vor, wenn die Entscheidung allein nach sachlichen Gesichtspunkten durch einen unabhängigen, nicht an der Sache beteiligten und nicht weisungsgebundenen Richter getroffen wurde[35]. Geht man hiervon aus, so fällt die Tätigkeit der StA im Strafverfahren unter Art. 19 IV GG; denn wenn sie auch allein nach sachlichen Gesichtspunkten vorgehen muß (§ 160 II) und keine Weisung

---

ruhen (S. hierzu jetzt: Verhandlungen des 45. DJT, Karlsruhe 1964, Strafrechtliche Abteilung, zum Thema „Ist die StA an die ständige oder gefestigte höchstrichterliche Rechtsprechung gebunden?": Band I, Teil 2 (1964) Gutachten von Friedr. Nawakowski; Band II, Teil D (1965) Sitzungsberichte; ferner Kohlhaas (a. a. O. FN 26) S. 90 ff.; Eb. Schmidt MDR 64, 713 (718) u. insb. Sarstedt NJW 64, 1752 ff.).

[33] BVerfG NJW 63, 803; BVerwGE 5, 69 (72); Eschenburg S. 476; Giese 7 zu Art. 19; Hesse S. 90 ff.; von Mangoldt-Klein VII 2 c zu Art. 19 (S. 570 f.); Maunz-Dürig Art. 19 IV Rdz. 17; Tietgen NJW 56, 1129 (1133); Wernicke BK II 4 e zu Art. 19 (S. 13 f.). Die Ansicht von der Heydtes (VVDStRL 8, 162 f.), öffentliche Gewalt sei auch die richterliche Gewalt, dürfte überholt sein. Art. 19 IV GG gewährt Schutz durch, nicht gegen den Richter (BVerfG a. a. O.).

[34] Die umstrittene Frage, ob auch Maßnahmen der Gesetzgebung unter Art. 19 IV GG fallen (so Eschenburg, von der Heydte, Wernicke a. a. O. FN 33; Hamann 11 zu Art. 19; Maunz-Dürig Art. 19 IV Rdz. 18; a. A. Hesse S. 90; von Mangoldt-Klein VII 2 d zu Art. 19), kann hier außer Betracht bleiben.

[35] BVerwG, Hesse, von Mangoldt-Klein, Maunz-Dürig, Tietgen, Wernicke a. a. O. FN 33.

befolgen darf, die das Legalitätsprinzip verletzt[36], so kann doch kein Zweifel daran bestehen, daß der mit der Sache befaßte StA nicht in richterlicher Unabhängigkeit entscheidet[37].

b) Die aufgeworfene Frage läßt sich jedoch nicht mehr so eindeutig beantworten, wenn man, wie es die übliche Formulierung „jede hoheitliche Tätigkeit mit Ausnahme der Rechtsprechung" nahelegt und wie es auch teilweise geschieht, auf den Inhalt der wahrgenommenen hoheitlichen Aufgaben abstellt, da damit die umstrittene Frage nach der staatsrechtlichen Stellung der StA als Strafverfolgungsbehörde ins Spiel gebracht wird.

aa) Nach herkömmlicher und herrschender Auffassung ist die StA Organ der Rechtspflege im Gegensatz zur vollziehenden Gewalt, aber nicht Trägerin der allein dem Richter anvertrauten rechtsprechenden Gewalt im engeren Sinne (Art. 92 GG)[38]. Sie ergänzt zwar die richterliche Tätigkeit, die ohne ihre Hilfe nicht möglich wäre, und verfolgt dabei — wie das Gericht — das Ziel, der Wahrheits- und Rechtsfindung zu dienen[39]. Trotz dieser Gemeinsamkeiten hat sie aber keinen unmittelbaren Anteil an der richterlichen Urteilsfunktion, sondern nimmt als Strafverfolgungsbehörde inhaltlich anders geartete Aufgaben wahr[40]. Hiernach bleibt Art. 19 IV GG auch dann

---

[36] Allg. Ansicht. Vgl. vor allem Dünnebier JZ 58, 417 ff.; ferner: Bader NJW 49, 737 ff. und JZ 56, 4 (6); W. Bühler S. 62 ff.; Erbs IV zu § 152; Henkel S. 189 ff.; Hoenigschmied S. 22 ff., 45 ff.; Kern DRiZ 51, 119 (122); KM 1 zu § 146 GVG; Kohlhaas bei LR (21) 7 zu § 152; Less JR 51, 193 ff.; Schäfer bei LR (20) 3 zu § 146 GVG; Eb. Schmidt LK I Rdz. 328 u. LK III § 146 GVG Rdz. 5 ff. sowie MDR 64, 713 (714 ff.).

[37] §§ 145, 146, 147, 151 GVG. I. e. unten S. 16 ff.

[38] BVerfGE 9, 223 (228 f.); OLG Koblenz JVBl 61, 237 (238); Amtliche Begründung zum Entwurf eines DRiG in DRiZ 57, 127 (133); Arndt DRiZ 59, 199 (204) u. NJW 61, 1615 (1617); Döhring DRiZ 58, 282 (285); Duhme DRiZ 58, 339 (340 f.); Henkel S. 179 ff.; Hoenigschmied S. 7 ff., 13; Hofmeister DRiZ 58, 189; KM Einl. 2 II b; Less JR 51, 193 (194); Leverenz DRiZ 61, 101; Schäfer bei LR (20) 2 zu § 150 GVG; Seidel DRiZ 56, 141. Vgl. weiter aus älterer Zeit RGSt 60, 189 (190 f.); Ebermayer DRiZ 29, 45; Gerland S. 155; Graf zu Dohna S. 5. Neuerdings ferner: Klug, Presseschutz im Strafprozeß, Neuwied 1965, S. 106 ff. u. Eb. Schmidt LK I (2. Aufl. 1964) Rdz. 96 sowie MDR 64, 713.

[39] Graf zu Dohna, Less a. a. O. FN 38.

[40] Graf zu Dohna, Henkel, Hoenigschmied, Less a. a. O. FN 38. Das schließt nicht aus, die Tätigkeit der StA auch dort, wo dies nicht ausdrücklich bestimmt ist, weigehend mit denselben Maßstäben zu messen wie die des Gerichts. Trotz der Unterschiedlichkeit der von StA und Gericht wahrgenommenen Funktionen sprechen vielmehr das gemeinsame Ziel, der Wahrheits- und Rechtsfindung zu dienen, sowie die Entstehungsgeschichte und die rechtsstaatliche Tradition der StA im allgemeinen gerade dafür, die nach dem Wortlaut der StPO nur für das Gericht geltenden Verfahrensnormen, wie

auf ihre Tätigkeit im Strafverfahren anwendbar, wenn man die Grenze zwischen Maßnahmen der öffentlichen Gewalt i. S. dieser Bestimmung und Akten der Rechtsprechung unter Berücksichtigung materieller Gesichtspunkte zu ziehen versucht.

bb) Im Zusammenhang mit den Bestrebungen, die Einbeziehung der Staatsanwälte in das Deutsche Richtergesetz (DRiG)[41] zu erreichen, sind jedoch in neuerer Zeit vielfach Stimmen laut geworden, die dem inhaltlichen Unterschied zwischen den Funktionen der StA und des Gerichts grundsätzliche Bedeutung absprechen und stattdessen die richterähnliche Einstellung der StA zum Prozeßstoff und die weitgehende Begrenzung ihrer Weisungsunterworfenheit durch das Legalitätsprinzip als die „charakteristischen Merkmale ihrer Stellung im Rahmen der Strafrechtspflege" bezeichnen[42]. Insbesondere hat Eb. Schmidt verschiedentlich betont, daß die Tätigkeit der StA im Strafverfahren der richterlichen völlig gleichwertig sei und von denselben Prinzipien beherrscht werde[43]. Nicht die begrenzte Weisungsgebundenheit, sondern die unbedingte Rechtsunterworfenheit und die ausschließliche Intention auf Wahrheit und Gerechtigkeit kennzeichneten die Stellung des Staatsanwalts. Seine Funktionen seien nicht nur richterlicher Herkunft, sondern auch richterlicher Art[44]. Die Übertragung der Verfolgungstätigkeit auf eine besondere Anklagebehörde beruhe nur auf prozeßpsychologischen Erwägungen[45]. Im Hinblick auf die vom Recht gewollte innere Einstellung der StA zum Prozeßstoff entspreche ihre Funktion aber völlig derjenigen des Gerichts[46, 46a].

---

z. B. die Bestimmungen über die Heranziehung von Sachverständigen (§§ 72 f.) auf die Tätigkeit der StA entsprechend anzuwenden (dazu eingehend Klug, Presseschutz, S. 106 ff.).

[41] V. 8. 9. 61, BGBl I 1165.

[42] Vgl. Amelunxen DRiZ 55, 92; DRB DRiZ 55, 255 f., 57, 121 (122) u. 173 (176), 58, 101 (104), 60, 33 f.; Grosser-Nerz-Wolters DRiZ 54, 206 f.; Hoberg DRiZ 53, 136 (138); Kaiser NJW 61, 200 (201) u. 1102; Thiemann DRiZ 50, 255 (256).

[43] DRiZ 57, 273 ff.; ferner: LK I Rdz. 87; LK III § 146 GVG Rdz. 5; MDR 51, 1 ff.; DRiZ 59, 16 ff.; MDR 61, 269 (271).

[44] DRiZ 57, 273 (277 f.).

[45] MDR 51, 1 (2); DRiZ 57, 273 (277 f.).

[46] MDR 51, 1 (6 f.); DRiZ 57, 273 (278 ff.) u. 59, 16 (17).

[46a] S. hierzu jetzt Eb. Schmidt MDR 64, 629 ff. u. 713 ff. Obwohl in den Veröffentlichungen Eb. Schmidts über die Rechtsstellung der StA (s. o. FN 43, ferner Kohlrausch-Festschrift S. 263 ff.) stets die übereinstimmende Zielsetzung von StA und Gericht im Rahmen der Strafrechtspflege und die dadurch bedingte richterähnliche Arbeitsweise und Einstellung der StA zum Prozeßstoff besonders hervorgehoben werden und obwohl dieser Aspekt, bedingt durch Problemstellung und Zweck der Arbeiten, vielleicht zuweilen etwas einseitig in den Vordergrund gerückt wurde (vgl.

Noch weiter gehen Güde[47], Göbel[48], Görcke[49], Wagner[50] und Kohlhaas[50a], die — wie bereits erwähnt — die StA als Organ der rechtsprechenden Gewalt i. S. von Art. 92 GG bezeichnen, da der Staatsanwalt seine Aufgaben wenn schon nicht als Richter, so doch wie ein Richter zu erfüllen habe[51] und der Rechtspflege mindestens ebenso eng verbunden sei wie ein Richter der freiwilligen Gerichtsbarkeit[52], zumal da ihm Einwirkungsmöglichkeiten auf die Entscheidung des Gerichts gegeben seien, welche — wäre er nicht selbst Teil der rechtsprechenden Gewalt mit allen Unabhängigkeitsgarantien — dem Grundsatz der Gewaltenteilung schlechthin widersprächen[52a]. Von diesem Standpunkt aus ist es nur folgerichtig, die Geltung des Art. 19 IV GG für die Tätigkeit der StA im Strafverfahren zu verneinen; und diese Schlußfolgerung wird von Kaiser[53] sowie neuerdings von Eb. Schmidt[54] auch ausdrücklich gezogen.

c) Zu einem teilweise entsprechenden Ergebnis aus anderen Gründen kommt schließlich Obermayer[55]. Auch er geht davon aus, daß die „öffentliche Gewalt als rechtsprechende Gewalt, also als echte Ge-

---

insb. das Gutachten für den DRB, DRiZ 57, 273 ff.), zieht *er* hieraus nicht den Schluß, daß die StA auf Grund der ihr übertragenen Aufgaben schon de lege lata ein von Art. 92 GG mitgemeintes, richtergleiches Rechtsprechungsorgan sei. Er lehnt vielmehr die These von der Richtergleichheit der StA nunmehr ausdrücklich ab (a. a. O., insb. S. 630 ff.) und stellt klar, daß sich die unbedingte Verpflichtung der StA zur Legalität und Objektivität, ihre ausschließliche Intention auf Wahrheit und Gerechtigkeit und die Begrenzung ihrer Weisungsgebundenheit allein aus ihrer Stellung als Organ der Rechtspflege (nicht Rechtsprechung) ergeben, dessen besondere Funktion auf dem Legalitätsprinzip sowie darauf beruhe, daß das ihr aufgegebene Zusammenwirken mit den Gerichten seinen Zweck nur dann erreichen könne, wenn sie zu Wahrheit und Gerechtigkeit im gleichen Verpflichtungsverhältnis stehe wie die Gerichte auch (a. a. O. S. 632 l. Sp.). De lege ferenda hält allerdings auch er offenbar nach wie vor ein Aufgehen der StA im Richterstande für die sachgerechteste Lösung (DRiZ 57, 273 [274 f.], MDR 64, 713 [714, Anm. 43]).

[47] Mitteilungsblatt des Bayerischen Richtervereins Nr. 2/1959, 6 (8 ff.).

[48] NJW 61, 856 (857 f.).

[49] ZStW 73 (1961), 561 ff.

[50] NJW 63, 8 (9).

[50a] Stellung der StA, S. 46 ff.

[51] Görcke a. a. O. FN 49, S. 564.

[52] Wagner a. a. O. FN 50.

[52a] Kohlhaas, Stellung der StA, S. 47 mit Beispielen S. 44 f.; dagegen eingehend Eb. Schmidt MDR 64, 629 ff.

[53] NJW 61, 200 (201) u. 1102.

[54] NJW 63, 1081 (1086).

[55] Verwaltungsakt und innerdienstlicher Rechtsakt, S. 36 ff.

richtsbarkeit" aus dem Anwendungsbereich des Art. 19 IV GG ausscheiden müsse[56]. Er zieht die Grenze zwischen Rechtsprechung- und Verwaltungsakten aber nach verfahrensrechtlichen Gesichtspunkten[57]. Rechtsprechung i. S. des Art. 19 IV GG sind seiner Ansicht nach „die Vollzugshandlungen, die in einem Verfahren der (unabhängigen) Gerichtsbarkeit erlassen werden"[58], wobei es darauf, ob ein unabhängiges Gericht handelt, nicht entscheidend ankommen soll[59]. So gelangt er zu dem Ergebnis, daß z. B. die Einstellung des Verfahrens durch die StA nicht als Maßnahme der öffentlichen Gewalt angesehen werden könne, obwohl sie „denjenigen berühre, der Anzeige erstattet habe", da „die StA hier nach den Vorschriften der StPO in das Strafverfahren eingeschaltet sei, weshalb ihre Tätigkeit der von Gerichten gleichgestellt werden müsse"[60]. Die Voraussetzungen des Art. 19 IV GG seien nur dann gegeben, wenn die Maßnahmen der StA „nicht mit einem laufenden Gerichtsverfahren im Zusammenhang ständen und deshalb ihrem Wesen nach keine Verfahrensakte der Gerichtsbarkeit darstellten"[61], z. B. bei der Erteilung eines Strafregisterauszuges.

C.

1. Die „öffentliche Gewalt" ist an sich ein umfassender staats- und verwaltungsrechtlicher Begriff, den man zunächst auf die gesamte hoheitliche Tätigkeit des Staates beziehen kann und der in den Vorschriften über die Verfassungsbeschwerde auch in diesem Sinne verwendet wird[62]. Im Hinblick auf diese bewußt weite Formulierung des Gesetzes überzeugt die von Friesenhahn und Klein vorgeschlagene einschränkende Auslegung[63] nicht. Die von Klein[64] rechtsvergleichend herangezogenen Bestimmungen aus älteren Verfassungsurkunden und Gesetzen sowie aus dem Verfassungsentwurf von

---

[56] S. 37.

[57] S. 48.

[58] S. 48.

[59] S. 52 ff.

[60] S. 52; ebenso BayVerfGH VerwRspr 1, 1 (4). Daß O. selbst dieses Ergebnis für nicht ganz befriedigend hält, zeigt. m. E. der Zusatz, wenn die Ablehnung der Strafverfolgung wirklich zu Unrecht erfolgt sei, habe der Anzeigende immer noch die Möglichkeit, durch das Klageerzwingungsverfahren eine in richterlicher Unabhängigkeit getroffene Entscheidung zu erwirken (S. 52). Diese Möglichkeit besteht allerdings selbst für den Verletzten nur in begrenztem Umfang (§ 172 II 3).

[61] S. 52.

[62] §§ 90 I, 93 II BVerfGG.

[63] S. o. S. 7 ff.

[64] VVDStRL 8, 67 (106 f.).

Herrenchiemsee[65] beschränken sich zwar alle darauf, den Rechtsweg gegenüber Anordnungen und Verfügungen von Verwaltungsbehörden zu eröffnen. Hieraus läßt sich aber gerade nicht ableiten, daß auch Art. 19 IV GG nur in diesem Umfang Anwendung finden könnte, sondern die Verwendung eines gegenüber anderen Rechtswegklauseln weiteren Begriffs legt im Gegenteil den Schluß auf einen weiteren Begriffsumfang nahe[66]. Ganz abgesehen davon sind die Überlegungen Kleins durch den Erlaß der §§ 23—30 EGGVG überholt, die eindeutig klarstellen, daß auch die Verwaltungsentscheidungen der Justizbehörden dem generellen öffentlichrechtlichen Rechtsschutz unterliegen. Die Entstehungsgeschichte und der Vergleich mit anderen Rechtswegbestimmungen geben deswegen keine Anhaltspunkte für die Auslegung. Art. 19 IV GG will *umfassenden* und *lückenlosen* Rechtsschutz gewähren und ist daher nicht einschränkend, sondern extensiv zu interpretieren[67].

Auf der anderen Seite liegt es auf der Hand, daß unter „öffentlicher Gewalt" hier trotzdem nicht alle Erscheinungsformen der Staatsgewalt verstanden werden können. „Art. 19 IV GG gewährt Schutz durch den Richter, nicht gegen den Richter"[68]. Nach heute einhelliger und überzeugender Auffassung fällt deswegen die öffentliche Gewalt als rechtsprechende Gewalt, nämlich als echte Gerichtsbarkeit nicht unter diese Bestimmung[69]. Daran, daß gerichtliche Entscheidungen, gleichgültig auf welchem Rechtsgebiet sie ergehen, keine Maßnahmen der öffentlichen Gewalt sind, kann ebensowenig gezweifelt werden wie daran, daß umgekehrt Art. 19 IV GG nicht nur Verwaltungsakte echter Verwaltungsbehörden betrifft.

Schwierigkeiten bereitet heute nur noch die Frage, ob unter den von Art. 19 IV GG nicht erfaßten „Akten der Rechtsprechung" nur Entscheidungen unabhängiger Gerichte zu verstehen sind[70] oder ob dieser Begriff sich auch auf solche Entscheidungen bezieht, die zwar nicht durch einen Richter, aber doch in einem gerichtlichen Verfahren getroffen werden[71]. Von ihrer Beantwortung hängt es ab, ob die mit

---

[65] Bericht über den Verfassungskonvent auf Herrenchiemsee vom 10. bis 23. August 1948 (München 1948), Art. 138: Wer sich durch eine Anordnung oder durch eine Untätigkeit der Verwaltungsbehörde in seinen Rechten verletzt oder mit einer ihm nicht obliegenden Pflicht beschwert glaubt, kann gerichtliche Hilfe in Anspruch nehmen.

[66] Hesse S. 90; Maunz-Dürig Art. 19 IV Rdz. 17; Wernicke BK II 4 e zu Art. 19; Lerche DVBl 54, 626 (627).

[67] Allg. Ansicht, s. o. FN 20.

[68] BVerfG NJW 63, 803.

[69] S. o. FN 33.

[70] So die h. L., s. o. FN 35.

[71] So Obermayer S. 36 ff., 52 und im Ergebnis auch Eb. Schmidt NJW 63, 1081 (1086) u. Kaiser NJW 61, 200 (201) u. 1102.

den richterlichen Aufgaben im Rahmen der Strafrechtspflege eng verknüpfte Strafverfolgungstätigkeit der StA als Ausübung öffentlicher Gewalt angesehen werden muß oder nicht. Geht man allein vom Zweck des Art. 19 IV GG aus, so erweist sich diese Frage indessen als Scheinproblem; denn dem Zweck der Bestimmung entspricht es nicht, die Auslegung überhaupt mit der problematischen Unterscheidung zwischen vollziehender und rechtsprechender Staatsgewalt[72] zu belasten. Art. 19 IV GG gewährt seinem Sinn und Zweck entsprechend nicht Rechtsschutz gegen hoheitliche Maßnahmen außerhalb des Bereichs der Rechtsprechung oder gegen Entscheidungen, die nicht Rechtsprechungsakte sind. Er garantiert vielmehr, daß keiner einen Eingriff von hoher Hand in seine Rechte hinnehmen muß, ohne daß darüber irgendwann ein Gericht entscheidet. Demgemäß erfaßt Art. 19 IV GG nicht die Fälle, in denen von vornherein das gegeben ist, was die Vorschrift gewähren will: die Entscheidung eines sachlich und persönlich unabhängigen, im voraus bestimmten[73] Richters, gleichgültig, ob sie materiell als Rechtsprechungs- oder als Verwaltungsakt[74] anzusehen ist. Der Begriff der öffentlichen Gewalt erstreckt sich aber umgekehrt auf alle Maßnahmen von Hoheitsträgern, die bei ihrer Entscheidung diese Voraussetzungen nicht erfüllen, gleichgültig welchen Inhalt diese Maßnahmen haben und welchem Bereich staatlicher Tätigkeit sie zuzuordnen sind[75]. Am klarsten hat das in der Literatur wohl Tietgen zum Ausdruck gebracht, der hierzu sagt[76]:

> Ob der Akt einer Justizbehörde ein Akt der Rechtsprechung oder der Verwaltung ist, entscheidet sich nicht aus dem umstrittenen materiellen Begriff der Rechtsprechung. Es kommt allein darauf an, ob die Ausübung der öffentlichen Gewalt bereits in der Hand eines mit persönlicher und sachlicher Unabhängigkeit ausgestatteten Richters liegt. Ist das der Fall, so ist in dieser Hinsicht dem mit Art. 19 IV GG anerkannten Rechtsschutzbedürfnis des Gewaltunterworfenen Genüge getan. Fehlt es daran, so muß für den Streifall ein Richter zur Verfügung gehalten werden.

---

[72] Vgl. WERNER S. 17 f. Besonders bezeichnend hierfür ist gerade die Kontroverse über die staatsrechtliche Stellung der StA. Wie weit die grundsätzlichen Meinungsverschiedenheiten reichen, zeigt eine Gegenüberstellung der Auffassungen FRIESENHAHNS (Über Begriff und Arten der Rechtsprechung, S. 21 f.) und OBERMAYERS (a. a. O. FN 71). Während O. eine Abgrenzung nur nach „verfahrensrechtlichen Gesichtspunkten" für möglich hält, schließt F. aus Art. 92 GG gerade auf die Notwendigkeit, den Begriff der Rechtsprechung frei von organisatorischen oder prozessualen Vorkehrungen zu bestimmen.

[73] Art. 101 I S. 2 GG, § 16 GVG.

[74] Das gilt z. B. weitgehend für Entscheidungen auf den Gebieten der freiwilligen Gerichtsbarkeit. Vgl. ferner BVerwGE 5, 69 ff.

[75] Die Gesetzgebung kann in diesem Zusammenhang außer Betracht bleiben. S. o. FN 34.

[76] NJW 56, 1129 (1133).

Auch dieser Formulierung ist aber noch entgegenzuhalten, daß es nach dem Sinn und Zweck des Art. 19 IV GG eben gar nicht darauf ankommt, „ob der Akt der Justizbehörde ein Akt der Rechtsprechung oder der Verwaltung ist". Deswegen empfiehlt es sich auch nicht, in diesem Zusammenhang von Rechtsprechung im formellen[77] oder im engeren Sinne[78] zu sprechen. Dieser Begriff birgt nur die Gefahr von Mißverständnissen, ohne zur Klärung des Problems beizutragen. Maßgeblich für die Abgrenzung ist allein die Frage, ob bereits *ein Richter als solcher entscheidet*[79]. Ist das der Fall, so bleibt für Art. 19 IV GG seinem Zweck entsprechend kein Raum. Fehlt der entscheidenden Stelle dagegen die richterliche Unabhängigkeit, so wird öffentliche Gewalt ausgeübt. Geht man von dieser Begriffsbestimmung aus, so können auch in Grenzfällen keine Zweifel entstehen. Insbesondere ist hiernach ohne weiteres klar, daß sich Art. 19 IV GG auch auf die gesamte Tätigkeit der weisungsgebundenen StA bezieht.

2. Mit dieser Feststellung ist über die Stellung der StA im Strafverfahren und innerhalb der Rechtspflege, über das Ziel ihrer Tätigkeit und über ihre Einstellung zum Prozeßstoff nichts gesagt. Sie beruht vielmehr allein darauf, daß der Staatsanwalt kein Richter, sondern ein Beamter ist, dem richterliche Aufgaben nicht übertragen werden dürfen (§ 151 GVG) und der den dienstlichen Anweisungen seines Vorgesetzten nachzukommen hat (§ 146 GVG). Daß seine Weisungsgebundenheit nach Art und Umfang geringer ist als die eines Exekutivbeamten[80] und Weisungen nur selten erteilt werden, kann dabei keine Rolle spielen[81]. Dort, wo das Legalitätsprinzip Weisungen ausschließt, steht es dem Vorgesetzten jederzeit frei, die Bearbeitung der Sache einem anderen Staatsanwalt zu übertragen oder sie an sich zu ziehen und dann in seinem Sinne zu entscheiden (§ 145 GVG). Den Staatsbürger treffen also nicht Maßnahmen eines gesetzlich im voraus bestimmten Staatsanwalts, sondern trotz eingeschränkter Weisungsbefugnis in der Sache selbst kann ihm gegenüber immer die Meinung des Vorgesezten verwirklicht werden[81a]. Deswe-

---

[77] Maunz-Dürig Art. 19 IV Rdz. 17; BVerwGE 5, 69 (72).

[78] Wernicke BK II 4 e (S. 13) zu Art. 19.

[79] Daß daneben auch das Verfahren rechtsstaatlichen Anforderungen genügen muß (BVerwG a. a. O. FN 77; OVG Lüneburg OVGE 5, 347; Hesse S. 120 ff.), ist selbstverständlich, ergibt sich aber nicht aus Art. 19 IV GG (Tietgen a. a. O. FN 76).

[80] Eb. Schmidt DRiZ 57, 273 (282 f.); Grosser-Nerz-Wolters DRiZ 54, 206 (207); Neumayer DRiZ 56, 132 (133); DRB DRiZ 55, 254 ff.

[81] Kern GVR S. 226; Kohlhaas bei LR (21) 7 zu § 152; K. Peters S. 131 f.; Schmidt-Räntsch DRiZ 58, 61 (63).

[81a] Nach Kohlhaas (Stellung der StA, S. 63), Görcke (a. a. O. FN 26, S. 609 ff.) u. Wagner (NJW 63, 8 [10 r. Sp.]) sollen weder das Substitutions- und Devolutionsrecht noch das „interne" Weisungsrecht des vor-

gen ist es in diesem Zusammenhang auch nicht von entscheidender Bedeutung, ob die StA nach geltendem Recht noch den Weisungen der Justizverwaltung untersteht oder ob sie trotz § 147 Nr. 1 und 2 GVG institutionelle Unabhängigkeit besitzt. Auch wenn die StA Trägerin der rechtsprechenden Gewalt im Sinne von Art. 92 GG wäre und demgemäß ein Weisungsrecht der Exekutive den Grundsatz der Gewaltentrennung (Art. 20 II GG) verletzte[82], änderte das an der abhängigen Stellung des Staatsanwalts nichts.

Allenfalls könnte man in diesem Falle die Frage aufwerfen, ob es unter solchen Umständen nicht eine wenig sinnvolle Übersteigerung des Rechtsschutzes[83] bedeute, die Tätigkeit der StA als Ausübung öffentlicher Gewalt im Sinne von Art. 19 IV GG anzusehen. Wäre die StA tatsächlich schon jedem Versuch justizfremder Beeinflussung durch die Exekutive entzogen, so kämen ihre Entscheidungen angesichts ihrer Verpflichtung zur Objektivität (§ 160 II) und ihrer traditionellen rechtsstaatlichen Einstellung richterlichen Entscheidungen immerhin nahe. Sie aus diesem Grunde richterlichen Entscheidungen *gleichzustellen,* geht aber schon deswegen nicht an, weil Art. 19 IV GG eben lückenlosen und umfassenden gerichtlichen Rechtsschutz gewähren will und deswegen nach allgemeiner Auffassung[84] nicht einschränkend, sondern im Gegenteil möglichst weit auszulegen ist.

Abgesehen davon kann nach geltendem Recht von institutioneller Unabhängigkeit der StA wohl auch nicht die Rede sein. Durch Art. 92 GG ist die rechtsprechende Gewalt den *Richtern* anvertraut, die nach Art. 97 I GG unabhängig und nur dem Gesetz unterworfen sind. Wäre auch die StA Trägerin der rechtsprechenden Gewalt in diesem Sinne, so müßte man entweder ihre gesamte Organisation als verfassungswidrig betrachten oder aber unterstellen, daß das GG innerhalb desselben Abschnitts den Begriff des Richters in ganz verschiedenem Sinne

---

gesetzten staatsanwaltschaftlichen Beamten im Widerspruch zu ihrer These stehen, daß der Staatsanwalt in seiner Richtergleichheit Organ der Rechtsprechung sei. Sie sehen hierin vielmehr nur einen „Instanzenzug im Rahmen der StA", der nach ihrer Meinung bestehen bleiben kann. Daß diese Auffassung im Hinblick auf das, was prozeßrechtlich unter Instanzenzug verstanden wird, unhaltbar ist, hat inzwischen Eb. Schmidt (MDR 64, 713 [715]) eingehend dargelegt.

[82] So Görcke ZStW 73 (1961), 561 ff., insb. 606 ff.; Kohlhaas, Stellung der StA, S. 49 ff., insb. S. 56 ff. u. Wagner NJW 63, 8 ff. (Kritisch hierzu insb. Eb. Schmidt MDR 64, 713 [714 ff.]; vgl. ferner Sarstedt NJW 64, 1752 [1754 ff.]). Güde, der die StA ebenfalls als Organ der rechtsprechenden Gewalt i. S. von Art. 92 GG bezeichnet (Mitteilungsblatt des Bayerischen Richtervereins Nr. 2/1959, S. 8 ff.), hält allerdings Weisungen für möglich, soweit Raum für eine Opportunitätsentscheidung ist (a. a. O. S. 15).

[83] Vgl. hierzu Werner S. 3; Witten NJW 61, 753.

[84] S. o. FN 20.

gebraucht. Da beide Möglichkeiten gleichermaßen abwegig sind, bleibt nur die Schlußfolgerung, daß die StA zwar zur Rechtspflege, aber nicht zur rechtsprechenden Gewalt im Sinne von Art. 92 und 20 II GG gehört[85]. Trotz aller insbesondere von Görcke[86] und Kohlhaas[86a] in eingehender Untersuchung aufgezeigten Gemeinsamkeiten gehen die daraus gezogenen Schlußfolgerungen zu weit[87]. Damit ist aber den gegen das Weisungsrecht der Exekutive erhobenen verfassungsrechtlichen Bedenken die Grundlage entzogen. Auch aus allgemeinen rechtsstaatlichen Erwägungen läßt sich hiergegen nicht einwenden[88], solange die Exekutive die durch das Legalitätsprinzip gezogenen Grenzen beachtet. Das Legalitätsprinzip ist die strafrechtliche Ausprägung der Gleichheit aller vor dem Gesetz (Art. 3 I GG)[89]. Jede politische Weisung, die es antastet, wäre nicht nur gesetz-, sondern verfassungswidrig[90]. In dem verbleibenden Rahmen sind aber, wie auch das BVerfG[91] ausdrücklich anerkannt hat, Weisungen zulässig[92]. Da dieses Weisungsrecht zwar im allgemeinen nicht mißbraucht werden wird, aber eben doch mißbraucht werden kann[93], besteht durchaus Veranlassung, den einzelnen vor eventuellen Eingriffen in seine Rechtssphäre durch eine möglichst weitgehende Eröffnung des Rechtsweges zu schützen.

3. Obwohl die StA Organ der Rechtspflege ist und im Rahmen eines gerichtlichen Verfahrens gemeinsam mit dem Gericht die Aufgabe der Justizgewährung erfüllt, fällt ihre Tätigkeit somit grundsätzlich unter Art. 19 IV GG. Hierbei ist nur eine Einschränkung

---

[85] So die h. L., s. o. FN 38, insb. Sarstedt NJW 64, 1752 (1755) u. Eb. Schmidt MDR 64, 629 ff. u. 713 ff.

[86] A. a. O. FN 82.

[86a] Stellung der StA, S. 41 ff.

[87] Eb. Schmidt NJW 63, 1081 (1086), LK I (2. Aufl. 1964) Rdz. 96 sowie a. a. O. FN 85.

[88] So, allerdings ohne nähere Begründung, Seidel DRiZ 56, 141 (145).

[89] Görcke a. a. O. FN 82, S. 572; BGHSt 15, 155 (159).

[90] Vgl. E. v. Hippel JZ 56, 1 (3). Mehr wird man den nur hinweisartigen Ausführungen zur Frage der Vereinbarkeit politischer Weisungen mit Art. 3 GG nicht entnehmen können.

[91] BVerfGE 9, 223 (228 f.).

[92] Im Gegensatz zur Weimarer Zeit (dazu Güde DRiZ 58, 4 f. u. Kirchner DRiZ 58, 108 f.) wird von dieser Möglichkeit gegenüber der Bundesanwaltschaft heute auch durchaus Gebrauch gemacht (vgl. die Erklärung des BJMin. Stammberger in der Zeitung „Die Welt" vom 12. 11. 62, S. 2, Sp. 5/6).

[93] Eine Reihe von Fällen dieser Art besprechen Bader JZ 51, 187 f. u. DRiZ 54, 238 f. sowie Arndt NJW 61, 1616. S. ferner „Der Spiegel" Nr. 9/1965 v. 24. 2. 1965, S. 58: „Am Deutschen Eck".

zu machen, die sich aus dem Begriff der öffentlichen Gewalt ohne weiteres ergibt. Da Art. 19 IV GG dort nicht eingreift, wo die Entscheidung bereits in der Hand des Richters liegt, bleiben solche Maßnahmen der StA, die sie wirksam nur mit richterlicher Zustimmung treffen kann, von vornherein der Anfechtung entzogen[94]. Die Einstellung des Verfahrens in den Fällen der §§ 153 II, 153 a I und 153 c I u. II ist deswegen keine Maßnahme der öffentlichen Gewalt.

2. Abschnitt

Die Voraussetzungen des Rechtsschutzes gegen Maßnahmen der öffentlichen Gewalt nach Art. 19 IV GG

A.

Mit der Feststellung, daß die StA auch im Strafverfahren als Trägerin der öffentlichen Gewalt handelt, ist der Bereich, innerhalb dessen ihre Tätigkeit gerichtlicher Kontrolle unterliegt, in allgemeinen Zügen umrissen. Wo immer jemand, der Träger von Rechten und Pflichten sein kann[95], durch eine Maßnahme der StA „in seinen Rechten verletzt wird", steht ihm nach Art. 19 IV GG der Rechtsweg offen. Angesichts des Verfassungsranges dieser Bestimmung, die einen der tragenden Grundsätze unseres Rechtsstaates enthält[96], kann der Umfang des dem einzelnen hierdurch garantierten Rechtsschutzes aus keinem rechtlichen Gesichtspunkt eingeschränkt werden[97]. Insbesondere rechtfertigt die in der StPO getroffene Teilregelung im Hinblick auf Art. 19 IV GG nicht mehr den Schluß, daß im übrigen eine Anfechtung von Maßnahmen der StA im Strafverfahren unmöglich sei[98]. Es ist auch primär unerheblich, ob eine Entscheidung der StA bereits unter die vereinzelten Rechtsschutzbestimmungen der StPO fällt, ob sie als

---

[94] Tietgen NJW 56, 1129 (1133) mit weiteren Beispielen.

[95] Art. 19 IV GG schützt nach ganz herrschender Auffassung natürliche und juristische Personen des privaten und öffentlichen Rechts, also alle, die gem. § 61 VwGO Beteiligte im Verwaltungsstreitverfahren sein können (Giese 6 zu Art. 19; Hamann 10 zu Art. 19; von Mangoldt-Klein VII 1 zu Art. 19; Maunz-Dürig Art. 19 IV Rdz. 16; Pabst DÖV 51, 284 (285 f.); Wernicke BK II 4 a zu Art. 19). Die abweichende Ansicht Friesenhahns (DV 1948/49, 478, 481), der aus dem Wort „jemand" schließt, daß Art. 19 IV GG nur für natürliche Personen gelte, dürfte überholt sein. Sie wird dem Zweck der Bestimmung nicht gerecht.

[96] Vgl. Hamann 10 zu Art. 19; Klein VVDStRL 8, 67 (88); Maunz-Dürig Art. 19 IV Rdz. 1, 2; Obermayer S. 36.

[97] Möglich ist nur der Ausschluß eines bestimmten Rechtsweges. Vgl. z. B. Hamann 14 zu Art. 19; Maunz-Dürig Art. 19 IV Rdz. 3; Wernicke BK II 4 g (S. 17 f.) zu Art. 19; OVG Berlin DVBl 52, 771 f.

[98] S. o. S. 5 ff.

Justizverwaltungsakt i. S. des § 23 EGGVG anzusehen ist, oder ob sich in den Verfahrensgesetzen vielleicht sogar überhaupt keine Bestimmung findet, die hierauf angewendet werden könnte[99]. Diese Fragen tauchen erst auf, wenn es um die Form der gerichtlichen Überprüfung geht, die — wie sich zeigen wird — sehr verschieden sein kann[100]. Ob jemand gegenüber einer bestimmten Maßnahme der StA überhaupt den Richter anrufen darf oder ob er sie hinnehmen muß, hängt allein davon ab, ob er hierdurch in seinen Rechten verletzt wird oder nicht.

Wann das der Fall ist, läßt sich generell nicht eindeutig sagen. Die Grenze zwischen der Verletzung von Rechten und der Beeinträchtigung ungeschützter Interessen ist vielfach nur durch Auslegung und Wertung im Einzelfall zu ermitteln. Bevor dies geschieht, gilt es aber zunächst noch, den Inhalt der einzelnen Tatbestandsmerkmale des Art. 19 IV S. 1 GG näher zu bestimmen.

B.

1. Der Wortlaut des Art. 19 IV S. 1 GG ist insofern mißverständlich, als er die Zulässigkeit des Rechtsweges von den Voraussetzungen für die Begründetheit eines auf Rechtsschutz gerichteten Antrags abhängig zu machen scheint. Wird jemand durch eine Maßnahme der öffentlichen Gewalt in seinen Rechten verletzt, so ist diese Maßnahme aufzuheben. Der Rechtsweg steht ihm nach heute allgemeiner Ansicht schon offen, wenn nach seinem Vorbringen die (rechtliche) Möglichkeit besteht, daß ihn die angefochtene Maßnahme in seinen Rechten *beeinträchtigt*[101]. Art. 19 IV S. 1 GG besagt also genauer ausgedrückt: Greift die Maßnahme eines Trägers der öffentlichen Gewalt nach den tatsächlichen Behauptungen des Betroffenen in seine Rechte ein, so steht ihm der Rechtsweg offen. Ist die Maßnahme rechtswidrig und *verletzt* sie ihn damit in seinen Rechten, so ist sie auf seinen Antrag hin aufzuheben. Im Rahmen einer Untersuchung, die zunächst unabhängig von Verfahrensfragen der Frage nachgeht, wann Maßnahmen der StA im Strafverfahren überhaupt gerichtlicher Kontrolle unterliegen, darf diese Unterscheidung zwischen Zulässigkeits- und Begründetheitsvoraussetzungen jedoch außer Betracht bleiben. Entscheidend ist hier, ob eine Verletzung des objektiven Rechts durch die StA als Trägerin der öffentlichen Gewalt festgestellt werden kann, ob diese

---

[99] In diesem Falle griffe Art. 19 IV S. 2 GG ein.

[100] S. u. Kap. 3, S. 109 ff.

[101] HAMANN 13 zu Art. 19; HESSE S. 97; MAUNZ-DÜRIG Art. 19 IV Rdz. 39; WERNICKE BK II 4 d (S. 12 f.) zu Art. 19; ferner: BVerwGE 1, 99 (100) u. 8, 283 (286) (ständ. Rspr.); BACHOF Klage S. 39 f.; EYERMANN-FRÖHLER § 42 Rdz. 85, 86; KLINGER B 1 zu § 42; KOEHLER C IV 1 zu § 42; ULE VerwGbkeit III 1 a zu § 42.

Rechtsverletzung ein subjektives Recht beeinträchtigt und ob es sich hierbei um ein eigenes Recht des Antragstellers handelt[102].

2. Der Begriff der Rechtsverletzung wird für den hier interessierenden Bereich durch § 337 II in Verbindung mit § 7 EGStPO bestimmt. Das objektive Recht ist verletzt, wenn eine Rechtsnorm nicht oder nicht richtig angewendet wurde. Jede weitere Behandlung dieser Frage muß dem Einzelfall vorbehalten bleiben. Eine allgemeine Untersuchung des Problems der Abgrenzung von Rechts- und Verwaltungsvorschriften liefe notwendig Gefahr, sich in rein theoretische Auseinandersetzungen zu verlieren.

3. Keiner allgemeinen Erörterung bedarf auch die Voraussetzung, daß es sich um *eigene* Rechte dessen handeln muß, der Rechtsschutz begehrt. Sie ergibt sich aus den Worten: „in *seinen* Rechten" und „so steht *ihm* der Rechtsweg offen"[103]. Ihr Zweck ist es, Popularklagen auszuschließen[104]. Damit liegt ihre Bedeutung im wesentlichen auf prozessualem Gebiet. Im übrigen steht sie in engem inneren Zusammenhang mit der Frage nach dem Umfang der durch Art. 19 IV GG geschützten Rechte[105]. Hier wie dort ist die Abgrenzung zwischen Allgemein- und Individualinteressen der entscheidende Gesichtspunkt.

4. Allgemeine Probleme wirft dagegen die Frage auf, wann ein *Eingriff* der öffentlichen Gewalt (C) in *subjektive Rechte* (D) vorliegt.

C.

Von einem Eingriff der öffentlichen Gewalt in subjektive Rechte kann nach einhelliger Auffassung nur dann die Rede sein, wenn die betreffende hoheitliche Maßnahme die Rechtssphäre des Gewaltunterworfenen *unmittelbar* berührt[106]. Demgemäß fallen nicht unter Art. 19 IV GG bloße Warnungen oder Belehrungen durch die StA[107] sowie die Erteilung von Hinweisen, Auskünften und Mitteilungen[108]. Auszuscheiden haben ferner gutachtliche Stellungnahmen[109] und die Darlegung bestimmter Rechtsauffassungen, an die das Gericht nicht

---

[102] MAUNZ-DÜRIG Art. 19 IV Rdz. 29.

[103] MAUNZ-DÜRIG Art. 19 IV Rdz. 38; WERNICKE BK II 4 c zu Art. 19.

[104] MAUNZ-DÜRIG, WERNICKE a. a. O. FN 103; VON MANGOLDT-KLEIN VII 3 e zu Art. 19; HAMANN 12 zu Art. 19.

[105] BETTERMANN NJW 61, 1097 (1098); MAUNZ-DÜRIG a. a. O. FN 103; ULE VerwProzeßR S. 113 f.

[106] BVerwGE 6, 167 (172 f.); BETTERMANN a. a. O. FN 105; DÖRFFLER NJW 63, 14; EYERMANN-FRÖHLER § 42 Rdz. 26; KOEHLER C IV 1 zu § 42.

[107] Vgl. BayVGH VerwRspr. 9, 240 (241 f.).

[108] Vgl. BayVGH a. a. O. FN 107; HambOVG DÖV 50, 622.

[109] Vgl. BVerwGE 1, 169; OVG Lüneburg NJW 50, 924.

gebunden ist (§§ 206, 264 II). Nicht von Art. 19 IV GG erfaßt werden schließlich in aller Regel auch behördeninterne Vorgänge oder Anordnungen[110] wie z. B. die Ausübung des Substitutions- und Devolutionsrechts (§ 145 GVG)[111]. In all diesen Fällen ist für eine gerichtliche Überprüfung schon deswegen kein Raum, weil eine unmittelbare Beeinträchtigung etwaiger subjektiver Rechte von vornherein nicht in Betracht kommt.

Fraglich ist nur, ob darüber hinaus eine Beschränkung auf eine bestimmte Form der Rechtsbeeinträchtigung geboten ist. Zum Teil wird die Ansicht vertreten, daß Art. 19 IV GG nur Rechtsschutz gegen Rechtsverletzungen durch den unrechtmäßigen Erlaß oder die unrechtmäßige Ablehnung beantragter Verwaltungsakte gewähre[112]. Eine derartige Einschränkung läßt sich aber weder aus dem Wortlaut noch aus dem Zweck der Bestimmung ableiten. Im Gegensatz zu § 42 VwGO und § 23 EGGVG spricht Art. 19 IV GG nicht von Verwaltungsakten oder Maßnahmen zur rechtlichen Regelung einzelner Angelegenheiten, sondern setzt lediglich einen Eingriff der öffentlichen Gewalt in Rechte des Antragstellers voraus. Hieran muß festgehalten werden, wenn die Vorschrift ihren Zweck erreichen soll, umfassenden und lückenlosen Rechtsschutz zu gewähren[113]. Auf die Rechtsnatur der hoheitlichen Maßnahme kommt es deswegen nicht an. Zwar wird sie im allgemeinen die Merkmale eines Verwaltungsaktes aufweisen. Entscheidend ist das aber nicht. Art. 19 IV GG erfaßt vielmehr seinem Zweck entsprechend jede Rechtsverletzung durch die öffentliche Gewalt, gleichgültig ob sie auf die Vornahme, Ablehnung oder Unterlassung eines Verwaltungsaktes zurückzuführen ist oder ob es sich um eine andere hoheitliche Maßnahme handelt[114]. Aus diesem Grunde läßt sich auch die Auffassung Kleinknechts, der die gesamte Ermittlungstätigkeit der StA sowie die Entscheidung über das öffentliche Interesse an der Strafverfolgung (§ 232 StGB, § 376)

---

110 BVerwG NJW 61, 571 (572); Schwarz-Kleinknecht 5 zu § 23 EGGVG. Unter besonderen Umständen können aber auch behördeninterne Vorgänge die Rechtssphäre eines einzelnen unmittelbar berühren. Vgl. BVerwG, Schwarz-Kleinknecht a. a. O. (Aufbewahrung erkennungsdienstlicher Unterlagen) u. BGHZ 14, 222 (231) (ehrverletzende interne Dienstanweisungen).

111 Kaiser NJW 61, 200 (201).

112 Bachof SJZ 50, Sp. 161 (165); Friesenhahn DV 1948/49, 478 (481 f.); Grewe DRZ 49, 392 (393); Klein VVDStRL 8, 67 (107); Obermayer S. 42.

113 Maunz-Dürig Art. 19 IV Rdz. 10, 11.

114 Bettermann DVBl 52, 312; Eyermann-Fröhler § 42 Rdz. 14; Hamann 11 zu Art. 19; Herb. Krüger NJW 53, 1369 (1371); Lerche DVBl 54, 626 (627); Maunz-Dürig a. a. O. FN 113; Pabst DÖV 51, 284 (286); BGHZ 14, 222 (231); OLG Köln DVBl 52, 309 (310).

nicht unter § 23 EGGVG faßt, da es sich hierbei um Prozeßhandlungen und Erklärungen an die Adresse des Gerichts handele[115], jedenfalls nicht auf den Anwendungsbereich des Art. 19 IV GG übertragen. Maßgeblich ist hier weder, welche Funktion die betreffende Maßnahme im Rahmen des Strafverfahrens hat, noch, ob sie der rechtlichen Regelung eines Einzelfalles dient. Es kommt vielmehr allein darauf an, ob sie unmittelbar in die Rechte eines einzelnen eingreift. Die entscheidende Frage ist also immer die, wie weit der Kreis der Rechte i. S. von Art. 19 IV GG zu ziehen ist.

D.

1. Nach heute einhelliger Auffassung beschränkt sich der Rechtsschutzbereich von Art. 19 IV GG weder auf die Verletzung von Grundrechten[116] noch auf die Beeinträchtigung subjektiv-öffentlicher Rechte im überkommenen Sinne[117]. Im übrigen herrscht bei der Bestimmung des Begriffs der Rechte eine gewisse Unsicherheit. Zum Teil versteht man hierunter nur subjektiv-öffentliche Rechte im weiteren Sinne[118]. Demgegenüber wird von anderer Seite betont, daß mit den Worten „in seinen Rechten" alle subjektiv persönlichen, nämlich subjektiv-öffentliche und subjektive Privatrechte gemeint seien[119]. Nach der wohl gebräuchlichsten Formulierung erfaßt Art. 19 IV GG schließlich subjektiv-öffentliche Rechte und sonstige rechtlich geschützte Interessen, die sog. Reflexrechte[120]. Ein sachlicher Unterschied liegt in diesen, dem Wortlaut nach weit voneinander abweichenden Definitionen aber nicht. Daß Art. 19 IV GG auch gegen rechtswidrige Eingriffe der öffentlichen Gewalt in private Rechte[121] schützt, wird von niemandem bezweifelt. Der Anspruch, von solchen Eingriffen frei zu bleiben, ist jedoch ein öffentlich-rechtlicher Abwehranspruch, so daß es im Ergebnis gleichbleibt, ob man diese öffentlich-rechtliche Seite des Privatrechts oder das Privatrecht selber als Recht i. S. von

---

[115] Schwarz-Kleinknecht 1 zu § 23 EGGVG.

[116] So ursprünglich Loening DÖV 49, 324 (325).

[117] So noch HessVGH NJW 51, 48; Württb.-Bad. VGH DVBl 52, 600 (601 f.). Zum Begriff vgl. O. Bühler S. 21; Jellinek S. 200 ff.

[118] Bachof DRZ 50, 341 (344), Klage S. 84 f. u. JGdSchrift S. 294 ff.; Forsthoff S. 169 ff., insb. S. 175 f.; Maunz-Dürig Art. 19 IV Rdz. 34.

[119] Friesenhahn DV 1948/49, 478 (482); BGHZ 14, 222 (231); ferner Eschenburg S. 476; Huber I S. 686 ff.; BFH JZ 51, 596.

[120] Z. B. Giese 8 zu Art. 19; Hamann 12 zu Art. 19; Klein VVDStRL 8, 67 (111 ff.); von Mangoldt-Klein VII 3 e zu Art. 19; Wernicke BK II 4 b zu Art. 19; Dörffler NJW 63, 14; Eyermann-Fröhler § 42 Rdz. 97; Koehler C IV 4 zu § 42; Loening SJZ 50, Sp. 255 (261); Pabst DÖV 51, 284 (286 f.); BVerwGE 6, 167 (169 f.); OVG Münster OVGE 1, 124 (127).

[121] Z. B. in das Eigentum oder die Ehre: BGH a. a. O. FN 119.

Art. 19 IV GG ansieht. Die Formulierung, daß Art. 19 IV GG neben subjektiv-öffentlichen Rechten auch subjektive Privatrechte betreffe, bringt deswegen nur scheinbar eine Erweiterung[122]. Nichts anderes gilt von der viel erörterten Frage, ob die Bestimmung nur subjektiv-öffentliche Rechte oder daneben auch rechtlich geschützte Interessen erfasse. Hier geht es in Wahrheit nicht um den Begriff der Rechte i. S. von Art. 19 IV GG, sondern um den Begriff des subjektiv-öffentlichen Rechts[122a]. Versteht man hierunter nur die Fälle, in denen dem einzelnen ausdrücklich die Rechtsmacht verliehen ist, die Beachtung zwingender, in seinem Interesse erlassener Normen durchzusetzen[123], so muß man hierneben eine neue Gruppe von Rechten stellen, die man als rechtlich geschützte Interessen oder Reflexrechte bezeichnen kann. Sieht man hierin aber einen Zweckbegriff, der alle Fälle erfassen soll, in denen staatliche Organe im Interesse des einzelnen zu einem bestimmten Verhalten verpflichtet sind[124], so umfaßt er die Gruppe der rechtlich geschützten Interessen oder Reflexrechte mit[125]. Von der praktisch nicht bedeutsamen[126] terminologischen Kon-

---

[122] Vgl. Maunz-Dürig a. a. O. FN 118.

[122a] S. hierzu jetzt auch die eingehende Untersuchung von Kohlmann: Das subjektiv-öffentliche Recht auf fehlerfreien Ermessensgebrauch (Neue Kölner Rechtswissenschaftliche Abhandlungen, Heft 34, Berlin 1964), S. 12 ff., die zwar den eingebürgerten Begriff des subjektiv-öffentlichen Rechts mit seinen von Lehre und Rechtsprechung entwickelten Kriterien grundsätzlich übernimmt (S. 25), aber insofern von der hier geteilten herrschenden Meinung abweicht, als sie für eine *Einschränkung* der „bisher einseitig betonten Schutzfunktion des subjektiv-öffentlichen Rechts gegen Eingriffe in die Sphäre des einzelnen von außen her zu Gunsten des Wohls der Gemeinschaft“ eintritt (S. 25), um so unter Abkehr vom „liberalistischen Individualismus“ (S. 22) des liberalen Rechtsstaates um die Jahrhundertwende und der Weimarer Reichsverfassung dem Begriff einen neuen, dem Sozialstaatsgedanken des GG entsprechenden Inhalt zu geben (S. 22—28). Auf der Grundlage dieser zu größerer Zurückhaltung bei der Anerkennung schutzwerter Interessen zwingenden Sicht des subjektiv-öffentlichen Rechts lehnt K. das Bestehen einer Vermutung für das Vorliegen eines subjektiv-öffentlichen Rechts (so die h. L., s. u. FN 131) folgerichtig ab (S. 32 f.). Im übrigen bestehen zwischen seiner und der hier vertretenen Auffassung keine grundsätzlichen Unterschiede. Auch nach seiner Meinung kann die Frage, ob ein bestimmtes subjektiv-öffentliches Recht anzuerkennen ist, nur durch Abwägung im Einzelfall entschieden werden (S. 33). Die Abweichung bezieht sich nur auf die hierbei angemessene Tendenz.

[123] Subjektiv-öffentliche Rechte im überkommenen Sinn: vgl. O. Bühler, Jellink a. a. O. FN 117.

[124] Subjektiv-öffentliche Rechte im weiteren Sinn: vgl. Bachof, Forsthoff, Maunz-Dürig a. a. O. FN 118.

[125] Bachof, Forsthoff, Maunz-Dürig a. a. O. FN 118.

[126] Hesse S. 94; Maunz-Dürig a. a. O. FN 118; von Mangoldt-Klein, Dörffler a. a. O. FN 120.

troverse abgesehen ist also heute allgemein anerkannt, daß Art. 19 IV GG nicht nur für bestimmte Kategorien von Rechten gilt, sondern den Rechtsweg bei der Beeinträchtigung jeder geschützten Rechtsposition eröffnet.

2. Das sachliche Problem bei der Bestimmung dessen, was unter „Rechten" zu verstehen ist, liegt in der Abgrenzung der Berechtigungen von bloßen Reflexwirkungen des objektiven Rechts. Dem Wortlaut und dem Sinn des Art. 19 IV GG entsprechend gilt es hierbei, Kriterien zu finden, die einerseits dem Anliegen des lückenlosen Rechtsschutzes gerecht werden, andererseits aber nicht zur Zulassung einer Popularklage führen[127]. Auch diese Frage ist heute im grundsätzlichen Bereich gelöst. Im Anschluß an die Untersuchungen Bachofs[128] unterscheidet man zwischen gewollten und ungewollten Begünstigungen durch das objektive Recht. Allein zu öffentlichen Zwecken erlassene Rechtsnormen, die den Interessen des einzelnen nur rein tatsächlich oder zufällig entgegenkommen, gewähren keine Rechte. Reflexe solcher Bestimmungen, die ausschließlich oder doch zum Teil dem Schutz der Belange Dritter dienen sollen, werden jedoch durch Art. 19 IV GG auch dann zu klagbaren Rechten umgewandelt, wenn sie dem Begünstigten nicht ausdrücklich einen Anspruch auf ein bestimmtes Handeln der Behörde einräumen[129].

Ob man insoweit von subjektiv-öffentlichen Rechten im weiteren Sinne, von rechtlich geschützten Interessen oder von Reflexrechten spricht, ist im Ergebnis ohne Bedeutung. Da der Begriff des subjektiv-öffentlichen Rechtes aber gerade zu dem Zweck entwickelt wurde, alle Fälle unter einheitlichen Gesichtspunkten zusammenzufassen, in denen dem Bürger ein durchsetzbarer Anspruch auf ein bestimmtes Verhalten staatlicher Organe zusteht, empfiehlt es sich, auch die Reflexrechte in diesen Begriff einzubeziehen[130]. Ein subjektiv-öffentliches Recht oder ein Recht i. S. von Art. 19 IV GG ist also immer dann gegeben, wenn der einzelne durch eine Norm des objektiven Rechts, die dem Staat — hier der StA im Strafverfahren — bestimmte Verpflichtungen oder Beschränkungen auferlegt, begünstigt wird und diese Begünstigung nicht nur rein zufälliger Natur ist, sondern zumindest auch dem Zweck der Norm entspricht.

3. Wann eine gewollte und wann eine ungewollte Begünstigung vorliegt, läßt sich naturgemäß nicht allgemein sagen, sondern ist nur

---

[127] S. o. S. 21.

[128] A. a. O. FN 118.

[129] Allg. A.: BVerwGE 3, 362 (363); 6, 167 (169) u. NJW 54, 1214; Eyermann-Fröhler § 42 Rdz. 97; Forsthoff S. 173; Hesse S. 94 f.; Huber I S. 683 f.; von Mangoldt-Klein VII 3 e zu Art. 19; Maunz-Dürig Art. 19 IV Rdz. 34, 36; Wolff S. 216 ff.

[130] Bachof, Forsthoff, Maunz-Dürig a. a. O. FN 118; Huber I S. 686 f.; Wolff S. 219 ff.

durch Auslegung im Einzelfall zu ermitteln. Dabei spricht die Vermutung dafür, daß die durch das objektive Recht gewährten Begünstigungen den Charakter subjektiv-öffentlicher Rechte haben[131]. Art. 19 IV GG gewährt zwar nicht selber Rechte, sondern setzt sie voraus. „Aus der — von Art. 19 IV GG entscheidend mitgeprägten — Gesamtsicht des GG vom Verhältnis des Einzelnen zum Staat folgt aber, daß im Zweifel diejenige Interpretation eines Gesetzes den Vorzug verdient, die dem Bürger einen Rechtsanspruch einräumt"[132]. Gerade hierin bewährt und offenbart der Rechtsstaat der Gegenwart sein Wesen[133]. Deswegen ist dort, wo eine Behörde zu einem bestimmten, im Interesse eines Staatsbürgers liegenden Verhalten verpflichtet ist, im allgemeinen davon auszugehen, daß er auch einen durchsetzbaren Anspruch hierauf hat.

Ein solcher Anspruch entfällt allerdings regelmäßig dann, wenn der Behörde für ihre Entscheidung ein Ermessens- oder Beurteilungsspielraum[134] eingeräumt ist. Auch in diesen Fällen ist der Betroffene aber nicht gänzlich schutzlos. Wenn ihm auch hier ein materielles subjektiv-öffentliches Recht auf eine bestimmte Entscheidung grundsätzlich nicht zustehen kann[135], so hat er doch im allgemeinen wenigstens Anspruch darauf, daß die Entscheidung ohne Ermessensfehler getroffen wird[136]. Nach einer von einigen vertretenen Auffassung soll dieses Recht unabhängig von weiteren Voraussetzungen überall dort bestehen, wo überhaupt Ermessensentscheidungen die Interessen eines einzelnen berühren können[137]. Diese Konstruktion eines allgemeinen formellen subjektiv-öffentlichen Rechts auf fehlerfreien Ermessensgebrauch ist jedoch mit Recht auf Kritik gestoßen[138]. Ein Ermessens-

---

[131] Bachof Klage S. 84 u. JGdSchrift S. 303; Forsthoff S. 172; Huber I S. 681; Maunz-Dürig Art. 19 IV Rdz. 37; Wolff S. 218; a. A. Kohlmann (a. a. O. FN 122 a) S. 32 ff.; s. o. FN 122 a.

[132] BVerfG NJW 63, 803 (804).

[133] BVerwGE 1, 159 (161 f.) u. 321 (326); 2, 349 (351); 3, 121 (125) u. 288 (289).

[134] S. dazu i. e. u. S. 33 ff.

[135] Unter besonderen Umständen, nämlich dann, wenn nur eine einzige richtige Entscheidung denkbar ist, kann der Anspruch auf ermessensfehlerfreie Entscheidung im Ergebnis dem Anspruch auf ein bestimmtes Verwaltungshandeln gleichkommen. Vgl. z. B. BVerwGE 4, 283 (286); 5, 50 (53); 11, 95 (97); Ule VerwGbkeit II zu § 113.

[136] Vgl. §§ 114 VwGO, 28 III EGGVG.

[137] Hamann 12 zu Art. 19; Haueisen DVBl 52, 521 (523 f.) u. NJW 54, 418 f.; Herb. Krüger DVBl 51, 85 (87); Hildegard Krüger DVBl 55, 208 (209); Maunz-Dürig Art. 19 IV Rdz. 36; VGH Freiburg VerwRspr. 8, 223 (226).

[138] Forsthoff S. 173 f.; Huber II S. 658 f.; Schneider ZaöRV Bd. 19 (1958), S. 449 (459 f.). Insbesondere hat nunmehr Kohlmann, Das subjektiv-

fehler verletzt zunächst nur das objektive Recht und stellt für sich allein noch keine Beeinträchtigung subjektiver Rechte dar. So wenig wie es im Bereich der gebundenen Verwaltung einen allgemeinen Anspruch auf ordnungsmäßigen Gesetzesvollzug gibt, so wenig kann es ein selbständiges subjektiv-öffentliches Recht auf ordnungsmäßige Handhabung des Ermessens geben. Popularklagen sind auch hier unzulässig. Voraussetzung für die Anrufung des Gerichts ist deswegen immer, daß die verletzte Ermessensnorm zugleich eine subjektive Rechtsstellung gewährt oder daß in ein unabhängig hiervon bestehendes subjektives Recht eingegriffen wird[138a]. Jede Ermessensfreiheit findet ihre Grenze am Gleichheitssatz (Art. 3 I GG). Soweit die Behörde hiergegen verstößt, indem sie ohne Grund von ihrer bisherigen Übung in vergleichbaren Fällen abweicht, oder sich von sach-

---

öffentliche Recht auf fehlerfreien Ermessensgebrauch (a. a. O. FN 122 a), den Nachweis geführt, daß ein solches Recht, verstanden als selbständiges Rechtsinstitut (S. 3 f.), weder als Unterfall eines allgemeinen öffentlich-rechtlichen Unterlassungsanspruchs besteht (S. 43—60), noch in den einschlägigen Bestimmungen der Verfahrensordnungen (S. 62—75), in vergleichend herangezogenen ausländischen Rechtsnormen (S. 75—78) oder im deutschen Verfassungsrecht (S. 79—100) eine selbständige Anspruchsgrundlage findet.

[138a] So auch Kohlmann (a. a. O. FN 122 a), insb. S. 63—75. Mißverständlich ist es allerdings, wenn er sich in diesem Zusammenhang (S. 67, 69) gegen die hiermit übereinstimmende Meinung Forsthoffs (a. a. O. FN 138) wendet, ein zunächst nur gegen das objektive Recht verstoßender Ermessensfehler verletze den Betroffenen in seinen Rechten, wenn der Ermessensrahmen in einer Norm enthalten sei, die in seinem Interesse geschaffen wurde. Diese Auffassung führt gerade nicht zur Anerkennung eines selbständigen Rechts auf fehlerfreien Ermessensgebrauch. Sie geht vielmehr davon aus, daß stets ein besonders begründetes subjektives Recht verletzt sein müsse und bejaht nur dessen Vorliegen mit der herrschenden Begriffsbestimmung des subjektiv-öffentlichen Rechts. Nicht die Tatsache, daß die Behörde eine Ermessensentscheidung trifft, sondern der Umstand, daß die ihr zu Grunde liegende Norm im Interesse des Betroffenen geschaffen wurde, ist entscheidend. Wenn K. auf der Grundlage seiner restriktiven Interpretation des Begriffs der subjektiv-öffentlichen Rechte (S. 12—34, s. o. FN 122 a) demgegenüber ausführt, daß die Norm im Interesse des Betroffenen erlassen worden sei, gebe ihm noch kein solches Recht, so ist das kein Einwand gegen die von Forsthoff und im vorliegenden Text vertretene Auffassung über die Voraussetzungen der Anfechtung von Ermessensentscheidungen, sondern er leugnet damit nur, daß diese auch von ihm für notwendig gehaltenen Voraussetzungen (z. B. S. 63 f.) in diesem Fall vorliegen. Im übrigen hebt er die von ihm hier gemachte Einschränkung der Sache nach wieder auf, indem er nach Verneinung eines subjektiven Rechts (S. 69) für die Zulässigkeit der Anfechtung (§ 42 VwGO) jede Beeinträchtigung der „Rechtssphäre" genügen läßt (S. 64, 66, 70, 101). Damit besteht zwischen seiner und der hier vertretenen Meinung nur noch ein terminologischer Unterschied (s. o. D 1, S. 23 ff.).

fremden Erwägungen leiten läßt, liegt die gleichzeitige Beeinträchtigung eines subjektiven Rechtes auf der Hand[139]. In anderen Fällen ist hier ebenso wie bei gebundenen Entscheidungen darauf abzustellen, ob die betreffende Bestimmung lediglich öffentlichen Zwecken oder wenigstens auch den Interessen des Betroffenen dienen soll[140]. Das formelle subjektiv-öffentliche Recht auf fehlerfreie Ermessensbetätigung ist somit nichts weiter als eine Abschwächung des materiellen subjektiv-öffentlichen Rechts auf eine bestimmte Entscheidung im Bereich der rechtsgebundenen Tätigkeit. Es steht demjenigen zu, der ein materielles subjektiv-öffentliches Recht hätte, falls die Behörde anstelle der Ermessensentscheidung eine gebundene Entscheidung treffen müßte[140a]. In diesem Umfang ist die Klagebefugnis heute ganz allgemein anerkannt. Hiergegen kann keinesfalls eingewendet werden,

---

[139] Vgl. BVerfGE 3, 4 (10); FORSTHOFF S. 464 f. HILDEGARD KRÜGER u. MAUNZ-DÜRIG a. a. O. (FN 137) sehen in Art. 3 I GG die Grundlage des nach ihrer Ansicht bestehenden allgemeinen Rechts auf fehlerfreie Ermessensausübung. Diese Auffassung ist in Übereinstimmung mit KOHLMANN (a. a. O. FN 122 a), S. 80—93, abzulehnen. Seine Begründung, daß Art. 3 I GG kein Grundrecht enthalte und demgemäß auch kein subjektiv-öffentliches Recht auf Gleichbehandlung gewähre, sondern nur ein verfassungsrechtlicher Leitsatz sei (insb. S. 89 f., 92 f.) wird man allerdings kaum teilen können. Die Grundrechtsqualität von Art. 3 I GG wird ganz allgemein mit Recht anerkannt. Daß Art. 3 I GG als Grundlage eines allgemeinen Rechts auf fehlerfreien Ermessensgebrauch nicht in Betracht kommt, ergibt sich jedoch daraus, daß Ermessensfehler sehr verschiedener Art sein können. Zwar liegt in jedem Verstoß gegen Art. 3 I GG bei einer Ermessensentscheidung ein Ermessensfehler. Der Satz läßt sich jedoch nicht umkehren. Nicht jede vom Zweck der Ermächtigung nicht mehr getragene Entscheidung verletzt notwendig den Gleichheitsgrundsatz.

[140] FORSTHOFF, HUBER, SCHNEIDER a. a. O. FN 138; BACHOF Klage S. 69 f. u. 85, DRZ 50, 341 (344) u. JGdSchrift S. 295; EYERMANN-FRÖHLER § 114 Rdz. 8; KOEHLER A II 15 zu § 114; NAUMANN DVBl 52, 406; VON TUREGG-KRAUS S. 167 f. u. 29; WOLFF S. 224; BVerwGE 2, 288 (290); 3, 363 u. NJW 56, 155; BayVGH VerwRspr. 6, 44 (46). Der Sache nach ebenso KOHLMANN, s. o. FN 138 a.

[140a] Bei dieser Begriffsbestimmung ist die von KOHLMANN (a. a. O. S. 71) an der Bezeichnung „formelles" subjektiv-öffentliches Recht geübte Kritik m. E. nicht berechtigt. In der Gegenüberstellung von formellen und materiellen Rechten liegt hier gerade keine Unterscheidung nach ihrer Herkunft, sondern — ganz in seinem Sinne — eine Einteilung nach ihrem Inhalt. Während das materielle subjektiv-öffentliche Recht auf eine bestimmte Sachentscheidung der Behörde („Vornahme einer inhaltlich bestimmten Verwaltungshandlung", KOHLMANN a. a. O.) gerichtet ist, gibt das formelle subjektiv-öffentliche Recht auf fehlerfreien Ermessensgebrauch lediglich einen Anspruch auf eine ermessensfehlerfreie Willensbildung der Behörde („Vornahme eines Verwaltungshandelns", KOHLMANN a. a. O.), ohne über den Inhalt der Entscheidung etwas zu sagen.

daß damit eine Übersteigerung des Rechtsschutzes verbunden sei, die die Initiative der Behörden lähme[141]. Solche Bedenken richten sich im Grunde genommen gegen den Rechtsstaat als solchen, in dem die öffentliche Gewalt naturgemäß nicht so einfach zu handhaben ist wie in autoritären Staaten[142].

3. Abschnitt

Zusammenfassung

Zusammenfassend ist damit festzustellen, daß die Strafverfolgungstätigkeit der StA als Ausübung öffentlicher Gewalt grundsätzlich ebenso gerichtlicher Kontrolle unterliegen muß wie die Tätigkeit der Verwaltungsbehörden, daß damit aber durchaus nicht jeder, der eine Handlung oder Unterlassung der StA bemängelt, den Richter anrufen kann. Gegenüber Entscheidungen, die die StA mit gerichtlicher Zustimmung trifft, ist der Rechtsweg schon deswegen verschlossen, weil sie keine Maßnahmen der öffentlichen Gewalt sind. Nicht anfechtbar sind ferner interne Anordnungen und Verfügungen, die den Rechtskreis Dritter nicht unmittelbar berühren können, sowie solche Maßnahmen, die den Betroffenen nur in seinen Interessen aber nicht in subjektiv-öffentlichen Rechten verletzten. Eine von der StA in alleiniger Verantwortung getroffene Entscheidung, von der unmittelbare Rechtswirkungen ausgehen und die gegen solche Bestimmungen des objektiven Rechts verstößt oder verstoßen kann, welche auch den Interessen des Betroffenen dienen sollen, muß dagegen gerichtlicher Kontrolle in irgendeiner Form zugänglich sein (Art. 19 IV GG)[142a].

---

141 NEBINGER S. 226 ff. u. DÖV 53, 626 (628).

142 Vgl. KOEHLER A II 8 zu § 114; LOPPUCH DVBl 55, 377 (379); REUSS DÖV 54, 55 (57) u. DVBl 59, 265 (266 f.).

142a KG JVBl 61, 237; ALTENHAIN JZ 65, 756 (757 f.) — Grundsätzlich a. A. offenbar neuerdings LG Saarbrücken, JBl. Saar 1965, 48 f. Der Leitsatz der Entscheidung: „Gegen Anordnungen der StA ist eine auf Art. 19 IV GG gestützte Beschwerde unzulässig.“ wird allerdings in dieser allgemeinen Form von den Gründen nicht getragen. Soweit das LG ausführt, Art. 19 IV GG eröffne nicht generell die Möglichkeit, Ermittlungshandlungen der StA anzufechten, ist ihm im Ergebnis zuzustimmen. Verfehlt ist es jedoch, mit dem Hinweis auf die Ermittlungspflicht der StA (§ 152 II) die Geltung von Art. 19 IV GG für ihre Ermittlungstätigkeit grundsätzlich zu verneinen; denn die Tragweite eines Verfassungsgrundsatzes kann nicht durch einfaches Verfahrensrecht eingeengt werden (s. o. S. 19 f.). Die Anfechtung ist vielmehr ausgeschlossen, weil die Aufklärung des Sachverhalts durch die StA noch keine hoheitliche Maßnahme mit unmittelbarer Rechtswirkung (s. o. S. 21 ff.) darstellt (SCHWARZ-KLEINKNECHT, 26. Aufl. 1966, 1 A zu § 23 EGGVG) und dort, wo diese Voraussetzung im Einzelfall gegeben sein sollte, aus § 152 II zu folgern ist, daß der Be-

Die Auffassung Kleinknechts, daß weder dem Beschuldigten noch dem Verletzten ein allgemeines Recht auf bestimmte Maßnahmen der StA zustehe, sondern die StPO ihre Einzelbefugnisse genau abgrenze[143], läßt sich in dieser allgemeinen Form nicht mit Art. 19 IV GG vereinbaren. Zwar gewährt Art. 19 IV GG ein solches allgemeines Recht selber nicht. Auf der anderen Seite hängt hiernach die Zulässigkeit des Rechtsweges aber auch nicht von der ausdrücklichen Verleihung entsprechender Anfechtungsbefugnisse durch die StPO ab. Maßgeblich ist vielmehr allein, ob die StA nur aus Gründen des öffentlichen Interesses oder auch im Hinblick auf die Belange des Beschuldigten, des Verletzten oder anderer Beteiligter zu einem bestimmten Verhalten verpflichtet ist.

Nach dieser Feststellung kann nunmehr untersucht werden, ob und inwieweit Art. 19 IV GG den Rechtsweg gegenüber einzelnen Maßnahmen der StA eröffnet, über deren Nachprüfbarkeit Zweifel bestehen.

---

troffene, soweit ihm nicht besondere Schutzrechte zur Seite stehen, durch Ermittlungshandlungen der StA nicht „in seinen Rechten" verletzt wird.

[143] Schwarz-Kleinknecht 1 zu § 24 EGGVG, 1 zu § 23 EGGVG; ders. 26. Aufl. 1966, 1 zu § 24 EGGVG, 1 A zu § 23 EGGVG; ebenso jetzt auch Schäfer bei LR (21. Aufl., 2. Band, 1965) 9 a u. b zu § 23 EGGVG unter Berufung auf OLG Hamm, B. v. 17. 10. 62 — 1 VAs 60/62 —; ferner OLG Hamm, B. v. 8. 7. 64 — 1 VAs 34/64 — u. B. v. 13. 4. 65 — 1 VAs 37/65 —, zit. bei OLG Hamm NJW 66, 684 (685), sämtlich zu § 172. Die Behauptung, die Regelung des AEV sei abschließend, demgemäß könne dort, wo § 172 die Anfechtung der Einstellungsverfügung versage, der Rechtsweg auch durch Art. 19 IV GG nicht eröffnet werden, wird jedoch dem Verfassungsrang dieser Bestimmung nicht gerecht (richtig KG JVBl 61, 237; 62, 20 u. 62, 93; Altenhain JZ 65, 756 (757 f.); i. e. u. S. 88 ff.). — Das gleiche gilt für die Auffassung, Prozeßhandlungen der StA seien der Anfechtung grundsätzlich entzogen (OLG Hamm NJW 65, 1241 u. NJW 66, 684; Altenhain JZ 65, 756 (758); Schwarz-Kleinknecht (26. Aufl. 1966) 1 A zu § 23 EGGVG). Eine ganz andere Frage ist es, ob dann, wenn eine dieser Maßnahmen den Betroffenen in seinen Rechten verletzt, eine Anfechtung gem. § 23 EGGVG in Betracht kommt oder der durch Art. 19 IV GG garantierte Rechtsschutz durch eine verfassungskonforme Auslegung strafprozessualer Bestimmungen gewährt werden kann (so für Prozeßhandlungen der StA wohl OLG Frankfurt NJW 66, 363; Schäfer bei LR (21. Aufl., 2. Band 1965) 6 b u. 9 d u. e zu § 23 EGGVG) (s. u. Kap. 3, S. 109 ff.).

2. KAPITEL

Die gerichtliche Nachprüfbarkeit einzelner Maßnahmen der StA im Strafverfahren

1. Abschnitt

Die Entschließung der StA über das besondere öffentliche Interesse an der Strafverfolgung (§ 232 I StGB)

A.

Von allen Fällen, in denen die Frage des Rechtsschutzes bisher erörtert wurde, ist der umstrittenste wohl die Entschließung der StA darüber, ob sie dann, wenn bei leichter vorsätzlicher oder bei fahrlässiger Körperverletzung[144] ein Strafantrag nicht gestellt wird, „wegen des besonderen öffentlichen Interesses an der Strafverfolgung (böI.) ein Einschreiten von Amts wegen für geboten erachtet" oder nicht (§ 232 I StGB). Nach der amtlichen Begründung zu § 232 StGB gibt diese Vorschrift der StA eine „Ermächtigung" zum Einschreiten[145], stellt also allein auf ihre Entscheidung[146] ab. Das entspricht inhaltlich der auch heute noch überwiegend vertretenen Meinung, wonach die Bejahung oder Verneinung des böI. im freien, der gerichtlichen Nachprüfung in materieller Hinsicht entzogenen[147, 148] Ermessen[149] der StA

---

[144] §§ 223, 230 StGB.

[145] Amtliche Begründung zur VO zur Änderung der Strafvorschriften über fahrlässige Tötung, Körperverletzung und Flucht bei Verkehrsunfällen v. 2. 4. 1940 (RGBl I 606) DJ 1940, 508; vgl. auch AV d. RJM v. 23. 4. 1940 DJ 1940, 509.

[146] Freisler DJ 1940, 525 (531); Rietzsch DJ 1940, 532 (534).

[147] RG DR 1940, 1671 Nr. 6 u. DR 1943, 139 Nr. 7; RGSt 77, 17 (20); 77, 72 (73); OGHZ 2, 35 (41); BGH, U. v. 23. 10. 51 — 1 StR 369/51 — bei Dallinger MDR 52, 16 (17); BayObLGSt 1949/51, 577 f.; KG VRS 3, 128 (129) u. VRS 18, 352 (353); OLG Hamm MDR 52, 245 Nr. 160 u. VRS 4, 39 (43); OLG München SJZ 50, Sp. 929; OLG Stuttgart JR 53, 348; Dreher-Maassen 3 zu § 232; Kohlhaas JR 53, 349 (350) u. NJW 54, 1792 (1793); LeipzK (Schaefer) I 2 zu § 232; Mühlhaus JZ 52, 170; Eb. Schmidt LK II § 376 Rdz. 4; Schönke-Schröder I zu § 232; Schwarz-Dreher 1 C zu § 232.

[148] Ob die Erklärung in ordnungsmäßiger Form abgegeben ist, hat das erkennende Gericht dagegen zu prüfen. Wegen der über die Form der Er-

liegt. Diese Auffassung ist jedoch in den letzten Jahren mehr und mehr auf Kritik gestoßen. Zunächst hat das OLG Köln in seiner Entscheidung vom 16. 9. 1952[150] dem Gericht das Recht zugebilligt, die Entschließung der StA daraufhin zu prüfen, ob sie auf einer Ermessensausübung im Einzelfall beruhe oder nur auf Grund allgemeiner Anweisungen ergangen sei[151]. Einige andere Entscheidungen verneinen zwar ein Prüfungsrecht des angerufenen Gerichts, lassen aber deutlich Bedenken gegen die Versagung jeden Rechtsschutzes verspüren. So hat z. B. das KG in einem Beschluß vom 8. 2. 1960[152] ausdrücklich offengelassen, ob eine Nachprüfung der staatsanwaltlichen Entschließung auch unter „staats- und verwaltungsrechtlichen Gesichtspunkten" unzulässig sei. Umgekehrt hat das BVerwG[153] angedeutet, daß Art. 19 IV GG u. U. eine Nachprüfung durch die ordentlichen Gerichte erfordern könne. Diese Anregungen sind inzwischen aufgegriffen worden. Die OLGe Bremen[154] und Celle[155] sowie Thierfelder[156] und Lüke[157] halten neuerdings die Bejahung des böI. für einen anfechtbaren Justizverwaltungsakt (JVA). Auf einem ganz anderen Wege versucht Vogel[158] zu einem umfassenden richterlichen Prüfungsrecht zu gelangen. Er sieht in der Entschließung der StA nur die unverbindliche Äußerung einer Rechtsansicht, deren Richtigkeit das erkennende Gericht jederzeit nachzuprüfen habe. Der BGH hat sich all diesen Erwägungen allerdings bisher verschlossen[159]. Seine Entschei-

---

klärung bestehenden verschiedenen Streitfragen vgl. die Übersicht bei Vogel NJW 61, 761.

[149] Ausdrücklich: RGSt 77, 72 (73); KG VRS 18, 352 (353 f.); OLG Celle NdsRPflege 60, 259 (260); Freisler a. a. O. FN 146; Sarstedt bei LR (20) 4 b zu § 376; Mühlhaus a. a. O. FN 147; Oehler JZ 56, 630.

[150] NJW 52, 1307 Nr. 22.

[151] Ebenso: Dreher-Maassen 3 zu § 232; KM 1 b zu § 376; Kohlrausch-Lange III zu § 232; Oehler a. a. O. FN 149.

[152] VRS 18, 352 (353).

[153] NJW 59, 448 (449).

[154] VB. v. 24. 11. 60, NJW 61, 144 (LS) u. VRS 20, 55 ff.

[155] B. v. 3. 10. 60, a. a. O. FN 149.

[156] DVBl 61, 119 (120) u. NJW 61, 1101.

[157] JuS 61, 205 (211). Lüke verneint allerdings die Anwendbarkeit der §§ 23 ff. EGGVG mit der Begründung, daß das Prozeßgericht die Nachprüfung übernehmen könne. S. u. S. 121 ff. u. 126 ff. Ähnlich wie er hält von Weber (MDR 63, 169 [170]) „den Gedanken einer gerichtlichen Überprüfung" für „gesund" und spricht sich für eine Kontrolle durch das Prozeßgericht im Zwischenverfahren aus.

[158] A. a. O. FN 148.

[159] B. v. 26. 5. 61: BGHSt 16, 225 = NJW 61, 2120, ergangen auf Vorlage des OLG Bremen a. a. O. FN 154. Im Anschluß hieran haben neuerdings

dung läßt aber einige Fragen offen, und die Ansicht Vogels wirft grundsätzliche Fragen auf. Als Ausgangspunkt für ihre Betrachtung mögen die vom OLG Köln[160] und vom OLG Bremen[161] entschiedenen Fälle dienen:

1. In einer Strafsache wegen fahrlässiger Körperverletzung im Straßenverkehr bejahte die StA das böI. — wie der Sitzungsvertreter in der Berufungsverhandlung erklärte — ohne jede Abwägung „nur auf Grund einer generellen internen Anweisung, kraft deren bei durch Verkehrsdelikte verursachten fahrlässigen Körperverletzungen dieses Interesse seitens der Sachbearbeiter der StA immer angenommen werden müsse". Daraufhin rügte der Angeklagte mit der Revision, daß die Bejahung des böI. nicht in einer dem Gesetz genügenden Form vorliege.
2. Bei einem nicht allein auf das Verschulden des Angeklagten zurückzuführenden Zusammenstoß zweier Kraftfahrzeuge erlitt seine neben ihm sitzende Ehefrau Gesichtsverletzungen. Sie stellte keinen Strafantrag. Die StA beantragte jedoch einen Strafbefehl wegen fahrlässiger Körperverletzung, ohne dabei zur Frage des böI. ausdrücklich Stellung zu nehmen. Nachdem der Angeklagte gegen den antragsgemäß erlassenen Strafbefehl Einspruch eingelegt hatte, verurteilte ihn das Amtsgericht. Hiergegen wandte er sich mit der Revision. In der Hauptverhandlung vor dem OLG erklärte der Vertreter des Generalstaatsanwalts ausdrücklich, daß er das böI. bejahe. Das OLG betrachtete diese Erklärung aber nicht als formgerecht, sondern stellte sich im Hinblick auf die von ihm bejahte Nachprüfbarkeit der Entschließung auf den Standpunkt, daß die Feststellung des Verfolgungsinteresses verfahrensrechtlich wirksam nur im Wege eines ausdrücklichen schriftlichen Bescheides erfolgen könne.

B.

I.

1. Die erste und für alle weiteren Überlegungen entscheidende Frage, die § 232 I StGB in diesem Zusammenhang aufwirft, ist die nach der Rechtsnatur der von der StA zu treffenden Entscheidung. Nur wenn man mit der herrschenden Lehre[162] die Bejahung des böI. als eine eigenständige Maßnahme der StA ansieht, läßt sich die weitere Frage stellen, ob der Verletzte oder der Beschuldigte hiergegen gerichtlichen Schutz begehren kann. Folgt man dagegen der Ansicht Vogels[163], so hat zwar das erkennende Gericht darüber zu befinden, ob ein böI. besteht. Von Rechtsschutz kann indessen nicht gesprochen

---

ebenso entschieden: OLG Hamm JVBl 62, 114 und OLG München, B. v. 17. 10. 61 — VAs 3/61 — zit. bei ALTENHAIN DRiZ 63, 8 (10 Anm. 27).

[160] a. a. O. FN 150.

[161] a. a. O. FN 154.

[162] S. o. FN 147 u. 149.

[163] a. a. O. FN 148.

werden, weil die Feststellung der StA dann nur noch „ein rein interner Vorgang, eine Denkoperation des jeweiligen Sachbearbeiters“ [164] wäre und ebensowenig selbständige Rechtswirkungen zu erzeugen vermöchte wie etwa die Subsumtion einer Tat unter die Merkmale eines gesetzlichen Tatbestandes vor der Entschließung über die Anklageerhebung.

Die Ansicht Vogels beruht in erster Linie auf der Beschränkung des Ermessensbegriffs auf die Fälle des Handlungsermessens. Das böI. könne, so meint er, nur bestehen oder nicht bestehen. In keinem Falle habe die StA die Freiheit, zwischen mehreren Verhaltensweisen zu wählen. Insbesondere sei es ihr, wie ein Vergleich mit § 153 I StPO zeige, nicht freigestellt, bei Vorliegen des böI. gegen den Beschuldigten einzuschreiten oder davon abzusehen[165]. Das ist in der Tat nicht zu bezweifeln. Diese Feststellung allein läßt aber bei genauerer Betrachtung noch keine Rückschlüsse auf die Rechtsnatur der staatsanwaltlichen Entschließung zu. Sie bedeutet weder, daß die StA hier keinerlei Entscheidungsfreiheit besitzt, noch, daß es sich nicht um eine Ermessensentscheidung handeln kann; denn die Gleichsetzung von Ermessen und Handlungsfreiheit entspricht nicht der allgemeinen Auffassung. Ob die StA hier eine eigenständige Maßnahme trifft oder nicht und wie ihre Entscheidung zu bewerten ist, hängt vielmehr ab von der sehr grundsätzlichen Frage nach dem Verhältnis von Ermessen und unbestimmtem Rechtsbegriff.

2. Die damit angeschnittene Frage, die eines der am meisten behandelten Probleme des Verwaltungsrechts betrifft[166], hat bisher im Straf- und Prozeßrecht nur wenig Beachtung gefunden. Soweit ersichtlich, hat sich in diesem Bereich nur Kappe[167] eingehend mit ihr befaßt. Seine Ausführungen zeigen, wie wichtig es ist, den im Verwaltungsrecht aufgetauchten Zweifelsfragen und den dort gewonnenen Erkenntnissen auch hier Beachtung zu schenken. Das gilt insbesondere für die vorliegende Untersuchung. Schon bei einem oberflächlichen Blick in die verwaltungsrechtliche Literatur und Rechtsprechung erkennt man, daß der auch in verschiedenen verwaltungsrechtlichen Tatbeständen auftauchende Begriff des „öffentlichen Interesses“ dort keineswegs so einhellig beurteilt wird wie hier[168]. Abgesehen davon werden im

---

[164] Vogel a. a. O. S. 762 l.

[165] A. a. O. S. 763 r.

[166] Bachof JZ 55, 97.

[167] GA 1960, 357 ff.

[168] Zum Teil sieht man hierin einen — nur scheinbar unbestimmten — Rechtsbegriff, dessen Inhalt stets nach objektiven Maßstäben zu ermitteln ist. So z. B.: Dürig JZ 53, 535 (536 f.); van Husen DVBl 53, 70 (72); Jellinek S. 34; Klinger G II 17 in Verb. mit G II vor 1 zu § 42; von Turegg-Kraus S. 28; OVG Berlin DÖV 57, 753 (755 l.); OVG Hamburg VerwRspr. 5, 860

Rahmen der weiteren Erörterungen noch eine Reihe ähnlicher Begriffe eine Rolle spielen[169]. Diese Tatsachen lassen es angezeigt erscheinen, der von Vogel mit Recht aufgeworfenen Frage ausführlicher nachzugehen.

Die Problematik des Verhältnisses von Ermessen und unbestimmtem Rechtsbegriff wird durch zwei Umstände kompliziert. Einmal überschneiden sich hier zwei verschiedene Erkenntnisanliegen und Tendenzen[170]. Die Frage betrifft sowohl das Verhältnis der Verwaltung zum Rechtssatz als auch die umstrittene Grenze zwischen Verwaltung und Verwaltungsgerichtsbarkeit[171], und „es macht einen Unterschied aus, ob die Rechtsgebundenheit der Verwaltung mehr theoretisch in der Bestimmung des Verhältnisses von Norm und Verwaltungsakt erwogen oder von einem Gericht mit der gebotenen Rücksicht auf das Rechtsschutzbedürfnis festgestellt wird“[172]. Daneben herrscht eine außerordentliche Unsicherheit in der Begriffsbildung. Der Streit darum, was Ermessen sei, beginnt schon im vorjuristischen Bereich[173], und die Bezeichnung „unbestimmter Rechtsbegriff“ wird in den verschiedensten Bedeutungen gebraucht[174, 175]. So ist es nicht verwunder-

---

(Nr. 182); LVG Gelsenkirchen DVBl 50, 217; LVG Hannover MDR 50, 125 f.; LVG Rheinl.-Pfalz DÖV 52, 414 (Nr. 189). Von einer Ermächtigung zu einer Ermessensentscheidung sprechen dagegen z. B. Engisch S. 114; Forsthoff S. 82; Giese JZ 52, 585 f.; Haas MDR 53, 651 (653 f.). Nach einer dritten Ansicht handelt es sich schließlich um einen unbestimmten Rechtsbegriff mit Beurteilungsspielraum. So z. B.: Ule VerwProzeßR § 2, S. 7; Wolff S. 138.

169 Z. B.: die Begriffe „öffentliches Interesse“ (§§ 376 u. 153 I) und „besondere Bedeutung des Falles“ (§§ 24 I Nr. 2 u. 3, 74 I GVG). S. u. S. 59 ff. u. S. 102 ff.

170 Forsthoff S. 74.

171 Vgl.: Engisch S. 111 f.; Forsthoff a. a. O. FN 170; Ule JGdSchrift S. 314; Gross DVBl 54, 739; K. Meyer DÖV 54, 368.

172 Forsthoff a. a. O. FN 170.

173 Vgl. dazu: Loppuch DVBl 55, 377 ff. u. R. Klein AöR 82, 75 (78 ff.).

174 Z. T. faßt man darunter alle gesetzlichen Formulierungen zusammen, die in ihrer konkreten Bedeutung nicht ohne weiteres erfaßt werden können. So z. B.: Bachof JZ 55, 97 (98 ff.) sowie die unten II 1 Genannten. Forsthoff (S. 79) sowie die anderen unten II 2 a angeführten Autoren verwenden dagegen die Bezeichnung nur für die scheinbar unbestimmten Begriffe im Gegensatz zu Wertbegriffen. Gerade umgekehrt versteht schließlich Ule (VerwProzeßR, S. 6 f.) hierunter nur die von ihm so genannten normativen Begriffe, die der Behörde einen Entscheidungsspielraum lassen.

175 Aus diesem Grunde ist auch die Rspr. nur mit Vorsicht zu verwerten. In einer Vielzahl von Entscheidungen werden zwar unbestimmte Rechtsbegriffe als stets mit einem eindeutigen Inhalt zu erfüllende Begriffe bezeichnet, deren Anwendung in vollem Umfang gerichtlicher Nachprüfung unterliege. So außer den oben FN 168 angeführten Entscheidungen z. B.: BVerfG

lich, daß Literatur und Rechtsprechung zu dieser Frage einen unübersehbaren Umfang angenommen haben[176], der im Rahmen dieser Arbeit nicht auszuschöpfen ist. Die gebotene Beschränkung wird dadurch gerechtfertigt, daß die in den letzten Jahren angestellten grundsätzlichen Untersuchungen[177] bei allen Meinungsverschiedenheiten in der Sache jedenfalls die Fronten eindeutig geklärt haben.

II.

Nach einhelliger Ansicht handelt es sich dann um eine Ermessensentscheidung, wenn eine Rechtsnorm einer Behörde *Handlungsfreiheit* einräumt, es also von der eigenen Entscheidung der Behörde abhängig macht, ob sie unter bestimmten Voraussetzungen überhaupt tätig werden und welche Maßnahmen sie gegebenenfalls ergreifen will[178, 179]. Das Gegenstück hierzu bilden die Bestimmungen, die bei Vorliegen eines bestimmten Tatbestandes der Behörde auch ein be-

---

NJW 57, 297 (298) (Gefährdung erheblicher Belange der BRep.); BVerwGE 2, 313 (314) (Herkömmlichkeit i. S. v. Art. 12 II GG); BVerwG NJW 57, 1648 (Verhältnismäßigkeit); OVG Berlin DVBl 52, 770 (voraussichtliche Benachteiligung der Westberliner Wirtschaft); OVG Münster DVBl 54, 542 (Eignung nach § 26 I 2 DGB); OVG Münster DÖV 55, 345 u. BayVGH NJW 55, 845 (846) (Interessen des öffentlichen Verkehrs); LVG Rheinl.-Pfalz MDR 54, 188 (Zuverlässigkeit). Daraus lassen sich aber allgemeine Folgerungen nicht ziehen; denn auf der anderen Seite sieht man in manchen unbestimmten Begriffen eben keine „unbestimmten Rechtsbegriffe" in diesem Sinne, sondern Ermächtigungen zu einer Ermessensentscheidung. So z. B.: BVerwGE 1, 92 (96); 1, 171 (173); 4, 89 (90 ff.); 9, 284 (285 ff.) (sämtlich zum Begriff: Interessen des öffentlichen Verkehrs); OVG Rheinl.-Pfalz JZ 58, 289 (Dienstunwürdigkeit).

[176] Ausführliche Zusammenstellungen der neueren Literatur finden sich z. B. bei: BACHOF JZ 55, 97 Anm. 2; JESCH AöR 82, 163 Anm. 1; KAPPE GA 1960, 357 (358 Anm. 16); KLINGER G I (S. 176 Anm. 82) u. G II (S. 178 Anm. 83) zu § 42. Einen umfassenden Überblick über die ältere Literatur gibt EHMKE S. 7 ff. Vgl. jetzt ferner KOHLMANN: Das subjektiv-öffentliche Recht auf fehlerfreien Ermessensgebrauch (a. a. O. FN 122 a), S. 35 ff.

[177] Vor allem: BACHOF, EHMKE, JESCH a. a. O. FN 176; R. KLEIN AöR 82, 75 ff.; KOEHLER B zu § 114; ULE JGdSchrift S. 309 ff.

[178] z. B.: KLINGER G I 1 zu § 42; FORSTHOFF S. 74; BACHOF JZ 55, 97 (98) sowie alle in den folgenden Abschnitten Genannten. Auch EHMKE (S. 35 ff.) bestreitet das nicht. Er sieht nur in den üblicherweise verwendeten Begriffen keinen geeigneten Ausgangspunkt für die Lösung des Problems.

[179] Typische Schulbeispiele bilden im Verwaltungsrecht die Vorschriften über die Erteilung, Versagung und Entziehung der Reisegewerbekarte (Wandergewerbeschein), z. B §§ 57 a, 58, 59 GewO. Vgl. hierzu i. e. EHMKE S. 26 f.; JELLINEK S. 34; KLINGER G I 2 zu § 42; H. PETERS S. 10. Im Strafprozeßrecht sind hier z. B. die §§ 153 II u. III, 153 a—154 d zu nennen. Weitere Beispiele bei KAPPE GA 1960, 357 (364 ff.).

stimmtes Handeln vorschreiben[180]. Der Inhalt dieser Normen kann eindeutig sein und zu keinerlei Zweifeln Anlaß geben[181]. Sobald er „unbestimmte Begriffe"[182] umfaßt, fangen die Meinungsverschiedenheiten an:

1. Nach einer in letzter Zeit vor allem von Reuß[183] begründeten Ansicht ist der Unterschied zwischen eindeutigen Tatbestandsmerkmalen und unbestimmten (Rechts-)Begriffen[184] sachlich ohne Bedeutung[185]. Ermessen, so meint man, gebe es nur auf der Rechtsfolgenseite der Norm[186]. Sein typisches Kennzeichen sei die Willensfreiheit. Hiervon könne „im Hinblick auf den Tatbestand einer Rechtsnorm begriffsmäßig nicht die Rede sein"[187]. Die Anwendung unbestimmter Rechtsbegriffe könne vielmehr immer nur ein einziges richtiges Ergebnis haben; denn insoweit handele es sich um einen Erkenntnisakt, und im Bereich des Erkennens gebe es, anders als im Bereich des Wollens, keine Wahl und keine möglichen Zweifel, sondern höchstens begrenzte Erkenntnismöglichkeiten[188]. Trotz aller Schwierigkeiten im Einzelfall sei es aber immer möglich, die richtige Lösung zu finden[189]. Eine

---

[180] Sog. gebundene Verwaltung. Vgl. hierzu z. B. JELLINEK S. 28 f.; VON TUREGG-KRAUS S. 28; ULE VerwProzeßR S. 5 ff.; WOLFF S. 137.

[181] Z. B. § 57 I Nr. 2, 3, 4 GewO.

[182] Z. B. öffentliches Wohl, geordneter Gang der Verwaltung, Sachkunde, Nachtzeit, wichtiger Grund usf. Weitere Beispiele oben FN 175 sowie bei FORSTHOFF § 5, S. 75; HUBER II S. 654; ULE JGdSchrift S. 318; WOLFF VerwR I § 31 I, S. 138.

[183] DVBl 53, 585 ff. u. 649 ff.; DÖV 54, 55 ff., 535 ff. u. 557 ff.; DÖV 57, 585 ff.; DVBl 59, 265 (268 f.).

[184] Hiernach ist jeder unbestimmte Begriff im Rahmen eines Tatbestandes „unbestimmter Rechtsbegriff". S. o. FN 174.

[185] Ebenso: EYERMANN-FRÖHLER § 114 Rdz. 11; VAN HUSEN DVBl 53, 70 (71 f.); KLINGER G zu § 42; LOENING DVBl 52, 197 ff., 235 ff., insb. 199 ff.; H. PETERS S. 10 f.; SCHINDLER MDR 54, 331 ff.; BayVGH NJW 55, 845 sowie neuerdings CZERMAK JZ 63, 276 ff. und das VG Frankfurt JZ 62, 504 f., welches sich aber zu Unrecht auf MENGER (VerwArchiv 50 (1959), 271, 279 f.) und das BVerwG (E 12, 359 u. DVBl 61, 292) beruft. MENGER ist im Gegensatz zu den Ausführungen des VG Frankfurt und in Übereinstimmung mit der grundsätzlichen Entscheidung des BVerwG (E 8, 272 ff.) der Ansicht, daß pädagogische Wertungen richterlicher Kontrolle nur begrenzt zugänglich seien, und das BVerwG hat in seiner Entscheidung E 12, 359 (363) diese Auffassung nicht aufgegeben, sondern bestätigt. Auch aus seinen Darlegungen DVBl 61, 292 (293 l.) ergibt sich nichts anderes. Sie betreffen nicht die Anwendung unbestimmter Rechtsbegriffe im Einzelfall, sondern die Auslegung des Gesetzes als solche.

[186] REUSS DÖV 54, 55; BayVGH a. a. O. FN 185.

[187] REUSS a. a. O. FN 186; BayVGH a. a. O. FN 185.

[188] REUSS DVBl 53, 585 ff.

[189] REUSS a. a. O. FN 188; SCHINDLER (a. a. O. FN 185) S. 333.

Bestimmung, die derart weit gefaßt sei, daß die Ermittlung des in ihr verkörperten eindeutigen Gesetzeswillens die menschliche Erkenntniskraft tatsächlich überfordere, verstoße gegen den Grundsatz vom Vorbehalt des Gesetzes[190]. Aus Gründen der Rechtsstaatlichkeit liege es auch nicht im Belieben des Gesetzgebers, zu bestimmen, daß eine Norm in gleicher Weise mehrere Sachverhaltswürdigungen der Behörde decken solle[191].

2. Diese z. T. noch als herrschende Lehre angesehene Aufassung[192] ist indessen heute weitgehend einer differenzierteren Betrachtungsweise gewichen, die der Behörde bei der Anwendung gewisser unbestimmter Begriffe auf einen von ihr festgestellten Sachverhalt[193] einen begrenzten gerichtsfreien Entscheidungs- oder Wertungsspielraum zuerkennt:

a) Teilweise spricht man auch in solchen Fällen von einer Ermächtigung der Behörde, nach ihrem Ermessen zu entscheiden. W. Jellinek[194] und ihm folgend R. Klein[195] sehen das Wesen des Ermessens schlechthin in der „vom Gesetz gewollten Mehrdeutigkeit"[196], die ihren Sitz gerade im unbestimmten Begriff habe, wenn auch nicht jede Unbestimmtheit freies Ermessen bedeute[197]. Empirische Begriffe deuteten im allgemeinen nicht auf eine Entscheidungsfreiheit hin[198]. Sie seien vielmehr im Wege der Auslegung zu bestimmten Begriffen zu machen[199]. Soweit das Gesetz aber Wertbegriffe[200] verwende, heiße das typisch — wenn auch nicht notwendig[201] —, daß hier Mehrdeutigkeit gewollt sei und die Behörde damit innerhalb der gesetzlichen Grenzen nach ihrem Ermessen entscheiden dürfe[202]. Zu dem

---

[190] Reuss DVBl 59, 265 (268 f.).

[191] Reuss a. a. O. FN 183.

[192] Klinger G II zu § 42.

[193] Im Gegensatz zur Auslegung sowie zur Tatsachenfeststellung; vgl. z. B. Bachof JZ 55, 97 (98 f.); K. Meyer DÖV 54, 368 ff.; Ule JGdSchrift S. 314 ff. sowie den folgenden Text.

[194] S. 30 ff.

[195] AöR 82, 75 ff., insb. S. 86 ff., 96 ff., 114 ff.

[196] Jellinek S. 30 u. 31.

[197] Jellinek S. 31.

[198] Z. B. Tagesanbruch, Nachtzeit, Zahlbegriffe. Weitere Beispiele bei Forsthoff S. 75 f.

[199] Jellinek S. 31.

[200] Z. B. Gemeinwohl, öffentliches Interesse, öffentliche Sicherheit und Ordnung. Interessen des öffentlichen Verkehrs, Eignung.

[201] Jellinek S. 33 ff.

[202] Jellinek S. 32.

gleichen Ergebnis gelangt Forsthoff[203], der als entscheidenden Gesichtspunkt allerdings nicht den auf Eindeutigkeit oder Mehrdeutigkeit gerichteten Gesetzeswillen, sondern die unterschiedlichen Anforderungen herausstellt, die empirische Begriffe einerseits und wertbezogene Begriffe andererseits bei ihrer Anwendung stellen. Unbestimmte Begriffe, welche sich auf empirische Tatsachen, Verhältnisse oder Umstände beziehen, binden seiner Meinung nach nur die Subsumtionslogik[204]. Die logischen Operationen, die erforderlich seien, derartige Begriffe auf einen konkreten Gehalt zu fixieren, ließen keinerlei Entscheidungsspielraum. Hier habe der Anwendende nur die Aufgabe, die allein richtige Entscheidung zu finden, „indem er den Rechtssatz nach der ihm innewohnenden Logik bis zu einer konkreten Aussage weiterdenke"[205]. Anders verhalte es sich jedoch mit den Wertbegriffen. Auch sie seien im gewissen Umfang, z. B. durch Bezugnahme auf die feststellbare Überzeugung aller billig und gerecht Denkenden, empirisch konkretisierbar. Es bleibe aber — insbesondere bei einem so weiten Begriff wie dem des „öffentlichen Interesses"[206] — immer ein Bereich, innerhalb dessen die zur Anwendung berufene Behörde auf die zu Grunde liegenden Wertvorstellungen selbst zurückgreifen müsse, wo sie zwischen im konkreten Fall zusammenstoßenden Werten zu wählen habe. Dieser Rückgriff auf den Wert stelle dann einen echten Akt des Ermessens dar[207]. In ähnlicher Weise entnehmen Ehmke[208] und Haas[209] der Tatsache, daß der Gesetzgeber unbestimmte Begriffe verwende und auch verwenden müsse, da es ihm gar nicht möglich sei, bei der Regelung eines Lebensbereichs alle Einzelheiten im voraus zu übersehen und auszugestalten, eine Ermächtigung der Behörden zur Wertung nach eigenem Ermessen innerhalb der vom Gesetz gezogenen Grenzen[210].

b) Eine andere, vor allem von Bachof[211] und Ule[212] vertretene Lehre, die sich in zunehmendem Maße durchsetzt[213], unterscheidet dagegen

---

[203] § 5, S. 73 ff.

[204] S. 75 f., 81.

[205] S. 76.

[206] S. 82 f.

[207] S. 77 f.

[208] S. 35 ff., insb. S. 40 ff.

[209] MDR 53, 651 ff., insb. S. 653.

[210] Im Ergebnis ebenso: Engisch S. 111 ff.; Giese JZ 52, 585 f.; Huber II S. 653 ff.; Kappe GA 1960, 357 (361 ff.); Krauthausen bei Gross DVBl 54, 739 f.; Labs DÖV 54, 533 ff. u. 57, 584 f.; Redding DÖV 54, 365 ff. sowie die oben FN 175 am Schluß genannte Rechtsprechung.

[211] JZ 55, 97 ff.; DVBl 57, 788 ff.

[212] JGdSchrift S. 309 ff., insb. S. 314 ff.

[213] Jarosch DVBl 54, 521 ff.; Jesch AöR 82, 163 ff.; Koehler B I, insb. B I 5 zu § 114; K. Meyer DÖV 54, 368 ff.; Obermayer NJW 63,

zwischen den Entscheidungen, die die Behörde bei der Wahl zwischen mehreren zulässigen Mitteln einerseits und bei der freien Beurteilung der Voraussetzungen ihres Handelns andererseits zu treffen hat.

Wie diejenigen, die das Ermessen an den rechtlich mehrdeutigen Begriff binden, erkennen sie in diesen Fällen eine begrenzte Beurteilungsfreiheit der zur Anwendung der Norm berufenen Stelle an. Vom Ergebnis her gesehen besteht Einmütigkeit. Auch die Begründungen entsprechen sich. Auf der einen Seite hält Bachof — wie Jellinek — den Gesetzeswillen für das über rechtliche Eindeutigkeit und rechtliche Mehrdeutigkeit entscheidende Kriterium. Soweit der Gesetzgeber seine Absicht nicht ausdrücklich bekundet habe, müsse bei Wertbegriffen darauf abgestellt werden, ob die angesprochene Wertvorstellung soweit objektivierbar sei, daß nur eine einzige Entscheidung als möglich erscheine. Bei Erfahrungsbegriffen komme es darauf an, ob in der Praxis eine hinreichend eindeutige Beurteilung des Sachverhalts unter Berücksichtigung der Verantwortungslage der entscheidenden Behörde möglich sei[214]. Demgegenüber stellen Ule und Jesch[215], vergleichbar mit Forsthoff, maßgeblich auf den Unterschied zwischen realer gesetzlicher Eindeutigkeit und realer gesetzlicher Mehrdeutigkeit ab. Nach Ule liegt der Fall des unbestimmten Rechtsbegriffs[216] auf der Mitte zwischen den extremen Fällen der absoluten Bindung der Verwaltung durch bestimmte Begriffe und feste Tatbestände und ihrer absoluten Freiheit durch die gesetzliche Ermächtigung zu eigener Entscheidung (Ermessen). Hier sei die Verwaltung relativ gebunden und relativ frei[217]; denn die bei Anwendung unbestimmter Begriffe als normativer Begriffe erforderliche Wertung könne in Grenzfällen zu mehreren Ergebnissen führen, die alle vertretbar und damit rechtmäßig seien[218]. Jesch sieht den ausschlaggebenden Gesichtspunkt darin, daß die Anwendung unbestimmter Rechtsbegriffe vielfach „einen

---

1177 f.; Wolff S. 136 ff. Insbesondere ist die Rechtsprechung der Ansicht Bachofs und Ules weitgehend gefolgt: BVerwGE 5, 153 (162 f.); 6, 177 (181 f.) (Wohndichte); 8, 192 (195 f.) (Befähigung eines Beamten); 8, 272 ff. u. 12, 359 (363) (pädagogisch-wissenschaftliche Wertungen); BSG MDR 59, 793; OVG Hamburg MDR 59, 522 (523) (Notwendigkeit); OVG Lüneburg OVGE 12, 327 (Hilfsschulfähigkeit) u. OVGE 13, 453 (455 ff.) (notwendige Erfahrungen auf dem Gebiet der Selbstverwaltung); LVG Düsseldorf DÖV 56, 635 (636) (Maßstäbe für die Versetzung eines Schülers); auf strafprozessualem Gebiet neuerdings auch OLG Stuttgart Justiz 1964, 316 (Schwere der Tat i. S. von § 140 II).

[214] JZ 55, 97 (98 ff., 102). Als Beispiel für den letzteren Fall nennt Bachof (S. 100) den Begriff der Verkehrsgefährdung.

[215] A. a. O. FN 213.

[216] Zur Terminologie s. o. FN 174.

[217] JGdSchrift S. 315.

[218] JGdSchrift S. 326; VerwProzeßR § 2, S. 6 f.

Rückgriff auf die Gesamtsituation und die sie konstituierenden Imponderabilien"[219] erforderlich mache. Da dieser Sachverhalt praktisch nur begrenzt mitteilbar sei, sei auch die Entscheidung hierüber nur begrenzt überprüfbar[220].

Der Unterschied zwischen beiden Lehren liegt also nur in dem verschiedenen Verständnis des Ermessensbegriffs. In diesem Punkte deckt sich die hier dargestellte Lehrmeinung wiederum mit der Meinung derjenigen, die der Verwaltung bei der Anwendung unbestimmter Begriffe jede Möglichkeit zu eigener Entscheidung absprechen[221].

3. Rechtstheoretisch betrachtet geht es danach um zwei Fragen. Sachliche Uneinigkeit besteht darüber, ob es unbestimmte Begriffe gibt, „die dazu bestimmt sind, mehrere Sachverhaltswürdigungen in gleicher Weise zu decken und deren Anwendung insoweit gerichtlicher Nachprüfung entzogen ist"[222]. Soweit man dies bejaht, stellt sich die weitere Frage nach der sachgerechten Begriffsbildung, die Frage nämlich, ob es sich insoweit um Ermessensermächtigungen oder um etwas anderes handelt.

III.

1. a) Die Beantwortung der sachlichen Streitfrage erfordert angesichts der Argumentation von Reuß[223] zunächst eine Besinnung auf das Verhältnis zwischen dem Gesetz und den zu seiner Anwendung berufenen Organen. Der Kernpunkt aller Erwägungen, aus denen sich ergeben soll, daß zwischen bestimmten und unbestimmten Rechtsbegriffen in keinem Falle ein sachlicher Unterschied bestehe[224], ist die Annahme, daß der Gesetzgeber, auch soweit er unbestimmte Begriffe verwende, für jeden Einzelfall bereits eine eindeutige Lösung getroffen habe, die es nur aufzufinden gelte. Träfe dies zu, so wäre Gesetzesanwendung nie mehr als die gleichsam automatische Ermittlung und Verkündung des immer eindeutigen Gesetzeswillens. Diese

---

[219] A. a. O. FN 213, S. 196.

[220] A. a. O. FN 213, S. 178 ff., insb. S. 195 f. und 223 ff. Im Ergebnis ebenso Menger VerwArchiv 50 (1959), 271 (279 f.) für die Bewertung von Prüfungsleistungen. Als Beispiel nennt Jesch (S. 215 ff.) § 9 I des PBefG v. 6. 12. 37 i. d. F. des G. v. 16. 1. 52 — BGBl I 21 — u. v. 12. 9. 55 — BGBl I 573 — (heute: § 13 PBefG v. 21. 3. 61 — BGBl I 241 —), wonach die Genehmigung zur geschäftsmäßigen Beförderung von Personen u. a. nur dann erteilt werden durfte, wenn das Unternehmen nicht den „Interessen des öffentlichen Verkehrs" zuwiderlief. A. A. für diesen Fall BVerwG a. a. O. FN 175 a. E.

[221] S. o. S. 37 f.

[222] R. Klein AöR 82, 119 im Anschluß an Ule JGdSchrift S. 328.

[223] A. a. O. FN 183.

[224] S. o. S. 37 f.

in der Zeit der Aufklärung herrschende Vorstellung ist aber nach heutigen Begriffen nicht mehr haltbar[225]. Die eindeutige gesetzliche Regelung eines Lebensbereichs findet ihre natürliche Grenze in der Vorhersehbarkeit einzelner Konfliktsfälle. Für den Bereich jenseits dieser Grenze kann der Gesetzgeber nur noch Richtlinien aufstellen und muß es der Anwendung überlassen, die von ihm getroffene Regelung in den nicht vorausgesehenen Fällen auszugestalten[226]. Daß hiermit das Prinzip der Gesetzmäßigkeit von Verwaltung und Rechtspflege grundsätzlich unangetastet bleibt, liegt auf der Hand. Das Gebot, Verwaltung und Rechtspflege an feste gesetzliche Regeln zu binden und Willkür auszuschließen (Art. 20 III GG), kann nicht weiter reichen als die Möglichkeit, solche Regeln aufzustellen[227], und hindert deswegen den Gesetzgeber nicht, dort, wo diese Grenze erreicht ist, die Ausformung der von ihm getroffenen grundsätzlichen Entscheidungen im Einzelfalle der „schöpferischen Mitgestaltung“[228] des Rechtsanwenders anzuvertrauen.

Das gesetzgeberische Mittel hierzu ist der unbestimmte Begriff, der — wie Jesch es formuliert[229] — einen festen Begriffskern und einen diffusen Begriffshof enthält und damit sowohl der Forderung nach grundsätzlicher Gebundenheit als auch der Notwendigkeit freierer Gestaltung im Einzelfall Rechnung trägt[230]. Selbstverständlich ist nicht jede gesetzliche Formulierung, deren konkrete Bedeutung nicht ohne weiteres erfaßt werden kann, in diesem Sinne unbestimmt. Weitgehend wird es sich um nur scheinbar unbestimmte Begriffe handeln, deren Inhalt sich in Wahrheit stets eindeutig ermitteln läßt. Angesichts der Unmöglichkeit, die Voraussetzungen aller behördlichen und richterlichen Entscheidungen absolut festzulegen, kann aber ernsthaft nicht bezweifelt werden, daß es auch unbestimmte Rechtsbegriffe geben muß und geben darf, deren Handhabung im Einzelfall einen gewissen Entscheidungsspielraum läßt[231].

---

[225] BVerwGE 3, 225 (242 f.); Engisch S. 106 ff.; Jesch (a. a. O. FN 213) S. 169 ff. mit weiteren Nachweisen.

[226] Ehmke S. 40. Vgl. ferner Haas MDR 53, 651 (653 l.); Krauthausen bei Gross DVBl 54, 739 f. sowie die FN 225 Genannten.

[227] Bachof JZ 55, 97 (100); Engisch S. 107; Koehler B I 5 zu § 114; BVerfG, Jesch a. a. O. FN 225.

[228] Jesch (a. a. O. FN 213) S. 169. Das BVerfG (a. a. O. FN 225) spricht hier von „Gesetzesergänzung“ und „rechtsfindender Lückenfüllung“.

[229] A. a. O. (FN 213) S. 171 ff. im Anschluß an Heck. Ebenso Engisch S. 108 f.

[230] Ebenso Wolff S. 136 ff. u. BVerfG a. a. O. FN 225.

[231] Darin liegt m. E. der allein entscheidende Gesichtspunkt. Die Argumentation Kappes (GA 1960, 361 ff.), der davon ausgeht, daß der Gesetzgeber durch einen unbestimmten Rechtsbegriff selber eine Regelung für den Einzelfall treffe und nur eine Lösung dem Gesetz entspreche, dann aber doch

b) Was die Abgrenzung dieser tatsächlich unbestimmten von den nur scheinbar unbestimmten Rechtsbegriffen angeht, kann weitgehend auf die Ergebnisse der oben angeführten Untersuchungen[232], insbesondere auf die Ausführungen von Forsthoff[233] und Bachof[234] Bezug genommen werden. Soweit man diese Frage zunächst unabhängig von verfassungsrechtlichen Erwägungen betrachtet, scheinen mir hier im grundsätzlichen Bereich keine Schwierigkeiten mehr zu bestehen. Einige gesetzliche Bestimmungen räumen der zu ihrer Anwendung berufenen Behörde ausdrücklich eine gewisse Beurteilungsfreiheit ein[235]. Hervorzuheben ist, daß auch § 232 I StGB zu dieser Kategorie gehört, da er darauf abstellt, ob die StA wegen des böI. ein Einschreiten von Amts wegen für geboten *erachtet*.

Soweit ausdrückliche Hinweise fehlen und die Auslegung auf die Natur der verwendeten unbestimmten Begriffe zurückgreifen muß, erscheint es zweckmäßig, zwischen Wert- und Erfahrungsbegriffen zu unterscheiden[236], wenn auch die Übergänge fließend sind[237]. Wert-

---

einen Wertungsspielraum bei der Anwendung für zulässig hält, weil sich diese Lösung nicht immer eindeutig feststellen lasse, vermag nicht zu überzeugen. Lägen die Dinge so, dann wäre der Ansicht von Reuss zu folgen; denn es ist widersinnig, anzunehmen, der Gesetzgeber treffe eine eindeutige Regelung und erkläre sich gleichzeitig damit einverstanden, daß sie nicht beachtet wird. Deswegen scheint es auch mißverständlich, davon zu sprechen, daß nur eine Lösung theoretisch richtig sei, aber praktisch rechtliche Maßstäbe fehlten, sie zu finden (Bachof, Koehler a. a. O. FN 227). Allerdings ist im Gegensatz zu den Fällen des Handlungsermessens, wo der Gesetzgeber mehrere Maßnahmen für rechtlich gleich richtig erklärt, hier nur eine Lösung richtig. Die Behörde kann sie aber nicht fest*stellen*, sondern muß sie fest*legen*, weil der Gesetzgeber ihr die Ausgestaltung im Einzelfall überlassen hat (vgl. auch BVerwGE 12, 359 (363) u. Obermayer NJW 63, 1177 f.).

[232] S. 36—41.

[233] S. 75 ff.

[234] JZ 55, 97 ff.

[235] Für das Gebiet des Verwaltungsrechts nennt Bachof (S. 98) hier die Beispiele der §§ 3 u. 5 des Baulandbeschaffungsgesetzes v. 3. 8. 53.

[236] So z. B.: Jellinek S. 30 ff.; Forsthoff S. 75 ff.; Bachof JZ 55, 97 (98 ff); Ule JGdSchrift S. 314 ff. u. VerwProzeßR § 2, S. 6 f.; K. Meyer DÖV 54, 368 ff.; Jarosch DVBl 54, 521 ff.

[237] Bachof (a. a. O. FN 236) S. 99; Forsthoff S. 79. Wolff (S. 137 ff.) verwendet deswegen die einheitliche Bezeichnung „Typenbegriff" für alle Normen, die nur einen Tatsachen-, Interessen- oder Wertbereich, nicht aber die Gegenstände dieses Bereichs bestimmen. Jesch (AöR 82, 163 [225 ff.]) lehnt die Unterscheidung ab, da die Anwendung jedes unbestimmten Begriffs Wertungen erfordere und somit kein prinzipieller Unterscheid zwischen Wert- und Erfahrungsbegriffen bestehe. Es erscheint in der Tat fraglich, ob der Unterscheidung zwischen empirischen und normativen Begriffen selb-

begriffe oder normative Begriffe[238] können durch übereinstimmende Vorstellungen der Rechtsgemeinschaft weitgehend konkretisiert sein[239]. Ihre Anwendung verlangt aber vielfach doch subjektive Wertabwägungen und gibt damit dem Anwendenden einen gewissen Spielraum eigener Entscheidung[240]. Empirische Begriffe binden dagegen die Subsumtionslogik, so daß hier regelmäßig nur ein richtiges Ergebnis möglich ist, nur ein Verhalten ihren Zwecken entspricht[241]. Bedenkt man jedoch, daß der Grund für die Verwendung unbestimmter Begriffe in der mangelnden Übersehbarkeit aller Einzelheiten eines zu regelnden Lebensbereichs liegt, so leuchtet ein, daß solche empirischen Begriffe, die einen besonders komplexen Sachverhalt ansprechen und deren Anwendung einen „Rückgriff auf die Gesamtsituation und die sie konstituierenden Imponderabilien"[242] erfordert, dem Anwendenden ebenfalls einen Beurteilungsspielraum einräumen müssen[243].

c) aa) Das eigentliche Problem der unbestimmten Begriffe liegt darin, ob und unter welchen Voraussetzungen sie der zu ihrer Anwendung zunächst berufenen *Behörde* einen *gerichtsfreien* Spielraum der Sachverhaltsbeurteilung überlassen dürfen, bei dessen Einhaltung ihre Entscheidung als rechtmäßig zu gelten hat, selbst wenn das sie überprüfende Gericht den Sachverhalt anders beurteilt[244]. Diese Frage ist identisch mit derjenigen nach den verfassungsrechtlichen Grenzen der Verwendung (tatsächlich) unbestimmter Begriffe. Wenn das Wesen des unbestimmten Begriffs in einem Verzicht des Gesetzgebers besteht, die Voraussetzungen des Verwaltungshandelns bis in die letzten Einzelheiten zu bestimmen, so liegt in der Verwendung unbestimmter Begriffe stets ein Verzicht zu Gunsten der Verwaltung. Das gilt nicht nur dort, wo der Gesetzgeber der Behörde ausdrücklich einen Spiel-

ständiger Erkenntniswert für den Einzelfall beigemessen werden kann (so offenbar ULE a. a. O. FN 236). Tut man dies nicht und bleibt man sich der Unsicherheit der Grenzen bewußt, scheint mir die eingebürgerte Gegenüberstellung aber sinnvoll. Sie macht deutlich, wo das eigentliche Gebiet der unbestimmten Begriffe liegt, da Wertbegriffe jedenfalls in viel höherem Maße unbestimmt sind als empirische Begriffe (ENGISCH S. 109).

[238] ULE a. a. O. FN 236.

[239] I. e. s. o. S. 38 ff.

[240] BACHOF (a. a. O. FN 236) S. 99 f.; FORSTHOFF S. 76 f.; ULE a. a. O. FN 236.

[241] FORSTHOFF S. 75 f.; ebenso BACHOF (a. a. O. FN 236) S. 100; ULE JGdSchrift S. 315.

[242] JESCH (a. a. O. FN 237) S. 196.

[243] BACHOF a. a. O. FN 241; JESCH (a. a. O. FN 237) S. 193 ff., 229 ff.; WOLFF S. 136 ff.

[244] BACHOF (a. a. O. FN 236) S. 98, III. S. hierzu jetzt auch KOHLMANN: Das subjektiv-öffentliche Recht auf fehlerfreien Ermessensgebrauch (a. a. O. FN 122 a), S. 38 ff.

raum freier Sachverhaltsbeurteilung zuweist oder wo der angesprochene komplexe Sachverhalt im Einzelnen nicht mehr mitteilbar ist, so daß sich das Gericht schon aus tatsächlichen Gründen zu einer Nachprüfung außerstande sieht[245]. Es gilt vielmehr schlechthin für jeden unbestimmten Begriff, insbesondere auch für die sog. Wertbegriffe. Hier könnte das Gericht zwar die subjektive Wertung der Behörde durch seine eigene ersetzen. Damit überschritte es jedoch seine Befugnisse. Die Aufgabe der Gerichte besteht und erschöpft sich darin, das Verwaltungshandeln auf seine Vereinbarkeit mit dem objektiven Recht zu überprüfen. Soweit die Behörde bei der Anwendung von Wertbegriffen subjektive Wertungen treffen muß, bewegt sie sich aber gerade in einem nur in seinen Umrissen normierten Bereich, innerhalb dessen objektive Maßstäbe fehlen. Die Überprüfung ihrer Entscheidung durch das Gericht kann sich daher nur darauf erstrecken, ob die Grenzen eingehalten sind. Ginge das Gericht weiter, so übte es mangels objektiver rechtlicher Maßstäbe keine Rechtmäßigkeitskontrolle, sondern Verwaltungstätigkeit aus[246, 247]. Deswegen läßt sich die Frage, wer maßgeblich und abschließend über die Anwendung unbestimmter Begriffe zu entscheiden habe[248], eigentlich gar nicht stellen, und es ist verfehlt, aus verfassungsrechtlichen Bedenken gegen die Verwendung unbestimmter Begriffe zu folgern, daß insoweit die maßgebliche Wertung durch das Gericht zu treffen sei[249]. Begegnet das Fehlen

---

[245] Jesch (a. a. O. FN 237) S. 237 ff.

[246] Bachof (a. a. O. FN 236) S. 99; Ehmke S. 45 ff.; Haas MDR 53, 651 (653); Jarosch DVBl 54, 527 ff.; Kappe GA 1960, 357 (361 ff.); Koehler B I 5 zu § 114; K. Meyer DÖV 54, 368 ff.

[247] Die hiergegen gerichteten Einwendungen von Jesch (S. 236 f.) gehen m. E. an der Sache vorbei. Selbstverständlich gibt es keinen Satz, daß die Gerichte die Ansicht der anderen rechtsanwendenden Gewalt zu respektieren hätten, soweit sie nur vertretbar sei. Entscheidend ist, daß hier das Fehlen objektiver rechtlicher Maßstäbe eine Rechtmäßigkeitskontrolle unmöglich macht. Nicht auf die Rangordnung von Gericht und Verwaltung, sondern auf die Aufgabenverteilung kommt es an. Aus eben den Gründen vermögen die Einwendungen Loppuchs (DVBl 55, 416, 417 Anm. 24) gegen die „Vertretbarkeitslehre" Ules nicht zu überzeugen. Außerdem stellt die Behauptung, ein Richter könne mit dem Anspruch, ernstgenommen zu werden, nicht argumentieren, er halte einen Menschen für gut und zuverlässig, es sei aber auch vertretbar, ihn für schlecht und unzuverlässig zu halten, eine sachlich nicht gerechtfertigte Überspitzung dar. Es geht höchstens darum, ob jemand gerade noch zuverlässig oder eben schon unzuverlässig ist. Von echter Gegensätzlichkeit ist nicht die Rede.

[248] So Jesch S. 234 ff.

[249] So Loppuch DVBl 55, 377 (379 f.) u. 416 f. Hierin liegt auch der innere Widerspruch der Argumentation Vogels (NJW 61, 761 ff.). S. u. V, S. 50 ff.

objektiver Maßstäbe Bedenken, so ist die Verwendung des unbestimmten Begriffs nicht zulässig.

bb) Diese Feststellung führt die Erörterung unmittelbar in das Spannungsfeld zwischen verwaltungsstaatlichen und rechtsstaatlichen Tendenzen[250]. In einem reinen Verwaltungsstaat ist der unbestimmte Rechtsbegriff unproblematisch[251]. In einer so ausgeprägten rechtsstaatlichen Ordnung, wie sie das GG aufgerichtet hat[252], erscheint er dagegen nur noch als eine Verlegenheitslösung[253]. Die Entscheidung über Notwendigkeit und Grenzen eines Beurteilungsspielraums ist dem Gesetzgeber nicht mehr frei überlassen[254].

Sie ist ihm allerdings auch nicht gänzlich entzogen. Insofern bedeutet es eine irreführende Akzentverschiebung, wenn man das Bestehen eines gerichtsfreien Wertungsspielraums lediglich von der Tatsache realer gesetzlicher Mehrdeutigkeit abhängig macht[255]. Nicht die Sprache allein bestimmt den Inhalt des Gesetzes[256]. Man kann dem Gesetzgeber nicht unterstellen, er lasse der Behörde durch die Verwendung unbestimmter Begriffe einen Spielraum der Sachverhaltsbeurteilung, obwohl er das gar nicht wolle[257]. Maßstab der Gesetzesanwendung bleibt in erster Linie der in der Norm zum Ausdruck gebrachte Gesetzeswille[258].

Diesem Willen sind aber durch das Prinzip der Gesetzmäßigkeit der Verwaltung (Art. 20 III GG) in Verbindung mit der Rechtsschutzgarantie des Art. 19 IV GG enge Grenzen gezogen[259]. Ob sie im Bereich der Leistungsverwaltung anders verlaufen als in den Fällen der Eingriffsverwaltung[260], kann dahingestellt bleiben. Das Gebiet der Leistungsverwaltung liegt nicht im Rahmen der hier erforderlichen Untersuchung. Allgemein läßt sich feststellen, daß die Rechtsprechung weiten Ermächtigungen sehr kritisch gegenübersteht. „Der Gesetzgeber darf sich" — wie das BVerfG entschieden hat[261] — „seines Rechts, die Schranken der Freiheit zu bestimmen, nicht dadurch begeben, daß er

---

[250] Engisch S. 111 f.; Forsthoff S. 74; Gross DVBl 54, 739; K. Meyer DÖV 54, 368; Ule JGdSchrift S. 314.

[251] Ule a. a. O. FN 250.

[252] Art. 19 IV, 20, 28 GG.

[253] Bachof S. 99; Ule a. a. O. FN 250.

[254] Bachof S. 99; Jesch S. 223, 234 ff.

[255] Forsthoff S. 75 ff.; Jesch S. 178 ff., 195 f., 223 ff.; Ule JGdSchrift S. 314 ff., 323 ff. u. VerwProzeßR S. 6 f. I. e. s. o. S. 38 ff.

[256] R. Klein AöR 82, 106 ff., 110.

[257] So Ule JGdSchrift S. 324.

[258] R. Klein a. a. O. FN 256.

[259] Bachof, Jesch a. a. O. FN 254; BVerwGE 2, 114 ff.

[260] So Jesch S. 246 ff.; Loppuch DVBl 55, 377 (379 f.) u. 416 ff.

[261] NJW 57, 297 (298) = JZ 57, 167 (169).

mittels einer vagen Generalklausel die Grenzziehung im einzelnen dem Ermessen der Verwaltung überläßt". Entsprechend hält das BVerwG[262] eine Ermächtigung zum Erlaß belastender Verwaltungsakte nur dann mit den Grundsätzen des Rechtsstaates für vereinbar, „wenn sie so begrenzt und bestimmt ist, daß vorausgesehen werden kann, in welchen Fällen und mit welchem Sinn und Zweck von ihr Gebrauch gemacht wird und welchen Inhalt die auf ihrer Grundlage getroffenen Maßnahmen haben werden"[263]. Den Gesetzgeber trifft also die Pflicht zu möglichst eindeutiger Normierung[264].

Auf der anderen Seite gibt es aber eben Situationen, in denen er gar nicht in der Lage ist, die Voraussetzungen des Verwaltungshandelns anders als durch unbestimmte Begriffe zu umreißen[265]. Wenn er hier aus zwingendem Grund der Behörde einen gewissen Spielraum eigener Wertung einräumt, können dagegen verfassungsrechtliche Bedenken nicht bestehen[266]. So geht zwar die Tendenz zu einer möglichst weitgehenden Verrechtlichung unbestimmter Begriffe[267]. Es bedarf, auch soweit der Gesetzgeber ausdrücklich auf die Beurteilung der Behörde abhebt, in jedem Falle sorgfältiger Prüfung, ob sich ein unbestimmter Begriff tatsächlich nicht mit einem eindeutigen Inhalt füllen läßt. Weder rechtstheoretische noch verfassungsrechtliche Erwägungen ergeben aber, daß die Anwendung unbestimmter Rechtsbegriffe immer nur zu einem einzigen richtigen Ergebnis führen könne und führen müsse. Wertbegriffe, deren Anwendung den unmittelbaren Rückgriff auf die zu Grunde liegenden Wertvorstellungen erfordert, und empirische Begriffe, die einen komplexen, in seiner Vielschichtigkeit nicht restlos auflösbaren Sachverhalt ansprechen, ermächtigen und verpflichten vielmehr die zu ihrer Anwendung berufene Behörde, die vom Gesetzgeber hiermit getroffene Regelung in den von ihm nicht vorhergesehenen Fällen auszugestalten. Bei der Anwendung solcher Begriffe trifft die Behörde eine Entscheidung in einem nur in seinen Umrissen normierten Bereich und unterliegt deshalb der gerichtlichen Rechtsmäßigkeitskontrolle auch nur im Hinblick auf die Einhaltung der ihr gezogenen Grenzen.

2. Wann ein spezieller unbestimmter Begriff zu diesen Kategorien gehört, ist eine Frage, die nur von Fall zu Fall entschieden werden

---

[262] BVerwGE 2, 114 ff.; ferner BVerwGE 4, 24 (30 ff.).

[263] Ebenso für die vergleichbaren Fälle der Verordnungsermächtigung (Art. 80 I 2 GG): BVerfGE 4, 7 (21); 1, 14 (60); 2, 307 (334); 5, 71 (76).

[264] Bachof S. 99 f.

[265] Bachof S. 100; Jesch S. 240 ff.; BVerfGE 3, 225 (243).

[266] BVerfG, Bachof, Jesch a. a. O. FN 265; BVerwGE 5, 153 (162 f.); 8, 272 (274 f.); Koehler B I 5 zu § 114.

[267] Forsthoff S. 80 u. S. 74 Anm. 2; Huber II S. 655.

kann[268]. Die umfangreiche Rechtsprechung zeigt die Schwierigkeiten, die dabei bestehen[269]. Wie schon eingangs angedeutet wurde, wird selbst ein so weit gefaßter Wertbegriff wie der des „öffentlichen Interesses“[270] im Verwaltungsrecht nicht einheitlich beurteilt[271]. Da auch insoweit jeder Einzelfall eine besondere Abwägung von Sinn und Zweck der betreffenden Rechtsvorschrift erfordert und keine Verallgemeinerung zuläßt[272], mag diese Frage hier auf sich beruhen. Für den Begriff des „besonderen öffentlichen Interesses an der Strafverfolgung“ können wohl ernsthafte Zweifel nicht aufkommen. Erkennt man die Existenz unbestimmter Rechtsbegriffe im oben gekennzeichneten Sinne überhaupt an, so wird man hierin jedenfalls einen geradezu typischen Anwendungsfall sehen müssen. Daß die Strafverfolgung im besonderen öffentlichen Interesse liegt, wenn ein einschlägig vorbestrafter Täter in leichtfertiger Weise einen schweren Verkehrsunfall verursacht hat[273], ist ebenso klar wie das Fehlen eines böI., wenn ein Ehegatte dem anderen durch fahrlässiges Verhalten eine leichte Verletzung zufügt[274]. Wie ist aber in dem eingangs genannten[275] vom OLG Bremen und vom BGH behandelten Fall zu entscheiden, wenn man zusätzlich bedenkt, daß der Angeklagte sich offenbar bisher im Straßenverkehr nichts hatte zu Schulden kommen lassen[276]? Überwiegt hier das öffentliche Interesse an einer Ahndung fahrlässigen Verhaltens im Straßenverkehr oder das Interesse der Frau, gegenüber ihrem Ehemann auf die Strafverfolgung zu verzichten? Auf diese Frage geben auch die einschlägigen Bestimmungen der RiStV[277] keine klare Antwort, die sich in deutlicher Zurückhaltung darauf beschränken, wesentliche Gesichtspunkte und typische Fälle aufzuzeigen; und sonstige objektive Maßstäbe für die Handhabung des § 232 I StGB haben sich nicht herausgebildet, weil man hierin bis in die neueste Zeit einmütig eine nicht justiziable Ermessensentscheidung der StA gesehen hat[278]. Offenbar kann man hier nicht mehr von einer richtigen oder falschen Entscheidung, sondern nur

---

[268] FORSTHOFF S. 79; HUBER a. a. O. FN 267; SCHÜTZ DÖV 54, 556 f.

[269] Vgl. die Zusammenstellungen bei KLINGER G II zu § 42 und KOEHLER B II zu § 114 sowie oben FN 175.

[270] FORSTHOFF S. 81 f.; HAAS MDR 53, 651 (653 f.).

[271] S. o. FN 168.

[272] KOEHLER B II 6 zu § 114; BVerwGE 5, 153 (162 f.).

[273] RiStV Nr. 241 I, 252 III; BURCHARDI-KLEMPAHN Rdz. 55.

[274] RiStV Nr. 241 I.

[275] S. o. A, Beispielfall Nr. 2, S. 33.

[276] Jedenfalls enthalten die Entscheidungsgründe keine gegenteilige Feststellung.

[277] S. o. FN 273.

[278] S. o. S. 31 ff.

noch von möglichen Ansichten sprechen, die beide vertretbar sind, weil sie sich innerhalb des der subjektiven Wertung gesetzten Rahmens halten.

IV.

Die weitere Frage, ob man auf Grund dieser Feststellung das Tatbestandsmerkmal des böI. mit der herrschenden Lehre[279] als Ermächtigung zu einer Ermessensentscheidung ansehen muß oder ob man es, wie Lüke[280], besser als unbestimmten Rechtsbegriff mit Beurteilungsspielraum bezeichnen sollte, ist im Gegensatz zu der sachlichen Zweifelsfrage für das Ergebnis ohne Bedeutung[281]. Das Problem der „Kongruenz oder Inkongruenz des Ermessensbereichs mit dem Bereich der rechtlichen Mehrdeutigkeit"[282] braucht deswegen hier nicht vertieft zu werden.

Immerhin ist nicht zu verkennen, daß zwischen dem sog. „Handlungsermessen" und dem sog. „Beurteilungsermessen" ein sachlicher Unterschied besteht, auch wenn die ermessende Geistestätigkeit in beiden Fällen die gleiche ist und stets kognitive und volitive Elemente enthält[283]. Ob er im Maßstab der Erkenntnis liegt und im Falle des Beurteilungsermessens rechtliche, im Falle des Handlungsermessens aber außerrechtliche Maßstäbe entscheidend sind[284], erscheint allerdings fraglich. Die Entscheidungen fallen immer in einem nur in seinen Umrissen normierten Bereich, „jenseits des objektiv Feststellbaren"[285], gleichgültig, ob das Gesetz mehrere Maßnahmen für rechtlich gleichermaßen richtig erklärt wie in den Fällen des Handlungsermessens oder ob die Behörde — überspitzt gesagt: an Stelle des hierzu nicht mehr fähigen Gesetzgebers — zu bestimmen hat, was in einem bestimmten Fall *allein* rechtlich richtig sein soll[286]. Jedenfalls ist aber das Maß der Freiheit unterschiedlich. Der Rahmen, innerhalb dessen die Behörde Handlungsfreiheit hat, steht ein für alle Mal eindeutig fest. Der ohnehin engere Rahmen der Beurteilungsfreiheit[287] unterliegt dagegen infolge der rechtsstaatlichen Tendenz zur Verobjektivierung unbestimmter Begriffe der fortschreitenden Einengung[288].

---

[279] S. o. FN 147 u. 149.

[280] JuS 61, 205 (211); ebenso THIERFELDER DVBl 61, 119 (120).

[281] BVerwGE 4, 89 (92 f.); 8, 272 (275).

[282] R. KLEIN AöR 82, 75.

[283] R. KLEIN (a. a. O. FN 282) S. 84 ff., 95 ff., 103 ff.; KAPPE GA 1960, 357 (362 f.); ferner ENGISCH S. 111 ff.

[284] So BACHOF DVBl 57, 788 (790).

[285] R. KLEIN (a. a. O. FN 282) S. 85.

[286] S. auch o. FN 231.

[287] HAAS MDR 53, 651 (655); WOLFF S. 140.

[288] S. o. S. 41 ff.; insb. S. 46 f.

Dieser sachliche Unterschied muß auch in der Begriffsbildung möglichst deutlich zum Ausdruck gelangen. Das spricht für die von Bachof vorgeschlagene Terminologie[289]. Erläuternde Zusätze zu dem Wort „Ermessen" schließen die Gefahr von Verwechslungen und Mißverständnissen nicht restlos aus. In einem Gebiet, in dem die begriffliche Unsicherheit ohnehin so groß ist[290], sollte aber eine Ausdrucksweise gewählt werden, die mit Sicherheit eindeutige Klarheit verbürgt. Deswegen erscheint es richtiger, das böI. nicht als Ermessensermächtigung, sondern als unbestimmten Rechtsbegriff mit Beurteilungspielraum zu bezeichnen.

V.

Wie man sich aber auch ausdrücken mag — jedenfalls ergibt sich aus der tatsächlichen Mehrdeutigkeit des Begriffs, daß die StA nicht nur eine unverbindliche Ansicht äußert[291], sondern eine echte Entscheidung trifft, wenn sie als die dazu berufene Stelle das böI. bejaht (verneint). Das Wesen dieser Entscheidung liegt nach der Formulierung des BGH[292] „in der Feststellung, daß die in Rede stehende Einzeltat zu den Fällen leichter vorsätzlicher (oder fahrlässiger) Körperverletzung gehört, bei denen die Strafverfolgung wegen des besonderen öffentlichen Interesses an ihr auch ohne einen Antrag des Verletzten eintritt". Erst die Entscheidung legt die Rechtslage eindeutig fest und bindet, jedenfalls soweit sie „vertretbar ist", auch das Gericht. Wenn Vogel meint, der Entscheidung komme trotz eines gewissen Beurteilungsspielraums der StA deswegen keine selbständige Bedeutung zu, weil das Gericht hier im Gegensatz zum Verwaltungsrecht seine eigene Wertung zu treffen habe[293], so widerspricht das nicht nur dem Wortlaut des § 232 I StGB[294], sondern wird auch der Sachlage nicht gerecht. Sicherlich kann das, „was für das verwaltungsgerichtliche Verfahren rechtens ist, nicht ohne weiteres auf das Strafverfahren übertragen werden"[295]. Die Dinge liegen aber insoweit hier nicht anders als bei der Anwendung unbestimmter Begriffe durch die Verwaltungsbehörden. Da die Subsumtion eines konkreten Sachverhalts unter den Begriff des böI. nicht zu einem eindeutigen Ergebnis führen muß, sondern Raum für subjektive Wertungen läßt, muß das

---

[289] JZ 55, 97 ff.; DVBl 57, 788 ff.; i. e. o. S. 39 f.

[290] S. o. S. 34 ff.; vor allem FN 174.

[291] Vogel NJW 61, 761 ff.

[292] U. v. 17. 1. 56 — 5 StR 535/55 — bei Dallinger MDR 56, 269 (270 r.); ebenso KG NJW 61, 569 (570); Oehler JZ 56, 630 (632).

[293] A. a. O. (FN 291) S. 762 f.

[294] Lüke JuS 61, 205 (211 Anm. 55); BGH NJW 61, 2120 (2121).

[295] Vogel (a. a. O. FN 291) S. 763 l.

Gesetz eine Instanz bestimmen, deren Anschauung maßgeblich ist, soll nicht unerträgliche Rechtsunsicherheit entstehen. Diese Instanz ist die StA und kann auch nur die StA sein. Einmal ist sie auch in anderen Fällen die berufene Wahrerin öffentlicher Interessen[296]. Zum anderen wäre es ihr sonst unmöglich, ihre Pflichten als Strafverfolgungsbehörde zu erfüllen. § 232 I StGB stellt zwei alternative Prozeßvoraussetzungen auf[297]. Die Strafverfolgung ist nur zulässig, wenn eine dieser Voraussetzungen tatsächlich vorliegt. Ob das der Fall ist, kann deswegen nicht bis zur Entscheidung des erkennenden Gerichts offenbleiben. Es ist auch nicht richtig, daß der Richter sonst stets sein eigenes Ermessen auszuüben habe[298]. Das trifft zwar für das Berufungsverfahren[299] und im allgemeinen auch für das Beschwerdeverfahren[300] zu. Es gilt aber z. B. nicht für das Revisionsgericht[301] und kann aus den dargelegten Gründen auch hier nicht gelten[302]. Wollte das Gericht seine subjektiven Wertungen an die Stelle derjenigen der StA setzen, so wäre das nichts weiter als ein Übergriff in deren

---

[296] KG VRS 18, 352 (354 f.); z. B. in den Fällen der §§ 24 I EheG; 1595 a, 1597 BGB; 646 II, 663 I, 664 II, 675 ZPO; hierzu Lüke (a. a. O. FN 294) S. 208 ff.

[297] Für die Feststellung des böI. vgl. z. B.: KM 1 b zu § 376; Kohlhaas NJW 54, 1792 (1793); LeipzK (Jagusch) I 3 a in Verb. mit IX 5 zu § 61; Mühlhaus JZ 52, 170; Oehler a. a. O. FN 292; Sarstedt bei LR (20) 4 b zu § 376; von Weber MDR 63, 169 (170); BGH a. a. O. FN 294 u. BGHSt 6, 282 (285); KG a. a. O. FN 292; OLG Bremen VRS 20, 55 (56).

[298] Vogel (a. a. O. FN 291) S. 763 unter Hinweis auf das Beschwerde- und Berufungsverfahren.

[299] Henkel S. 428; R. v. Hippel S. 565 f.; Jagusch bei LR (20) C vor § 296; KM 1, 2 vor § 312; K. Peters S. 504; Eb. Schmidt LK II Rdz. 29 vor § 296; RGSt 62, 130 (132) u. 401 (402).

[300] Erbs III zu § 304; R. v. Hippel S. 604; Jagusch bei LR (20) 3 zu § 304; Kern StVR S. 216; KM 3 zu § 304; Eb. Schmidt LK II § 304 Rdz. 10; Schwarz-Kleinknecht 2 zu § 304. Nicht nachprüfbar ist aber z. B. die kriminalistische Zweckmäßigkeit untersuchungsrichterlicher Verfügungen (Erbs a. a. O.; Jagusch bei LR (20) 1 d zu § 304; Kohlhaas bei LR (21) 5 zu § 184; Eb. Schmidt LK II § 304 Rdz. 7, 10 u. § 184 Rdz. 13) sowie die Zweckmäßigkeit eines Beschlusses nach § 268 a I (§ 305 a).

[301] Erbs IX B u. X D zu § 337; R. v. Hippel S. 596 f.; Jagusch bei LR (20) 2 (S. 827) zu § 337; Kappe GA 1960, 357; Kern StVR S. 208; KM 4 c zu § 337; K. Peters S. 519 f.; Eb. Schmidt LK II § 337 Rdz. 13, 14, 44; Schwarz-Kleinknecht 3 zu § 352; RGSt 54, 22; 61, 175; 68, 35 (36); 74, 304 (306).

[302] Es gibt allerdings ein Beispiel, das auf den ersten Blick für die Ansicht Vogels zu sprechen scheint. Bejaht die StA die besondere Bedeutung des Falles (§ 24 I Nr. 2, 3 GVG) und klagt demgemäß beim LG an (§ 74 I GVG), so kann die StrK das Hauptverfahren vor dem Schöffengericht eröffnen, wenn sie den Fall nicht für besonders bedeutsam hält (§ 209 I S. 2; jetzt § 209 II i. d. F. des StPÄG v. 19. 12. 64 (BGBl I S. 1067). Die Befugnis,

Kompetenzen, der den Grundsatz der gegenseitigen Unabhängigkeit der beiden Organe der Strafrechtspflege[303] verletzte.

Mit Recht stellt man deswegen — außer Vogel — nicht auf das Vorliegen, sondern auf die Feststellung des böI. durch die StA ab. Die Bejahung (Verneinung) des böI. ist eine eigenständige Maßnahme der StA. Aus dieser Feststellung ergeben sich nunmehr für das Rechtsschutzproblem drei bedeutsame Schlußfolgerungen:

C.

Zunächst folgt hieraus, daß die Entschließung der StA unmittelbare rechtliche Wirkung entfaltet[304]. Das BVwerG hat dies zwar verneint und hierzu ausgeführt[305], die Feststellung der StA, daß die Strafverfolgung im besonderen öffentlichen Interesse liege, äußere rechtliche Wirkungen erst und nur in der tatsächlich erhobenen Anklage. Sie sei die Entschließung, die der Anklageerhebung wie jedem Handeln notwendigerweise vorausgehen müsse, und könne deswegen nicht von ihr gelöst und rechtlich selbständig erfaßt werden. Diese Erwägungen überzeugen aber nicht. Zwar wird die Entscheidung der StA nach § 232 I StGB vielfach erst durch die Anklageerhebung (Einstellungsverfügung) offenbar[306]. Sie geht ihr aber logisch und im allgemeinen auch zeitlich voraus. Solange die StA das besondere Strafverfolgungsinteresse nicht festgestellt hat, kommt es darauf nicht an, ob der Beschuldigte der Tat hinreichend verdächtig ist[307], da eine Prozeßvoraussetzung für die Strafverfolgung fehlt[308]. Erst die Bejahung des böI. schafft diese Verfolgungsvoraussetzung und begründet die Anklagepflicht (§ 152 II). Sie, nicht erst die Anklageerhebung, ändert damit die Rechtslage des Beschuldigten im Verfahren[309].

---

nicht nur die Rechtsmäßigkeit der Entscheidung zu überprüfen, sondern die Frage selber neu zu entscheiden, ist der StrK aber hier ausnahmsweise ausdrücklich verliehen (vgl. ERBS IV zu § 209), so daß auch dieser Fall nicht verallgemeinert werden kann. S. u. S. 102 ff.

[303] §§ 150, 151 GVG.

[304] S. o. S. 21 ff.

[305] NJW 59, 448 (449).

[306] U. U. auch durch die Vornahme oder Beantragung einzelner Untersuchungshandlungen. Nach teilweise vertretener Ansicht ist z. B. die Beschlagnahme (§§ 94 ff.) nur bei Vorliegen der Strafverfolgungsvoraussetzungen zulässig (SCHWARZ-KLEINKNECHT 4 B zu § 94; BGHSt 8, 299 (300); a. A. z. B. EB. SCHMIDT LK II § 94 Rdz. 13).

[307] §§ 170 I, 203.

[308] S. o. FN 297.

[309] LÜKE JuS 61, 205 (209); KG VRS 18, 352 (354 f.); KG NJW 61, 569 (570); OLG Bremen VRS 20, 55 (56).

Daß eine behördliche Entscheidung selbständige Bedeutung haben kann, auch wenn sie erst mit der Vornahme einer weiteren Maßnahme in Erscheinung tritt, hat das BVerwG in anderen Fällen auch anerkannt. So hat es z. B. die Bewilligung öffentlicher Mittel für den Wohnungsbau[310] und die Entscheidung, daß ein Bewerber bei der Vergabe öffentlicher Aufträge bevorzugt zu berücksichtigen sei (§ 74 BVFG)[311], als selbständige, von der daraufhin erfolgten Darlehensgewährung bzw. Auftragserteilung zu unterscheidende Verwaltungsakte angesehen. Alle diese Entscheidungen sind im Grunde am Ergebnis orientiert. Während es dem Gericht in den letztgenannten Fällen angemessen erschien, den Betroffenen Rechtsschutz zu gewähren, da die privatrechtliche Tätigkeit der Behörde auch hoheitlichen Zwecken diente, befürchtete man im Falle des § 232 I StGB offenbar eine unpraktische Verdoppelung der Prozesse durch das Entstehen eines Zwischenstreites vor dem Verwaltungsgericht[312]. Diese Zweckmäßigkeitserwägungen haben aber im Rahmen des Art. 19 IV GG, um dessen Anwendbarkeit es hier geht, keinen Raum[313], ganz abgesehen davon, daß die geäußerten Befürchtungen — wie sich noch zeigen wird[314] — unbegründet sind.

D.

Die rechtlich selbständige Entscheidung der StA ist — wie sich aus dem oben Gesagten ferner ohne weiteres ergibt — dann rechtswidrig, wenn sie entweder gar nicht auf einer Abwägung im Einzelfall beruht, sondern rein schematisch getroffen wurde[315] oder aber, gemessen an Sinn und Zweck des § 232 I StGB, nicht mehr vertretbar erscheint[316]. Die StA überschreitet die ihr gezogenen Grenzen stets, wenn sie sich von sachfremden und damit willkürlichen Erwägungen

---

[310] BVerwGE 1, 308 (310); 5, 325 (327).

[311] BVerwGE 7, 89 (91 f.) u. 264 (266).

[312] Vgl. hierzu WITTEN (NJW 61, 753 [757]), der hervorhebt, daß sich das BVerwG bei seiner Entscheidung vom Auslegungsgesichtspunkt der Praktikabilität habe leiten lassen und daß „bei logistischer Betrachtungsweise" die Zulässigkeit des Verwaltungsrechtsweges wohl hätte bejaht werden können.

[313] S. o. S. 5 ff.

[314] S. u. S. 126 ff.

[315] OLG Köln NJW 52, 1307; DREHER-MAASSEN 3 zu § 232; KM 1 b zu § 376; KOHLRAUSCH-LANGE III zu § 232; OEHLER JZ 56, 630. Dieser Fall entspricht demjenigen, daß die zu einer Ermessensentscheidung verpflichtete Behörde irrtümlich annimmt, eine gebundene Entscheidung treffen zu müssen. Vgl. dazu z. B.: BVerwGE 11, 95 (97); BACHOF SJZ 48, Sp. 742 (745 f.); KLINGER G IV a zu § 42.

[316] S. o. S. 39 ff.; insb. BACHOF a. a. O. FN 214; JESCH a. a. O. FN 220; ULE a. a. O. FN 218; ferner: MAUNZ-DÜRIG Art. 19 IV Rdz. 32; TIETGEN NJW 56, 1129 (1134); BVerwG a. a. O. FN 315; BayVGH VerwRspr. 6, 430 (Nr. 94); OLG Celle NdsRPflege 1960, 259 (260).

leiten läßt[317, 318]. Im übrigen lassen sich für ihre Wertung im Einzelfall nur einige allgemeine Beurteilungsrichtlinien aufstellen. Das böI. wird in der Regel zu bejahen sein, wenn der Täter einschlägig vorbestraft ist oder besonders leichtfertig gehandelt hat[319]. Für ein böI. sprechen ferner schwere Tatfolgen[320] oder die gleichzeitige Verletzung weiterer Tatbestände[321]. Auch der Umstand, daß die gerichtliche Entscheidung Grundlage einer Verfügung der Verwaltungsbehörden, etwa einer Konzessionsentziehung, werden kann, wird die Bejahung des böI. rechtfertigen[322]. Die StA überschritte aber z. B. die Grenzen ihres Beurteilungsspielraums, wenn sie bei einer fahrlässigen Körperverletzung im Straßenverkehr das böI. nur mit der Begründung bejahte, daß der Beschuldigte ein erfahrener Kraftfahrer sei; denn mit der Einführung des § 232 StGB in seiner heutigen Fassung[323] sollte die zuvor bestehende strafrechtliche Sonderstellung des Berufsfahrers gerade beseitigt werden[324]. Von besonderer Bedeutung sind in diesem Zusammenhang die Ziffern 241 und 252 III der RiStV. Hierbei handelt es sich zwar nur um Verwaltungsanweisungen, deren Außerachtlassung grundsätzlich keine *Rechts*verletzung darstellt[325]. Soweit solche Anweisungen jedoch, wie hier, einen unbestimmten Rechtsbegriff konkretisieren und damit den Entscheidungsspielraum der Behörde

---

[317] BACHOF SJZ 48, Sp. 745; KLINGER G IV c zu § 42; RGZ 121, 225 (233); 147, 179 (183); 154, 117 (121); BVerwG a. a. O. FN 315. In diesem Falle verstößt die Entscheidung gleichzeitig gegen Art. 3 I GG: HAMANN C 3 zu Art. 3; MAUNZ-DÜRIG Art. 19 IV Rdz. 36; BVerfGE 1, 14 (52); 1, 208 (247); 3, 162 (182); 3, 225 (243); 4, 144 (155); 4, 219 (243); 6, 84 (91); BVerwGE 2, 151 (153); 10, 323 (329 f.); LVG Minden JZ 52, 490.

[318] Unsachlich wäre es z. B., wenn die StA bei einem harmlosen Fall fahrlässiger Körperverletzung das böI. bejahte, weil sie der Ansicht ist, daß die Tat in Wahrheit viel schwerer wiege, hierfür aber keine überzeugenden Beweise oder Argumente hat. Vgl. hierzu KOHLHAAS (NJW 54, 1793), der darauf hinweist, daß diese Gefahr insb. dann naheliegt, wenn die StA Anklage wegen eines schwereren Deliktes erhoben hat und in der Hauptverhandlung erkennt, daß sie mit ihrer Auffassung insoweit nicht durchdringen kann.

[319] Amtl. Begründung zu § 232 StGB, a. a. O. FN 145; RiStV Nr. 241 I, 252 III; MÜHLHAUS JZ 52, 170 f.; RIETZSCH DJ 1940, 532 (534).

[320] S. FN 319.

[321] RIETZSCH a. a. O. FN 319; SCHÖNKE-SCHRÖDER I zu § 232.

[322] RIETZSCH a. a. O. FN 319; SCHÖNKE-SCHRÖDER a. a. O. FN 321.

[323] Durch die VO zur Änderung der Strafvorschriften über fahrlässige Tötung, Körperverletzung und Flucht bei Verkehrsunfällen vom 23. 4. 1940 (RGBl I 606).

[324] RIETZSCH a. a. O. FN 319; VON WEBER MDR 63, 169; vgl. auch die AV d. RJM v. 23. 4. 1940 DJ 1940, 509.

[325] KG JVBl 61, 140; BACHOF JGdSchrift S. 295; FORSTHOFF S. 127 f.; MAUNZ-DÜRIG Art. 19 IV Rdz. 30; VG Kassel DÖV 56, 636 (637).

einengen, stehen sie nach heute anerkannter Auffassung Rechtsnormen gleich[326]. Die Entscheidung der StA ist deswegen insbesondere dann rechtswidrig, wenn sie den RiStV widerspricht[327]. Das wäre z. B. der Fall, wenn die StA das böI. bejahte, ohne zu berücksichtigen, daß der Verletzte auf die Bestrafung keinen Wert legt (Nr. 241 I) oder ein Angehöriger des Täters ist (Nr. 252 III). Auch die RiStV enthalten aber nur Hinweise auf Gesichtspunkte, die nicht übersehen werden dürfen, und keine stets verbindlichen Anweisungen für die im Einzelfall zu treffende Entscheidung. So bleibt der StA immer noch ein weiter Beurteilungsspielraum, innerhalb dessen sich ihre Wertung der Nachprüfung entzieht, da rechtliche Maßstäbe fehlen, an denen sie gemessen werden könnte.

E.

Es bleibt schließlich zu klären, ob die rechtswidrige Bejahung[328] des böI. den Verletzten[329] oder den Beschuldigten, „in seinen Rechten" beeinträchtigt. Auch hier wird die Antwort wesentlich durch die Feststellung beeinflußt, daß der StA insoweit ein Beurteilungsspielraum zusteht; denn damit scheidet ein materielles subjektiv-öffentliches Recht auf eine bestimmte Entscheidung der StA ebenso aus wie dann, wenn die Vornahme einer Handlung im Ermessen der Behörde liegt[330]. Genau wie dort bleibt jedoch die Möglichkeit der Verletzung eines formellen subjektiv-öffentlichen Rechts auf eine sachgemäße, dem Zweck der Ermächtigung entsprechende Beurteilung und Ein-

---

[326] Bachof, Forsthoff a. a. O. FN 325; Kern StVR S. 12; BGHZ 10, 295 (298 f.). Zur Rechtsnatur der RiStV vgl. jetzt auch OLG Hamburg NJW 65, 647.

[327] Auch in diesem Falle verletzt die Entscheidung zugleich den Gleichheitsgrundsatz; denn Verwaltungsanweisungen, die, wie die RiStV, zur allgemeinen Anwendung bestimmt sind und in der Praxis der Behörde auch regelmäßig beachtet werden, gewähren den von der Entscheidung betroffenen Personen gem. Art. 3 I GG einen Anspruch auf unterschiedslose und gleichmäßige Anwendung: KG, Bachof a. a. O. FN 325; Forsthoff S. 85; Klinger G IV zu § 42; Maunz-Dürig Art. 19 IV Rdz. 31; BVerwGE 2, 163 (167) u. JZ 58, 356 (357); OVG Münster OVGE 6, 88 u. 197 (202); VG Kassel a. a. O. FN 325; VG Stuttgart DRZ 50, 571 (572).

[328] Die Verneinung des böI. liegt im Interesse des Beschuldigten und kann auch die Interessen des Verletzten nicht beeinträchtigen. Wenn er keinen Strafantrag stellt, gibt er damit zu erkennen, daß er auf die Strafverfolgung keinen Wert legt. Hier kommt deswegen eine Anfechtung nicht in Frage (so auch von Weber MDR 63, 169 [170]).

[329] Unter dem Verletzten ist hier im Gegensatz zu § 172 (s. u. S. 82 ff.) nur der Strafantragsberechtigte (§ 61 StGB), d. h. der Träger des angegriffenen Rechtsgutes zu verstehen.

[330] Bachof JGdSchrift S. 296. S. o. S. 25 ff.

haltung der der StA dabei gezogenen Grenzen[331]. Sie setzt voraus, daß § 232 I StGB und die dazu erlassenen Bestimmungen der RiStV mindestens auch den Interessen des Verletzten oder des Beschuldigten dienen sollen[332].

Nach Ansicht des BGH ist das nicht der Fall. In seiner auf Vorlage des OLG Bremen[333] ergangenen Entscheidung vom 26. 5. 61[334] hat er hierzu im einzelnen ausgeführt, § 232 I StGB habe nicht den Zweck, den Beschuldigten in gewissem Umfang vor der Überziehung mit einem Strafverfahren zu schützen, sondern wolle allein die in diesem Bereich gebotene Ausnahme vom Legalitätsprinzip in einer den staatlichen Interessen dienenden Weise festlegen. Wie der Gesetzgeber solche Ausnahmen gestalte, sei ihm überlassen. Auch soweit er die Verfolgung ausnahmslos von einem Strafantrag abhängig mache, geschehe dies nur darum, weil sie nicht geboten erscheine, solange nicht der Verletzte Genugtuung begehre, bedeute aber nicht die Anerkennung eines berechtigten Interesses des Täters. Ebensowenig berühre die Entscheidung die rechtlich geschützten Interessen des Verletzten. Dieser habe keinen Anspruch darauf, daß der Gesetzgeber die Strafverfolgung von seinen Entschlüssen abhängig mache. Ebenso wie es dem Gesetzgeber freistehe, das Legalitätsprinzip umfassend zur Geltung zu bringen, dürfe er es auch in der Weise durchbrechen, wie es in § 232 I StGB geschehen sei. Deshalb sei die der StA erteilte Ermächtigung von den Vorstellungen und Wünschen des Verletzten unabhängig und diene in keiner Weise seinen Eigeninteressen. Daß die StA im Einzelfall bei ihrer Entscheidung fehlgreifen könne, habe der Gesetzgeber hingenommen.

Diese Darlegungen haben, soweit ersichtlich, bisher ausdrücklichen Widerspruch noch nicht gefunden. Soweit die StA das böI. aus sachfremden Gesichtspunkten willkürlich bejaht oder entgegen ihrer sonstigen Praxis im Einzelfall die einschlägigen Bestimmungen der RiStV nicht beachtet, überzeugen sie aber schon deswegen nicht, weil darin anerkanntermaßen ein Verstoß gegen Art. 3 I GG liegt[335], auf den der BGH mit keinem Wort eingeht. Auch abgesehen davon bieten sie der Kritik einige Ansatzpunkte:

Was zunächst den *Verletzten* anbetrifft, so kann es, nachdem der Gesetzgeber einmal die in § 232 I StGB niedergelegte Regelung getroffen hat, nicht mehr darauf ankommen, was er stattdessen hätte bestimmen können, sondern es ist allein ausschlaggebend, was er tat-

---

[331] Bachof a. a. O. FN 330. I. e. s. o. S. 25 ff.

[332] S. o. S. 23 ff.

[333] VRS 20, 55.

[334] BGHSt 16, 225 ff.; ferner OLG Hamm, OLG München a. a. O. FN 159; ebenso, aber ohne Begründung Kaiser NJW 61, 1102.

[335] S. o. FN 317 u. 327.

sächlich bestimmt hat. Natürlich steht es dem Gesetzgeber grundsätzlich frei, objektiv-rechtliche Begünstigungen zu gewähren oder zu versagen. In einer Verfassungsordnung, „die das Rechts- und Sozialstaatsprinzip zum Staatsziel erklärt hat", liegt es aber nicht mehr in seinem Belieben, objektiv-rechtliche Begünstigungen, die er gewährt, zu bloßen Reflexen objektiven Rechts zu erklären[336]. Damit verliert der Schluß von der Möglichkeit, die §§ 223, 230 StGB zu Offizialdelikten zu erklären, auf das Fehlen eines subjektiv-öffentlichen Rechts seine Überzeugungskraft. Maßgeblich ist vielmehr allein der Inhalt des § 232 I StGB mit seinem Regel-Ausnahme-Verhältnis. Bei jeder Störung der allgemeinen Friedensordnung verlangt das Allgemeininteresse grundsätzlich eine Ahndung[337]. Diesem Intresse wird im allgemeinen das Streben des Verletzten nach Genugtuung entsprechen. Der Verletzte kann aber auch aus anerkennenswerten Motiven ein Interesse daran haben, die Strafverfolgung zu verhindern[338], sei es, weil sie ihm zusätzliche Nachteile bringen würde, sei es, weil er aus persönlichen, weltanschaulichen oder religiösen Gründen dem Täter lieber verzeihen möchte[339]. Die Entscheidung des Gesetzgebers darüber, ob er eine Straftat zum Offizial- oder zum Antragsdelikt erklärt, beruht damit immer auf einer Abwägung zwischen dem Allgemeininteresse an der Strafverfolgung und den u. U. entgegengesetzten Interessen des Verletzten[340]. Im Falle des § 232 I StGB hat er dabei grundsätzlich den Interessen des Verletzten den Vorrang gegeben und der StA nur dann das Recht zuerkannt, sich über dessen Entscheidung hinwegzusetzen, wenn das öffentliche Interesse dies nach ihrer pflichtgemäßen Überzeugung *besonders* dringend fordert. So gesehen dient zwar die Ermächtigung als solche allein der Durchsetzung des ausnahmsweise überwiegenden öffentlichen Interesses[341]. Die der StA dabei auferlegten Beschränkungen schützen aber die als berechtigt anerkannten Interessen des Verletzten und geben ihm damit auch ein subjektiv-öffentliches Recht auf deren Einhaltung[342].

---

[336] BACHOF JGdSchrift S. 301 f.; ferner BVerfG NJW 63, 803 (804).

[337] Daß das öffentliche Interesse in gewissen Fällen auch gegen eine Strafverfolgung sprechen kann, sei in diesem Zusammenhang nur vermerkt. Siehe dazu unten S. 59 ff.

[338] Vgl. Nr. 241 I S. 3 RiStV: „Andrerseits kann auch der Umstand beachtlich sein, daß der Verletzte auf Bestrafung keinen Wert legt."

[339] LeipzK (JAGUSCH) I 2 zu § 61; MÜHLHAUS JZ 52, 170; OLG Bremen VRS 20, 55 (56).

[340] GRAF ZU DOHNA S. 54; JAGUSCH a. a. O. FN 339; BGHSt 8, 299 (300); BGH NJW 54, 280. S. dazu jetzt ferner HOCHHEUSER: Der Verletzte im Strafrecht, Kölner Diss. 1965, S. 32 ff., insb. S. 53—58.

[341] BGH a. a. O. FN 334, S. 229 f.

[342] MÜHLHAUS, OLG Bremen a. a. O. FN 339; im Ergebnis ebenso: LÜKE JuS 61, 205 (211); THIERFELDER DVBl 61, 119 (120) u. NJW 61, 1101; VON WEBER MDR 63, 169 (170); OLG Celle NdsRPflege 60, 259 (260).

Dem Recht des Verletzten, die Strafverfolgung zu verhindern, entspricht die Möglichkeit des *Beschuldigten*, die Verzeihung des Verletzten zu erlangen und damit der Strafverfolgung zu entgehen, soweit seine Bestrafung nicht im besonderen öffentlichen Interesse liegt. Auch dieser durch das objektive Recht gewährten Begünstigung läßt sich der Charakter eines formellen subjektiv-öffentlichen Rechts nicht absprechen[343]. Das gerade im Strafverfahren besonders deutlich ausgeprägte Rechtsstaatsprinzip begründet hierfür eine Vermutung, soweit nicht besondere Umstände erkennen lassen, daß die Begünstigung rein zufälliger Natur ist[344]. Das Recht des Verletzten, über die Durchführung des Strafverfahrens zu entscheiden, und die Möglichkeit des Täters, die Angelegenheit mit dem Verletzten persönlich zu bereinigen und damit eine Strafverfolgung zu vermeiden, stehen jedoch in innerem Zusammenhang. Gewährt der Gesetzgeber dem Verletzten dieses Recht, wie er es mit bestimmten Einschränkungen in § 232 I StGB getan hat, so gibt er damit *notwendig*, nicht nur rein zufällig, dem Täter eine diesem Recht entsprechende Chance[345]. § 232 I StGB und die ergänzenden Bestimmungen der RiStV dienen deswegen auch seinen Interessen und geben damit auch ihm das Recht, ihre Einhaltung durchzusetzen. Daß die StA bei ihrer Entscheidung fehlgreifen kann, hat der Gesetzgeber im Jahre 1940 (!) hingenommen[346]. Diesem Willen kann aber heute aus rechtsstaatlichen Gründen keine Bedeutung mehr zukommen.

F.

Zusammenfassend läßt sich damit feststellen, daß die Bejahung des böI. entgegen der herrschenden Meinung nach Art. 19 IV 1 GG gerichtlicher Nachprüfung unterliegt, da sie selbständige Rechtswirkungen entfaltet und sowohl den Verletzten als auch den Beschuldigten in seinen Rechten beeinträchtigen kann[346a]. Gegenstand der gerichtlichen Überprüfung ist nur die Frage, ob die StA von ihrer Er-

---

[343] OLG Bremen a. a. O. FN 339; im Ergebnis ebenso: LÜKE, THIERFELDER, OLG Celle a. a. O. FN 342.

[344] S. o. S. 25 ff.

[345] Vgl. BGHSt 8, 299 (300): „§ 61 StGB (und damit mit Einschränkungen auch § 232 I StGB) liegt der Gedanke zu Grunde, daß der Täter ... nicht gegen den Willen des durch die Tat Betroffenen verfolgt werden soll".

[346] S. o. FN 145 u. 146.

[346a] Die umgekehrte Schlußfolgerung von KOHLHAAS (Stellung der StA, S. 44 f.), der aus der Befugnis der StA zur Bejahung des böI. ableiten will, daß ihr eine richtergleiche Stellung zukommen müsse, überzeugt dagegen nicht. Das GG bestimmt nicht, daß Maßnahmen, die in den Rechtskreis eines Bürgers eingreifen, nur durch einen Richter getroffen werden können, sondern eröffnet dem Betroffenen lediglich den Rechtsweg (Art. 19 IV GG).

mächtigung in einer dem Sinne des Gesetzes entsprechenden Weise Gebrauch gemacht hat, wobei die RiStV für die Auslegung des § 232 I StGB von besonderer Bedeutung sind. Diese Überprüfung muß im ersten der beiden oben genannten Fälle[347] zu einer Aufhebung der Entscheidung führen, da die StA dort gar keine Wertung getroffen hat. Im zweiten Falle ist dagegen ein Rechtsverstoß nicht ersichtlich. Hier kann man zwar geteilter Meinung sein. Jedenfalls hält sich aber die Entscheidung noch im Rahmen des Beurteilungsspielraums und ist damit nicht zu beanstanden.

2. Abschnitt

Die amtliche Verfolgung von Privatklagedelikten (§§ 376, 374) und die Verfolgung geringfügiger Übertretungen und Vergehen (§ 153)

A.

Eine gewisse, wenn auch nur äußerliche Parallele zum Falle des § 232 I StGB bilden die §§ 376 und 153 I. Wegen der in § 374 bezeichneten Privatklagedelikte hat die StA nur dann von Amts wegen einzuschreiten, wenn dies im „öffentlichen Interesse" liegt (§ 376), und Übertretungen, bei denen die Schuld des Täters gering ist, darf sie nur unter der Voraussetzung verfolgen, daß ein „öffentliches Interesse an der Herbeiführung einer gerichtlichen Entscheidung" besteht (§ 153 I). Nach den vorangegangenen Erörterungen bedarf es keiner besonderen Begründung dafür, daß der Begriff des „öffentlichen Interesses" (öI.) im Sinne dieser Bestimmungen ebenfalls ein unbestimmter Rechtsbegriff ist, welcher der StA bei seiner Anwendung im Einzelfall einen Beurteilungsspielraum einräumt[348]. Demgemäß sieht die herrschende Lehre auch hier die Bejahung oder Verneinung des öI. als eine der gerichtlichen Nachprüfung schlechthin entzogene, allein der StA anvertraute (Ermessens-) Entscheidung an[349, 350], während umgekehrt Thierfelder

---

[347] S. o. S. 33.

[348] So ausdrücklich KAPPE GA 1960, 357 (367); i. e. oben S. 33 ff. Nach von WEBER (MDR 63, 169) sollen die Begriffe böI. u. öI. i. S. von § 376 sogar inhaltlich übereinstimmen.

[349] Zu § 376: Nr. 68 III 2 RiStV; ERBS I zu § 376; KAISER NJW 61, 1102; GERLAND S. 123; KM 1 a zu § 376; SARSTEDT bei LR (20) 3 zu § 376; EB. SCHMIDT LK II § 376 Rdz. 1; SCHWARZ-KLEINKNECHT 1 zu § 376; von WEBER MDR 63, 169; OGHZ 2, 35 (41); OLG Stuttgart JZ 53, 349. Ebenso, wenn auch mit unzutreffender Begründung (s. o. FN 143) jetzt auch OLG Hamm, B. v. 12. 1. 66 — 1 VAs 6/66 — zit. bei OLG Hamm NJW 66, 684 (685).

[350] Zu § 153 I: KAISER a. a. O. FN 349; KM 4 u. 6 b zu § 153; KOHLHAAS bei LR (21) 5 zu § 153; ders. GA 1956, 241 (249); K. PETERS S. 136, 138;

der Meinung ist, mit Einführung der §§ 23 ff. EGGVG habe sich die Rechtslage hier ebenso geändert wie bei der Entscheidung der StA nach § 232 I StGB. Er bezeichnet sowohl die Bejahung[351] als auch die Verneinung[352] des öI. im Sinne von § 376 als anfechtbare JVAe und neigt dieser Ansicht offenbar auch für die Bejahung des öI. nach § 153 I zu[353].

Die Verneinung des öI. führt unmittelbar zur Einstellung des Verfahrens. Sie soll deswegen im Zusammenhang mit den anderen Formen der Verfahrenseinstellung behandelt werden[354]. Hier interessiert zunächst die Frage, ob die Bejahung des öI. den Beschuldigten in seinen Rechten verletzen kann (Art. 19 IV GG). Ihre Untersuchung wird zeigen, daß die Dinge trotz der aufgeführten Gemeinsamkeiten hier anders liegen als im Rahmen des § 232 I StGB und daß sich die beiden Fälle des Opportunitätsprinzips im Hinblick auf die Eröffnung des Rechtsweges durch Art. 19 IV GG auch untereinander unterscheiden.

B.

1. Bei der Bejahung des öI. *im Falle des § 376* fehlt es schon an der unmittelbaren rechtlichen Wirkung der staatsanwaltlichen Entschließung. Im Gegensatz zu § 232 I StGB schafft hier die Feststellung des öI. keine Prozeßvoraussetzung[355]. Deswegen gilt für sie sinngemäß die bei § 232 I StGB verworfene Ansicht des BVerwG[356]: Die Entscheidung der StA äußert rechtliche Wirkungen erst und nur mit der Erhebung der Anklage bzw. mit der Vornahme[357] oder Be-

---

Eb. Schmidt LK II § 153 Rdz. 6; Schwarz-Kleinknecht 2 zu § 153; KG JW 1934, 1435 Nr. 12; OLG Hamburg HRR 1930, Nr. 947; neuerdings OLG Hamm, B. v. 13. 10. 61 — 1 VAs 25/61 — zit. bei Altenhain DRiZ 63, 8 (10).

351 DVBl 61, 119 (120) u. NJW 61, 1101.

352 NJW 61, 1101; ebenso Altenhain JVBl 60, 193 (194).

353 NJW 61, 1101 (1102).

354 S. u. Abschnitt 4, S. 75 ff.

355 Das wird ausdrücklich im allgemeinen nur für § 153 I betont: KM 6 b zu § 153; Kohlhaas bei LR (21) 5 zu § 153; Eb. Schmidt LK II § 153 Rdz. 6; BayObLGSt 50/51, 576. Insofern besteht aber zwischen den beiden Fällen kein Unterschied. Nach von Weber (MDR 63, 169 [170]) ist das öI. i. S. von § 376 eine Zulässigkeitsbedingung für die öffentliche Klage im Gegensatz zu einer Sachentscheidungsvoraussetzung.

356 A. a. O. FN 304.

357 Vgl. z. B.: § 81 b; §§ 105 III, 104 II; § 127; § 131 sowie die Befugnisse zur Vornahme richterlicher Untersuchungshandlungen bei Gefahr im Verzuge: § 81 a; § 81 c; §§ 98 I, 94—97; §§ 100 I, 99; §§ 105 I, 102—104. Als besondere Fahndungsmaßnahme kommt ferner die Auslobung in Betracht (VO v. 25. 11. 39 — DJ 1800 — und AV RJM v. 25. 11. 39 — DJ 1801 —; Burchardi-Klempahn Rdz. 81).

antragung[358] einzelner Untersuchungshandlungen. Sie ist eine der Entschließungen, die diesen Maßnahmen notwendig vorausgehen müssen und von ihnen nicht zu trennen sind. Unter diesen Umständen kann von Rechtsschutz im technischen Sinne nicht die Rede sein[359]. Die Frage kann allenfalls lauten, ob das Gericht bei der Entscheidung über die von der StA gestellten Anträge[360], insbesondere über die Eröffnung des Hauptverfahrens[361], und gegebenenfalls auch bei der Entscheidung über die Berechtigung der von ihr selbständig vorgenommenen besonderen Ermittlungshandlungen[362] seine Nachprüfung auch darauf erstrecken muß, ob die StA das öI. ohne Rechtsfehler bejaht hat[363]. Dabei ist davon auszugehen, daß nach § 376 die abschließende Entscheidung der StA anvertraut ist[364], sich also eine Erweiterung der richterlichen Prüfungszuständigkeit nur aus Rechtsvorschriften höheren Ranges ergeben kann. Damit läuft die Frage wiederum darauf hinaus, ob die Übernahme der Strafverfolgung durch die StA auf Grund einer nicht mehr vertretbaren und damit objektiv rechtswidrigen Bejahung des öI. den Beschuldigten in seinen Rechten verletzt oder nicht (Art. 19 IV GG).

2. Da die Stellung des Privatklägers im Verfahren in mancher Hinsicht schwächer ist als die der StA[364a], mag die Verneinung des öI. für den Beschuldigten u. U. wünschenswert erscheinen. Für das Privatklageverfahren muß in seinen Augen insbesondere sprechen, daß der Verletzte zur Vorbereitung der Klage nicht über die Machtmittel verfügt, die der StA im Ermittlungsverfahren zustehen. Abgesehen davon, daß er die Hilfe der Polizei nicht in Anspruch nehmen kann[365], ist die Anordnung von Untersuchungshaft schlechthin ausgeschlossen[366], und auch sonstige Zwangsmaßnahmen wie z. B. Be-

———————

[358] §§ 81 StPO, 73, 104 JGG; § 162 I in Verb. mit §§ 51, 65; §§ 133 ff.; § 81 a; § 81 c; §§ 87 ff.; §§ 98 I, 94—97 in Verb. mit 40, 42, 42 m II, 152, 295, 360, 367 StGB; §§ 105 I, 102—104; § 111 a; §§ 125, 112—114; § 126 a.

[359] S. o. S. 2 ff.

[360] §§ 81, 162 II.

[361] §§ 203 ff.

[362] Z. B.: §§ 98 II; 100 II, III; 128, 125, 112—114, 126 a.

[363] Wegen der Rechtswidrigkeit der Entscheidung s. o. S. 53 ff. Zur Konkretisierung des Begriffs öI.: RiStV Nrn. 68, 69.

[364] S. o. FN 349.

[364a] S. dazu jetzt auch Hochheuser (a. a. O. FN 340), S. 58—64, der allerdings die sachlichen Nachteile des Privatklageverfahrens für den Verletzten wohl überbetont.

[365] Henkel S. 476.

[366] Allg. Ansicht: Erbs I zu § 384; R. v. Hippel S. 631; KM 6 zu § 384; Sarstedt bei LR (20) 7 zu § 387; Eb. Schmidt LK II Rdz. 31 vor § 374; Schwarz-Kleinknecht 1 zu § 384.

schlagnahme und Durchsuchung können höchstens nach Erhebung der Privatklage durch den Richter angeordnet werden[367]. Wenn die sachlichen Voraussetzungen solcher Maßnahmen überhaupt gegeben sind, ist aber auch die Bejahung des öI. durch die StA nicht zu beanstanden[368]; und im übrigen bestehen zwischen der Stellung des Angeklagten im Privatklage- und im Offizialverfahren keine ins Gewicht fallenden Unterschiede. Die Vorschriften über den Sühneversuch[369], die Sicherheitsleistung für die Prozeßkosten[370], die Zahlung des Gerichtsgebührenvorschusses[371] sowie die Beschränkung des Akteneinsichtsrechts[372] mögen zwar in gewissen Fällen die Initiative des Privatklägers hemmen, verstärken die prozessuale Stellung des Angeklagten aber nicht. Auch in der besonderen Regelung des Beweisrechts[373] liegt für ihn keine Besserstellung, denn die Grundlagen des Beweisverfahrens bleiben unangetastet[374]. Insbesondere sind die Möglichkeiten seiner Überführung nicht geringer, ganz abgesehen davon, daß ein Interesse, aus Beweisschwierigkeiten der Bestrafung zu entgehen, nicht schutzwürdig wäre. Der Privatkläger kann zwar nicht als Zeuge vernommen werden[375]. Seine Aussage unterliegt aber der freien richterlichen Beweiswürdigung[376]. Entsprechendes gilt schließlich für die Einstellung des Verfahrens, die zwar im Privatklageverfahren erleichtert[377], aber auch im Offizialverfahren möglich ist[378], sowie für das Recht des Angeklagten, Widerklage zu erheben[379]. Hierin liegt lediglich eine prozessuale Vereinfachung. Die Möglichkeit, den Verletzten durch Erstattung einer Strafanzeige oder im Wege der Privatklage seinerseits zur Verantwortung zu ziehen, bleibt dem Angeklag-

---

[367] Sarstedt bei LR (20) 10 zu § 384; Eb. Schmidt LK II Rdz. 5 vor § 94 u. Rdz. 31 vor § 374.

[368] Vgl. insb. RiStV Nr. 69 II; Buchardi-Klempahn Rdz. 53.

[369] § 380, RiStV Nr. 157.

[370] § 379 in Verb. mit §§ 108—113 ZPO.

[371] § 379 a in Verb. mit § 113 I GKG.

[372] § 385 IV.

[373] Nach § 384 II ist das Gericht an Beweisanträge (§ 244 III—V) und die Präsenz von Beweismitteln (§ 245) nicht gebunden.

[374] §§ 384 II, 244 II; vgl. K. Peters S. 466.

[375] Allg. A.: Erbs I zu § 384; R. v. Hippel S. 635 u. S. 396; KM 5 zu § 384; K. Peters S. 466; Sarstedt bei LR (20) 6 zu § 384; Eb. Schmidt LK II § 384 Rdz. 6; Schwarz-Kleinknecht 2 zu § 384.

[376] Ganz überwiegend vertretene Meinung; vgl. die FN 375 Genannten. A. A. Graf zu Dohna S. 228 und Kern StVR S. 244 ohne Begründung.

[377] § 383 II.

[378] § 153 III.

[379] § 388.

ten stets unbenommen. In Anbetracht dieser Umstände lehnt die herrschende Lehre im Rahmen des § 376 mit Recht jede richterliche Überprüfung der staatsanwaltschaftlichen Entschließung ab. Soweit die Bejahung des öI. aus sachfremden Erwägungen überhaupt denkbar ist, berührt sie die Rechtsstellung des Beschuldigten nicht.

C.

Komplizierter liegen die Dinge *im Falle des § 153:*

1. Ebenso wie die Bejahung des öI. nach § 376 äußert die von der StA im Rahmen des § 153 I zu treffende Entscheidung keine selbständige Rechtswirkung. Wenn die StA zu der Auffassung gelangt, daß das Verschulden des Täters oder das öI. an der Herbeiführung einer gerichtlichen Entscheidung die Strafverfolgung gebiete, so handelt es sich auch hier lediglich um eine der Anklageerhebung notwendig vorausgehende und von dieser nicht zu trennende Wertung[380]. Im Gegensatz zu § 376 ist mit dieser Entschließung der StA indessen noch keine endgültige Entscheidung für die Durchführung des Verfahrens gefallen[381]. Erhebt die StA Anklage, so hat sich das Gericht seine eigene Ansicht darüber zu bilden, ob die dem Angeschuldigten[382] zur Last gelegte Tat zu den unbedeutenden, nach § 153 I grundsätzlich nicht zu verfolgenden Übertretungen gehört oder nicht. Hält es die Strafverfolgung im Hinblick auf das Maß des Verschuldens[383] für geboten, so bleibt für die Anwendung des Art. 19 IV GG unabhängig von allen anderen Fragen schon deswegen kein Raum, weil hiermit die Berechtigung der von der StA getroffenen Entscheidung bereits gerichtlich festgestellt

———

[380] S. o. S. 60 f.

[381] Auch nach Erhebung der öffentlichen Klage gem. § 376 besteht natürlich die Möglichkeit der Einstellung nach § 153 III. Die Erteilung oder Verweigerung der staatsanwaltschaftlichen Zustimmung hierzu beruht jedoch dann auf anderen Erwägungen als die Übernahme der Strafverfolgung, während hier die StA zum zweiten Mal über dieselbe Frage zu befinden hat.

[382] § 153 III gilt auch schon vor Eröffnung des Hauptverfahrens. Bis zu diesem Zeitpunkt kann zwar die StA die Klage zurücknehmen (§ 156) und damit ihre Zuständigkeit nach § 153 I u. II wiedergewinnen (OLG Köln NJW 53, 1405). Tut sie es nicht, ist das Gericht aber nicht gezwungen, das Hauptverfahren zu eröffnen, nur um anschließend einzustellen: KM 6 a zu § 153; Schwarz-Kleinknecht 5 zu § 153. Unklar Kohlhaas, der einerseits § 153 III erst gelten läßt, wenn die Klage nicht mehr zurückgenommen werden kann (GA 1956, 241 (242 Anm. 2) u. LR (21) 12 zu § 153), andrerseits seine Anwendung auch im Zwischenverfahren für möglich hält (LR (21) 13 zu § 153 u. 9 zu § 203).

[383] Wegen der Befugnis zur Entscheidung über die Opportunitätsfrage sogleich unten.

ist[384]. Gelangt es zu der entgegengesetzten Auffassung, so hat es eine neue Entscheidung der StA herbeizuführen[385], da es zur Einstellung deren Zustimmung bedarf. Erst mit der Verweigerung der Zustimmung befindet die StA endgültig über die Durchführung des Strafverfahrens. Diese Entscheidung entfaltet unmittelbare rechtliche Wirkung, weil die Erklärung der StA das Gericht bindet. Auf sie muß sich deswegen die Untersuchung konzentrieren[386].

2. Die Voraussetzungen, unter denen das Verfahren nach § 153 III eingestellt werden kann, ergeben sich aus dem Zusammenhang der Bestimmung mit den vorangehenden Absätzen. In materieller Hinsicht ist stets erforderlich, daß die Schuld des Angeklagten nicht ins Gewicht fällt[387]. Trifft dies zu, so *ist* bei Übertretungen die Einstellung auszusprechen, wenn dem nicht das öI. an der Weiterverfolgung entgegensteht; denn § 153 I enthält ein Verfolgungsverbot, das nur bei Bejahung des öI. durchbrochen werden darf[388, 389]. Bei Vergehen *kann* dagegen das Verfahren eingestellt werden (§ 153 II)[390], wobei im Rahmen der hierüber zu treffenden Ermessungsentscheidung wiederum die Frage des öI. die wichtigste Rolle spielt[391], aber auch andere Gesichtspunkte herangezogen werden dürfen[392].

Unklar ist, über welche dieser Voraussetzungen das Gericht und über welche die StA zu befinden hat. Insoweit steht nur fest, daß einerseits das Gericht sich seine eigene Ansicht über die Schwere der Schuld bilden muß und daß auf der anderen Seite auch im Rahmen des § 153 III die Entscheidung über das öI. innerhalb des hierbei bestehenden Beurteilungsspielraums allein der StA zusteht, weil „die Gerichte

---

384 S. o. S. 18 f. Ob sich die Gründe decken oder ob das Gericht z. B. die Schwere der Tatfolgen als entscheidend ansieht, während die StA auf das öI. abgestellt hat, spielt keine Rolle. Entscheidend ist allein die Übereinstimmung im Ergebnis.

385 Kohlhaas GA 1956, 241 (252).

386 Auf die entsprechend gelagerten Fälle der §§ 153 a II, 153 c III, 154 II u. 154 b kann hier nicht im einzelnen eingegangen werden.

387 Zum Inhalt dieser Voraussetzung vgl. z. B.: KM 2 b u. c zu § 153; Kohlhaas GA 1956, 241 (247 ff.) u. bei LR (21) 3 u. 4 zu § 153; Eb. Schmidt LK II § 153 Rdz. 3, 4; RiStV Nr. 75 III.

388 KM 1 zu § 153; Kohlhaas GA 1956, 241 (243) u. bei LR (21) 1 zu § 153; Eb. Schmidt LK II § 153 Rdz. 2; Schwarz-Kleinknecht 2 zu § 153.

389 Dem Wortlaut des § 153 III nach scheint es sich auch hier um eine Ermessensentscheidung zu handeln. Tatsächlich gibt § 153 III aber nur die Möglichkeit, die schon nach Abs. 1 möglich gewesene Sachbehandlung nachzuholen: KM 6 zu § 153; vgl. auch Schwarz-Kleinknecht 5 zu § 153.

390 KM, Kohlhaas a. a. O. FN 388; Eb. Schmidt LK II § 153 Rdz. 12.

391 KM a. a. O. FN 388; Eb. Schmidt a. a. O. FN 390; Schwarz-Kleinknecht 4 B zu § 153; RiStV Nr. 75 II.

392 KM a. a. O. FN 388.

zu dieser Zweckmäßigkeitsentscheidung grundsätzlich nicht berufen sind"[393]. Folgerichtig wird man hieraus entnehmen müssen, daß auch die Ermessensentscheidung über die Einstellung des Verfahrens in den Fällen des § 153 II nur von der StA zu treffen ist; denn auch insoweit handelt es sich ja um eine Frage der Zweckmäßigkeit, für deren Beantwortung wiederum das Bestehen eines öI. an der Weiterverfolgung die größte Bedeutung hat[394].

Offen bleibt aber, ob sich die Entscheidung der StA im Rahmen des § 153 III auf diese vom Gericht nicht zu beurteilenden Punkte, d. h. auf die eigentliche Opportunitätsfrage *beschränkt*, oder ob sie die Zustimmung zur Einstellung auch dann verweigern kann (muß), wenn sie im Gegensatz zum Gericht die Schuld nicht gering bewertet. Hierüber schweigen sowohl das Gesetz als auch die einschlägige Literatur. Lediglich Kohlhaas[395] meint ohne nähere Begründung, die Einstellung könne auch dann nicht erzwungen werden, wenn die StA die materielle Voraussetzung nicht für gegeben erachte[396]. Diese Auffassung dürfte aber weder dem Zweck noch der Struktur der Vorschrift entsprechen. Mit der Erhebung der öffentlichen Klage wird der Tatrichter zum Herrn des Verfahrens[397], und die StA verliert die Befugnis, über Rechts- und Tatfragen zu entscheiden, die Gegenstand der richterlichen Wertung sind. Das Gericht kann die Eröffnung des Hauptverfahrens ablehnen, ohne in irgendeiner Weise an die vorläufige Beurteilung der StA gebunden zu sein[398]. Es hat den Angeklagten auch gegen den Willen der StA freizusprechen, wenn es die ihm zur Last gelegte Tat für nicht strafbar oder für nicht erwiesen hält. Ebenso muß es zur Einstellung des Verfahrens auf Grund seiner eigenen Überzeugung über das Vorliegen der materiellen Voraussetzung des § 153 III befugt sein. Die Erforderlichkeit der staatsanwaltschaftlichen Zustimmung ergibt sich nur daraus, daß allein die StA zur Entscheidung über das öI. berufen ist[399]. Deswegen muß sie sich auch auf die Beurteilung dieser Frage beschränken.

Richtig verstanden ist § 153 III Ausdruck der allgemeinen Aufgabenverteilung zwischen StA und Gericht, beinhaltet aber nicht eine Bindung des Gerichts an die Auffassung der StA in solchen Punkten, die seiner eigenen Beurteilung anvertraut sind. Eine derartige Bindung

---

[393] Kohlhaas GA 1956, 241 (249) u. bei LR (21) 5 u. 14 zu § 153; KM 6 b zu § 153 unter Hinweis auf BayObLG, U. v. 7. 11. 51 — RevReg Nr. III 552/51 —.

[394] S. o. FN 390, 391.

[395] GA 1956, 241 (249).

[396] Vgl. auch RiStV Nr. 75 III, IV.

[397] Statt aller Kohlhaas GA 1956, 241 (252).

[398] §§ 203 ff., 155 II.

[399] Kohlhaas GA 1956, 241 (249).

widerspräche dem Grundsatz der gegenseitigen Unabhängigkeit der beiden Strafverfolgungsbehörden[400]. Darüberhinaus wäre sie mit der Struktur des Tatbestandsmerkmals „geringe Schuld" unvereinbar. Auch insoweit handelt es sich um einen unbestimmten Rechtsbegriff[401]. Sein Wesen liegt, wie dargelegt wurde[402], darin, daß bei seiner Anwendung auf einen bestimmten Sachverhalt stets nur eine Lösung richtig ist, daß aber diese Lösung nicht festgestellt, sondern nur festgelegt werden kann, weil der Gesetzgeber die Ausgestaltung der von ihm getroffenen Regelung im Einzelfall innerhalb eines mehr oder minder großen Spielraums dem Anwendenden überlassen hat. Angesichts dessen fordert das Gebot der Rechtssicherheit und Rechtsklarheit, daß zumindest in einem Verfahrensabschnitt eine Stelle allein dazu ausersehen ist, die erforderliche Wertung zu treffen; denn anderenfalls könnten in einem Fall nur zu leicht zwei einander widersprechende und doch gleichermaßen „richtige" und beachtliche Entscheidungen ergehen. Diese Stelle ist im Ermittlungsverfahren die StA. Sie trifft eine vorläufige Entscheidung wie in anderen Fällen auch (§ 170 I). Mit der Erhebung der Anklage geht die Entscheidungsbefugnis insoweit auf das Gericht, und zwar notwendig allein auf das Gericht über.

Die StA darf deswegen die Zustimmung zur Einstellung im Falle des § 153 I nur bei Bejahung des öI. und im Falle des § 153 II nur dann verweigern, wenn sie die Strafverfolgung trotz geringen Verschuldens für notwendig hält. Ihre Entscheidung ist rechtswidrig, wenn sie auf einer von der Ansicht des Gerichts abweichenden Beurteilung der materiellen Einstellungsvoraussetzung beruht, wenn sich die Bejahung des öI. nicht mehr im Rahmen des ihr zustehenden Beurteilungsspielraums hält[403] oder wenn sie von ihrem Ermessen in einer dem Zweck der Ermächtigung nicht mehr entsprechenden Form Gebrauch macht[404, 405].

---

[400] §§ 150, 151 GVG. Wegen des umgekehrten Falles vgl. o. S. 50 ff.

[401] KOHLHAAS bei LR (21) 2 zu § 153; im Ergebnis ebenso EB. SCHMIDT, der (LK II § 153 Rdz. 3) von Ermessensnormen spricht.

[402] Abschnitt 1: S. 42 ff., insb. FN 231 sowie S. 49 f.

[403] S. o. S. 53 ff. Für die von der StA zu treffende Wertung geben die Nrn. 74, 75, 252 VI, 255 III, 256 IV, 259 IV, 278 IV, 280 II, 287 III, 292, 304 IV, 305 III RiStV nähere Hinweise. Zum Inhalt des Begriffs öI. vgl. ferner: BURCHARDI-KLEMPAHN Rdz. 158; KERN StVR S. 49; KM 2 d zu § 153; KOHLHAAS bei LR (21) 5 zu § 153 u. GA 1956, 241 (249 f.); EB. SCHMIDT LK II § 153 Rdz. 5.

[404] Zur Rechtswidrigkeit von Ermessensentscheidungen vgl. z. B.: BACHOF SJZ 48, Sp. 742 ff.; FORSTHOFF S. 84 ff.; HUBER II S. 659 ff.; KLINGER G IV, V zu § 42; KOEHLER A zu § 114; H. PETERS S. 10 ff.; VON TUREGG-KRAUS S. 30 ff.; BVerwGE 11, 95 (97); LVG Minden DVBl 51, 478; VGH Freiburg VerwRspr. 8, 223 (226).

[405] Ermessensrichtlinien geben die FN 403 genannten Bestimmungen der RiStV. Vgl. hierzu ferner KM 1 zu § 153; EB. SCHMIDT LK II § 153 Rdz. 12.

3. a) Inwieweit der Angeklagte hierdurch gleichzeitig in seinen Rechten verletzt werden kann, hängt in erster Linie davon ab, ob § 153 wenigstens *auch* dazu bestimmt ist, seine Interessen zu schützen[406]. Hierfür scheint jedenfalls dann, wenn es sich um die Verfolgung von Übertretungen handelt, zunächst zu sprechen, daß § 153 I ein relativ streng durchgeführtes *Verfolgungsverbot* aufstellt[407]. Der Unterscheidung zwischen dem Verfolgungsverbot des § 153 I und dem Verfolgungsgebot des § 153 II[408] kommt aber — worauf Kleinknecht-Müller mit Recht hinweisen[409] — eine grundsätzliche Bedeutung gar nicht zu. Der materielle Unterschied zwischen beiden Fällen liegt lediglich darin, daß geringfügige Übertretungen nur bei öI., geringfügige Vergehen dagegen auch aus anderen sachlichen Gründen verfolgt werden dürfen[410]. Schon dieser Umstand verbietet es, aus der Formulierung des § 153 I eine derart weitgehende Schlußfolgerung zu ziehen.

Vor allem spricht hiergegen aber der Zweck des § 153. Die Durchbrechung des Legalitätsprinzips beruht auf der Erkenntnis, daß die Strafverfolgung in gewissen Fällen mit Rücksicht auf das Gemeinwohl unzweckmäßig erscheint[411], dem eine übermäßige Ausdehnung der Strafgerichtsbarkeit nicht entspricht[412]. § 153 insbesondere will verhindern, daß die schnelle und tatkräftige Verfolgung schwerer Straftaten unter der Belastung der Strafverfolgungsbehörden mit geringfügigen Verfehlungen leidet, deren Ahndung zur Aufrechterhaltung der allgemeinen Friedensordnung nicht unbedingt erforderlich ist[413]. Damit begünstigt die Vorschrift zwar zugleich einen gewissen Täterkreis. Die Anerkennung eines subjektiven Rechts, bei geringfügigen Straftaten nur unter besonderen Voraussetzungen zur Verantwortung gezogen zu werden, enthält sie aber nicht, da diese Begünstigung nicht im Rahmen ihrer Zwecke liegt. Auch eine objektiv rechtswidrige Entscheidung der StA muß der Angeklagte deswegen grundsätzlich hinnehmen.

b) Eine Ausnahme besteht aber dann, wenn die StA mit ihrer Entscheidung den Gleichheitssatz (Art. 3 I GG) verletzt[414], weil sie

---

[406] S. o. S. 23 ff.

[407] S. o. FN 388.

[408] S. o. FN 390.

[409] 1 zu § 153.

[410] KM a. a. O. FN 409.

[411] Henkel S. 351 ff.; Niese SJZ 50, Sp. 890 (891).

[412] K. Peters S. 137.

[413] Kohlhaas bei LR (21) 1 zu § 153; BGHSt 16, 225 (229).

[414] So auch KM 1 zu § 153. Ferner VGH Kassel DVBl 63, 443; JuS 63, 365: „Zur Darlegung der Klagebefugnis für Klagen gegen die Ablehnung von Verwaltungsakten, auf die kein gesetzlich begründeter Anspruch besteht,

entweder ohne Grund von ihrer sonstigen, durch die RiStV[415] weitgehend festgelegten Übung in vergleichbaren Fällen abweicht[416] oder weil sie aus offenbar sachfremden Gründen und damit willkürlich die Zustimmung zur Einstellung verweigert[417]. Ein gar nicht so seltenes Beispiel hierfür bietet folgender Fall[418]:

In einer Strafsache, in der dem Angeklagten zur Last gelegt wurde, als Führer eines Kraftfahrzeuges verbotswidrig Warnzeichen abgegeben zu haben (§§ 12 StVO, 21 StVG), regte das Gericht die Einstellung nach § 153 III an. Der als Sitzungsvertreter der StA anwesende Referendar teilte die Ansicht des Gerichts. Dennoch verweigerte er die Zustimmung zur Einstellung mit der Begründung, als Referendar sei ihm die Abgabe solcher Erklärungen nicht gestattet. Er könne auch seinen Ausbilder nicht mehr erreichen, um dessen Einverständnis einzuholen.

Eine derartige, offenbar sachfremde Entscheidung verletzt den Angeklagten in seinen Rechten (Art. 3 I GG). Hiergegen steht ihm deswegen auch der Rechtsweg offen (Art. 19 IV GG)[418a].

3. Abschnitt

Die Verweigerung der Einsicht in die Ermittlungsakten (§ 147 III, Nr. 171 ff. RiStV)

1. Von erheblichem praktischen Interesse ist weiterhin die Frage, inwieweit die StA verpflichtet ist, dem Verteidiger des Beschuldigten oder anderen Interessenten Einsicht in die Ermittlungsakten zu gewähren, und ob — gegebenenfalls in welchem Umfang — die Erfüllung dieser Pflicht erzwungen werden kann. Die StPO regelt diesen Punkt nur höchst unvollkommen[418b]. Auf das Ermittlungsverfahren

---

genügt der schlüssige Vortrag einer Verletzung des Gleichheitssatzes bei Behandlung des Antrags durch die Behörde."

[415] S. o. FN 403.

[416] S. o. FN 327.

[417] S. o. FN 317.

[418] Strafsache gegen R. AZ 5 Cs 165/62 AG Wuppertal.

[418a] Die Auffassung von Kohlhaas (Stellung der StA, S. 44 f.), die Möglichkeit der StA, durch Verweigerung der Zustimmung gem. § 153 II die Verurteilung zu erzwingen, spreche für ihre richtergleiche Stellung de lege lata, ist dagegen abzulehnen (s. o. FN 346 a).

[418b] Durch das nach Fertigstellung des Manuskripts in Kraft getretene StPÄG vom 19. 12. 1964 (BGBl I S. 1067) ist das Akteneinsichtsrecht des Verteidigers im Ermittlungsverfahren inzwischen erweitert worden. Der unten wiedergegebene Reformvorschlag (s. u. FN 424) ist nunmehr Gesetz (§ 147 i. d. F. der Neubekanntmachung der StPO v. 17. 9. 1965, BGBl I S. 1373). Ergänzend hierzu bestimmt der gleichzeitig neu eingeführte § 169 a I: „Erwägt die StA, die öffentliche Klage durch Einreichung einer Anklageschrift zu erheben, so vermerkt sie den Abschluß der Ermittlungen in den Akten."

bezieht sich lediglich § 147 III, der dem Verteidiger des Beschuldigten das Recht einräumt, die Protokolle über dessen Vernehmung, Sachverständigengutachten und Niederschriften über solche gerichtlichen Handlungen einzusehen, denen er beiwohnen darf[419]. Daß diese Bestimmung allein das Problem nicht erschöpfen kann, liegt auf der Hand. Das Gesetz sagt hiernach zunächst gar nichts über die Gewährung von Akteneinsicht an Dritte. Insbesondere gibt § 147 III dem Verteidiger aber nur in allzu beschränktem Umfang einen Anspruch auf Einblick in die Ermittlungsvorgänge.

Diese Regelung, die von einem gewissen Mißtrauen ihm gegenüber zeugt, entspricht nicht der Stellung des Rechtsanwalts als Organ der Rechtspflege (§ 1 BRAO)[420]. Er kann seine Aufgabe, an der Wahrheitsfindung mitzuwirken, nur erfüllen, wenn er so weitgehend wie möglich über den Stand des Verfahrens unterrichtet ist[421]. Außerdem wird der Beschuldigte durch diese Einschränkung des Akteneinsichtsrechts in seiner Verteidigung erheblich behindert. Er und sein Verteidiger sehen sich auf diese Weise einem anwachsenden, ihnen aber unbekannten Belastungsmaterial gegenüber, das vielfach erst in einem späteren Verfahrensabschnitt, und dann nur mit unverhältnismäßig größeren Schwierigkeiten widerlegt oder richtiggestellt werden kann[422]. Aus diesen Erwägungen heraus werden die dem Verteidiger durch § 147 im Ermittlungsverfahren eingeräumten Rechte in absehbarer Zeit erheblich verstärkt werden. Gemäß Art. 3 Ziffer 4 des Gesetzes zur Änderung der Strafprozeßordnung und des Gerichtsverfassungsgesetzes (StPÄG)[423] soll § 147 folgende Fassung erhalten[424]:

(1) Der Verteidiger ist befugt, die Akten, die dem Gericht vorliegen oder diesem im Falle der Erhebung der Anklage vorzulegen wären, einzusehen sowie amtlich verwahrte Beweisstücke zu besichtigen.

(2) Ist der Abschluß der Ermittlungen noch nicht in den Akten vermerkt, so kann dem Verteidiger die Einsicht in die Akten oder einzelne Aktenstücke sowie die Besichtigung der amtlich verwahrten Beweisstücke versagt werden, wenn sie den Untersuchungszweck gefährden kann.

---

[419] Protokolle über sog. antizipierte Beweiserhebungen (§§ 169 II, 193), nämlich die richterliche Augenscheinseinnahme (§ 193 I) und die Vernehmung von Zeugen oder Sachverständigen zwecks Verlesung der Niederschrift in der Hauptverhandlung (§§ 193 II, 251 I 2 u. 3).

[420] Vgl. BGH NJW 63, 1462; OLG Hamburg NJW 63, 1024 f.

[421] Strafrechtsausschuß der BRAK, Stellungnahme zum StPÄG, Stand Dezember 60, S. 32 III; OLG Hamburg a. a. O. FN 420.

[422] Henkel S. 212; ferner Dünnebier bei LR (21) 1 zu § 147 u. BGH a. a. O. FN 420.

[423] DBTag Drucks. IV/63; IV/178; IV/1020; IV/1171. — Inzwischen ist diese Regelung geltendes Recht (s. o. FN 418 b).

[424] Der wiedergegebene Wortlaut entspricht dem in 2. Lesung unverändert übernommenen Vorschlag des Rechtsausschusses (Drucks. IV/1020 u. IV/1171).

(3) Die Einsicht in die Niederschriften über die Vernehmung des Beschuldigten und über solche richterlichen Untersuchungshandlungen, bei denen dem Verteidiger die Anwesenheit gestattet worden ist oder hätte gestattet werden müssen, sowie in die Gutachten von Sachverständigen darf dem Verteidiger in keiner Lage des Verfahrens versagt werden.

(4) Auf Antrag sollen dem Verteidiger, soweit nicht wichtige Gründe entgegenstehen, die Akten mit Ausnahme der Beweisstücke zur Einsichtnahme in seine Geschäftsräume oder in seine Wohnung mitgegeben werden. Die Entscheidung ist nicht anfechtbar.

(5) Über die Gewährung der Akteneinsicht entscheidet vor Einreichung der Anklageschrift die Staatsanwaltschaft. . .

Der Verteidiger wird also in Zukunft auch schon im Ermittlungsverfahren grundsätzlich einen Anspruch auf Akteneinsicht haben, der nur bei Gefährdung des Untersuchungszwecks entfällt.

Steht aber fest, daß die derzeitige Fassung des § 147 vom rechtsstaatlichen Standpunkt aus nicht befriedigt, und hat der Gesetzgeber bereits zu erkennen gegeben, daß er sie im Hinblick hierauf ändern will, so muß sich das auch auf die Auslegung des noch geltenden Rechts auswirken. Die herrschende Auffassung geht allerdings auch heute noch dahin, daß die Gewährung von Akteneinsicht im Ermittlungsverfahren abgesehen von § 147 III im freien, nicht nachprüfbaren Ermessen der StA liege[425, 426]. Soweit ersichtlich, hat bisher nur Henkel eine abweichende Ansicht vertreten. Seiner Meinung nach[427] soll auch die Vorschrift des § 147 II im Ermittlungsverfahren gelten, die bestimmt:

> Schon vor diesem Zeitpunkt (Absatz 1), ist ihm (dem Verteidiger) die Einsicht der gerichtlichen Untersuchungsakten insoweit zu gestatten, als dies ohne Gefährdung des Untersuchungszwecks geschehen kann.

Diese Auffassung hat manches für sich. Sie scheitert aber doch wohl daran, daß sich § 147 II ausdrücklich nur auf „gerichtliche Untersuchungsakten" bezieht, die es im Ermittlungsverfahren nicht gibt[428].

---

[425] Erbs IV zu § 147; R. v. Hippel S. 301; KM 1 a zu § 147; K. Peters S. 180; Eb. Schmidt LK II § 147 Rdz. 9; Schwarz-Kleinknecht 3 zu § 147. Unklar Burchardi-Klempahn, die zunächst ausführen, keiner habe Anspruch auf Akteneinsicht (Rdz. 131), diesen Anspruch dann aber für den Verteidiger doch grundsätzlich anerkennen (Rdz. 132).

[426] Demgegenüber bezeichnet Altenhain, JVBl 60, 193 (194), die Entscheidung der StA als anfechtbaren JVA, und Kaiser, NJW 61, 200 (201), will die §§ 23 ff. EGGVG wenigstens auf die Entscheidung über die Akteneinsicht durch Dritte anwenden, da dieser Fall in der StPO nicht geregelt sei. Damit ist aber über die entscheidende Frage, inwieweit ein Anspruch auf Akteneinsicht besteht, noch nichts gesagt.

[427] S. 212 f. unter Berufung auf R. v. Hippel und Niethammer, die aber tatsächlich die gegenteilige Ansicht vertreten (s. u. FN 428).

[428] Im Hinblick hierauf lehnt die h. L. die Geltung des § 147 II im Ermittlungsverfahren ab: Dünnebier bei LR (21) 5 zu § 147; R. v. Hippel

Für eine mit ihrem Wortlaut nicht zu vereinbarende Ausdehnung dieser Bestimmung auf die „staatsanwaltlichen Ermittlungsakten" besteht auch kein Bedürfnis, da § 147 III durch die Ziffern 171—178 der RiStV maßgeblich ergänzt wird und diese Vorschriften — wie zu zeigen sein wird — die Entscheidung der StA auch heute schon Regeln unterwerfen, welche der geplanten Neufassung des § 147 weitgehend entsprechen.

Als interne Verwaltungsvorschriften können die RiStV zwar in der Regel keine Rechte für Privatpersonen begründen[429]. Sie binden im allgemeinen die nachgeordneten Justizbehörden, ohne daß sich ein Außenstehender darauf berufen könnte. Schon in anderem Zusammenhang wurde jedoch dargelegt, daß auch Verwaltungsanordnungen ausnahmsweise die Bedeutung von Rechtssätzen zukommt, wenn sie allgemeine Richtlinien für die Ausübung des behördlichen Ermessens geben[430]; und das ist hier der Fall. Die Entscheidung des KG vom 5. 12. 60[431] steht nicht im Widerspruch zu diesem Ergebnis. Das KG hat hier zwar ausgesprochen, daß Nr. 178 der RiStV auch bei Vorliegen eines berechtigten privaten Interesses keinen Anspruch auf Auskunft aus den Ermittlungsakten gewähre. Dieser Satz wendet sich jedoch gegen die Auffassung des Beschwerdeführers, der hieraus einen unbedingten Anspruch herleiten wollte. Daß die Vorschrift ein formelles subjektiv-öffentlichen Recht auf fehlerfreie Ermessensausübung geben könne, stellt die Entscheidung nicht in Abrede[432].

2. Gemäß Ziffer 175 I der RiStV ist Privatpersonen oder ihren Bevollmächtigten die Einsicht in die Ermittlungsakten grundsätzlich nicht gestattet[432a]. Das Akteneinsichtsrecht erstreckt sich ferner in keinem Falle auf die Handakten der StA und auf andere interne dienstliche Vorgänge[433], also auf die Akten, die bei Anklageerhebung dem Gericht nicht vorzulegen wären[434]. Abgesehen hiervon erlauben es die RiStV der StA aber nur unter bestimmten Voraussetzungen, die Akteneinsicht zu verweigern:

S. 301; KERN StVR S. 73, KM 1 b zu § 147; NIETHAMMER bei LR (20) 9 zu § 147; K. PETERS S. 180; EB. SCHMIDT LK II § 147 Rdz. 9.

[429] S. o. FN 325, insb. KG JVBl 61, 140.

[430] S. o. S. 53 ff., insb. FN 326, 327.

[431] a. a. O. FN 429.

[432] Das ergibt sich insbesondere daraus, daß der Antrag als unbegründet abgewiesen wurde. Wären aus Nr. 178 RiStV keinerlei Rechte herzuleiten, so hätte er gem. § 24 I EGGVG als unzulässig verworfen werden müssen. — Vgl. dazu jetzt auch VGH Kassel JZ 65, 319 mit Anm. v. DAGTOGLOU.

[432a] S. dazu jetzt KG JR 65, 69 u. OLG Frankfurt NJW 65, 2312.

[433] Nr. 176 RiStV, § 48 I 1 u. 2 AktO; i. e. BUCHARDI-KLEMPAHN Rdz. 130; DÜNNEBIER bei LR (21) 3 zu § 147.

[434] Vgl. jetzt § 147 I i. d. F. des StPÄG v. 19. 12. 64 (BGBl I S. 1067).

a) Für den Fall, daß der Verteidiger des Beschuldigten Einblick in die Ermittlungsakten begehrt, bestimmt Ziffer 172 RiStV in Ergänzung des § 147 III:

(1) Während des vorbereitenden Verfahrens entscheidet der StA nach pflichtgemäßem Ermessen, ob der Verteidiger die Akten einsehen darf. Die Einsicht ist abzulehnen, wenn dadurch der Untersuchungszweck gefährdet werden kann.

(2) Der Fortgang des Verfahrens darf durch die Einsicht nicht verzögert werden.

Damit ist das Akteneinsichtsrecht des Verteidigers im wesentlichen in dem Umfang anerkannt, wie es in § 147 festgelegt werden soll und wie es ihm in der Voruntersuchung schon jetzt zusteht (§ 147 II). Die angeführte Bestimmung kann trotz ihres insofern mißverständlichen Wortlautes nämlich nicht bedeuten, daß die StA auch dann noch nach ihrem Ermessen über die Gewährung der Akteneinsicht befinden könne, wenn nach ihrer Überzeugung keiner der genannten Verweigerungsgründe vorliegt. Die StA hat stets auch die Interessen des Beschuldigten zu wahren[435]. Angesichts dessen ist nicht ersichtlich, wieso sie befugt sein sollte, die in seinem Interesse liegende Akteneinsicht zu verweigern, wenn hierzu kein sachlicher Grund besteht. Das sog. „Ermessen" kann sich vielmehr nur auf die Beurteilung der Frage beziehen, ob einer der Gründe vorliegt, die es verbieten, die Akteneinsicht zu gestatten[436]. Ist das nach ihrer pflichtgemäßen Überzeugung nicht der Fall, so muß sie dem Verteidiger die Akten zugänglich machen[437]. Allerdings steht ihr insoweit notwendig ein sehr weiter Beurteilungsspielraum zu, da sie die Umstände, aus denen sich ihrer Ansicht nach eine Gefährdung des Untersuchungszwecks ergibt, gar nicht offenlegen kann, ohne genau das zu erreichen, was vermieden werden soll. Gerade deswegen sollte sie aber „nicht engherzig verfahren, sondern den grundsätzlichen Anspruch auf Akteneinsicht auch in der praktischen Handhabung anerkennen"[438].

b) Einsicht in die Ermittlungsakten ist ferner in Unfallsachen zu gewähren, wenn die Beteiligten hieran ein berechtigtes Interesse nachweisen — insbesondere wenn ein Zivilprozeß aus demselben Anlaß

---

[435] Vgl. z. B. §§ 160 II, 296 II, 365, Nr. 1 RiStV; R. v. Hippel S. 233; Kern StVR S. 67; K. Peters S. 128 f.; i. e. o. S. 7 ff.

[436] Angesichts der Unklarheit in der Terminologie (s. o. S. 33 ff.) besagt die Verwendung des Wortes „Ermessen" noch nicht, daß der StA hier Handlungsfreiheit eingeräumt werden sollte. Gerade im Straf- und Strafprozeßrecht ist es im allgemeinen üblich, immer dann von Ermessen zu sprechen, wenn überhaupt ein Entscheidungsspielraum (Handlungs- oder Beurteilungsfreiheit) besteht.

[437] Ebenso Burchardi-Klempahn Rdz. 132.

[438] Burchardi-Klempahn a. a. O. FN 437; vgl. auch Dünnebier bei LR (21) 8 a zu § 147.

anhängig ist — und nach pflichtgemäßer Überzeugung der StA hiergegen keine Bedenken bestehen (Nr. 173 II RiStV)[439].

c) Nach Einstellung des Ermittlungsverfahrens hat schließlich derjenige, der gegen diese Entscheidung vorgehen will, ein *unbedingtes* Recht, zur Vorbereitung des Anklageerzwingungsverfahrens (§§ 172 ff.) die Akten durch seinen Rechtsanwalt einsehen zu lassen (Nr. 173 I RiStV). Dem Wortlaut nach handelt es sich hier zwar nur um eine Sollvorschrift. Wenn aber das Gesetz dem Verletzten das Recht einräumt, die Einstellungsverfügung anzufechten, so kann es nicht im Ermessen der StA liegen, ob sie ihm tatsächlich die Möglichkeit geben will, von diesem Recht Gebrauch zu machen, oder nicht[440].

Im übrigen bestimmt Nr. 177 I RiStV über die Gewährung von Akteneinsicht nach Einstellung der Ermittlungen:

> Auch nach Einstellung des Ermittlungsverfahrens entscheidet der Staatsanwalt nach pflichtgemäßem Ermessen über die Anträge auf Akteneinsicht. Einsicht in die Akten gewährt er nur, wenn ein öffentliches oder ein berechtigtes privates Interesse dargelegt wird und kein stärkeres Interesse, z. B. ein solches des Beschuldigten entgegensteht . . .

In diesem Falle ist für ein Handlungsermessen der StA ebenfalls kein Raum. Nr. 177 I RiStV ist keine Kannvorschrift, sondern verpflichtet die StA, „über die Anträge nach pflichtgemäßem Ermessen zu entscheiden", und stellt hierfür gleichzeitig Richtlinien auf, die zwar einen Beurteilungsspielraum, aber keine Handlungsfreiheit lassen. Das wäre auch gar nicht anders möglich, denn die Entscheidung über die Begründetheit eines Antrages ist ein Erkenntnisakt und keine Willensbetätigung. Eine echte Ermessensentscheidung hat die StA nur dann zu treffen, wenn es um die Zurückhaltung einzelner Aktenteile im öffentlichen Interesse (Nr. 177 I S. 3) oder um die Erteilung von Auskünften aus den Ermittlungsakten in solchen Fällen geht, in denen die Akteneinsicht versagt werden mußte (Nr. 178 I)[441].

3. Verweigert die StA die Akteneinsicht entgegen § 147 III oder unter Verletzung der genannten Vorschriften der RiStV, so ist ihre Entscheidung rechtswidrig. Ob die Annahme, daß der Untersuchungszweck gefährdet werde, „vertretbar ist"[442], wird sich zwar weitgehend einer Nachprüfung entziehen, da die StA die für sie maßgeblichen Gesichtspunkte hier nicht mitteilen kann. Abgesehen davon ist die Möglichkeit erkennbarer Rechtsverletzungen durchaus gegeben. Die StA kann sich z. B. auf den Standpunkt stellen, daß sie grundsätzlich keine Einsicht in die Ermittlungsakten gestatte, oder sie kann Schriftstücke zu den Handakten nehmen, die sich weder auf interne Dienst-

---

[439] Burchardi-Klempahn Rdz. 131.

[440] Im Ergebnis ebenso Burchardi-Klempahn Rdz. 135.

[441] KG a. a. O. FN 429.

[442] S. o. S. 39 ff. u. 41 ff.

vorgänge beziehen noch in anderer Weise geheimhaltungsbedürftig sind[443] und die sie dem Gericht noch vorlegen will. Rechtswidrig wäre es ferner, wenn sich die StA während des ganzen Ermittlungsverfahrens darauf beriefe, daß die Akten unentbehrlich seien; denn eine gänzliche Verweigerung der Akteneinsicht aus diesem Grunde sieht Ziffer 172 II RiStV nicht vor. Eine offensichtliche Rechtsverletzung wäre schließlich auch dann gegeben, wenn die StA nach Einstellung des Ermittlungsverfahrens dem Rechtsanwalt des ehemals Beschuldigten die Akteneinsicht zur Vorbereitung einer Anzeige wegen falscher Anschuldigung mit der Begründung verweigerte, eine derartige Anzeige sei nicht gerechtfertigt[444]. Eine solche Wertung hält sich entgegen der Ansicht von Buchardi-Klempahn keinesfalls im Rahmen der Ziffer 177 I RiStV. Darüber, ob die beabsichtigte Anzeige gerechtfertigt ist, entscheidet endgültig nicht die StA, sondern das OLG[445]. Die StA kann die Anzeige entgegennehmen und das Verfahren alsbald einstellen[446]. Sie kann sie aber nicht einfach unterbinden und damit dem Verletzten die ihm in § 172 gewährten Rechte nehmen.

4. Die rechtswidrige Verweigerung der Akteneinsicht verletzt schließlich auch den Betroffenen[447] in seinen Rechten; denn § 147 III und die Ziffern 172 ff., 177 ff. RiStV dienen ersichtlich dem Schutz derjenigen, die ein Interesse an der Einsicht in die Ermittlungsakten haben. Ziffer 173 I RiStV gewährt, wie dargelegt, einen unbedingten Anspruch und damit ein materielles subjektiv-öffentliches Recht. Die übrigen Bestimmungen geben dem Betroffenen jedenfalls ein formelles subjektiv-öffentliches Recht auf eine sachgemäße, dem Sinn und Zweck der Norm entsprechende Entscheidung[448]. Damit unterliegt die Verweigerung der Akteneinsicht im Ermittlungsverfahren in allen Fällen richterlicher Kontrolle (Art. 19 IV GG), wenngleich ein hierauf gerichteter Antrag nicht oft begründet sein dürfte.

---

[443] Dazu, was i. e. zu den Handakten zu nehmen ist, vgl. Burchardi-Klempahn Rdz. 5, 8, 15, 39, 172, 246.

[444] Beispiel von Burchardi-Klempahn, Rdz. 135, die hierin allerdings gerade den Musterfall einer sachgemäßen Entscheidung sehen.

[445] § 172 II u. IV.

[446] § 170 II; vgl. Burchardi-Klempahn Rdz. 57.

[447] D. h. denjenigen, der an der Einsicht materiell interessiert ist, also nicht den Verteidiger, sondern den Beschuldigten, in dessen Interesse dem Verteidiger das Akteneinsichtsrecht gegeben ist, und nicht den RA, sondern seinen Mandanten: Dünnebier bei LR (21) 1 zu § 147.

[448] S. o. S. 25 ff.

4. Abschnitt

Die Einstellung des Verfahrens (§§ 170 II, 153 I u. II, 153 a I, 153 b, 153 c I u. II, 154 I u. II, 154 b I-III, 154 c, 154 d, 376 StPO)

A.

Im Gegensatz zu den bisher behandelten Beispielfällen ist die Einstellung des Verfahrens durch die StA schon nach der StPO in gewissem Umfang richterlicher Überprüfung unterworfen (§§ 172 ff.). Der Anwendungsbereich der §§ 172 ff. erstreckt sich aber bei weitem nicht auf alle Fälle, in denen die Frage auftauchen kann, ob gegen die Entscheidung der StA der Rechtsweg offensteht, sondern ist sowohl in persönlicher als auch in sachlicher Hinsicht begrenzt. Hierdurch entstehen eine Reihe von Problemen, die auch hier eine umfassendere Untersuchung auf der Grundlage des Art. 19 IV S. 1 GG angezeigt erscheinen lassen.

Die Einstellung des Ermittlungsverfahrens berührt sowohl den Beschuldigten als auch den „Antragsteller" (§ 171 Satz 1) und den Verletzten. Unter dem Antragsteller (ASt) ist dabei derjenige zu verstehen, der bei einer der in § 158 I genannten Stellen seinen unbedingten Willen kundgegeben hat, daß wegen einer bestimmten Tat zur Bestrafung des Täters ein Ermittlungsverfahren eingeleitet und die öffentliche Klage erhoben werde[449]. Von dem engeren Begriff des *Strafantrag*stellers (§ 158 II) ist er ebenso zu unterscheiden[450] wie vom Anzeigeerstatter (§ 158 I), der die Strafverfolgung lediglich angeregt, aber kein Interesse an der Durchführung des Strafverfahrens bekundet hat[451] und deswegen von der Einstellung des Verfahrens auch unberührt bleibt. Im allgemeinen wird der ASt mit dem Verletzten identisch sein, doch können auch unbeteiligte Personen einen wirksamen Strafverfolgungsantrag stellen[452]. Die StPO unterscheidet

---

[449] ERBS I zu § 171; KM 1 zu § 171; KOHLHAAS bei LR (21) 2 zu § 171; EB. SCHMIDT LK II § 171 Rdz. 2; SCHWARZ-KLEINKNECHT 1 zu § 171; WEBER S. 11 ff; SCHORN NJW 65, 1517.

[450] S. FN 449.

[451] ERBS I zu § 158; KOHLHAAS bei LR (21) 2 zu § 171; EB. SCHMIDT LK II § 158 Rdz. 2; SCHWARZ-KLEINKNECHT 1 zu § 158. Der Ansicht von KERN (StVR S. 151), der ASt i. S. von § 171 und der Anzeigende seien identisch, kann nicht zugestimmt werden. § 171 ist Ausfluß des Petitionsrechts nach Art. 17 GG (SCHWARZ-KLEINKNECHT a. a. O.). Der Anzeige als reiner Wissensmitteilung fehlt aber gerade das für Art. 17 GG wesentliche Begriffsmerkmal des Forderns — petitum — (z. B. MAUNZ-DÜRIG Art. 17 Rdz. 14). Die Strafanzeige verpflichtet deswegen die StA zwar zu gleicher Sachbehandlung wie der Antrag auf Strafverfolgung (KOHLHAAS bei LR (21) 1 zu § 158; ERBS, EB. SCHMIDT a. a. O.), nicht aber zur Erteilung eines Einstellungsbescheides (SCHWARZ-KLEINKNECHT a. a. O.).

[452] Art. 17 GG!

insofern nicht zwischen dem ASt und dem Verletzten schlechthin, sondern stellt dem ASt den Unterfall des „Antragstellers, der zugleich Verletzter ist", gegenüber (§§ 171 Satz 2, 172)[453]. Diese Einschränkung ist auch im Hinblick auf Art. 19 IV GG sachgemäß. Der Verletzte, der die StA gar nicht erst um Aufnahme der Strafverfolgung ersucht, verzichtet damit jedenfalls auf sein möglicherweise sonst bestehendes Recht, die Anklage zu erzwingen. Er zeigt sich an der Entscheidung der StA ebenso uninteressiert wie der Anzeigeerstatter und wird deshalb, wie er, von der Einstellung auch nicht betroffen[454]. Die folgende Untersuchung wird sich daher mit dem Beschuldigten (B), mit dem durch die Straftat nicht beeinträchtigten ASt (C) und mit dem verletzten ASt (D) zu befassen haben.

B.

Der *Beschuldigte* dürfte gegen die Einstellung regelmäßig keine Einwendungen erheben, da sie ihm die weitere Behelligung durch das Verfahren erspart. In Ausnahmefällen, nämlich dann, wenn er unschuldig ist und die gerichtliche Feststellung seiner Unschuld erstrebt, kann die Einstellung seinen Interessen allerdings auch widersprechen[455]. Der Rechtsweg steht ihm aber auch dann nicht offen[456]. Normalerweise wird es hier schon an der Rechtswidrigkeit der Einstellungsverfügung fehlen. Der Umfang der Ermittlungen ist begrenzt durch § 160 I. Gelangt die StA zu dem Ergebnis, daß aus irgendwelchen rechtlichen oder tatsächlichen Gründen[457] die Voraussetzungen für die Erhebung der öffentlichen Klage nicht vorliegen, so hat sie sich unabhängig von den Wünschen und Interessen des Beschuldigten alsbald jeder weiteren Ermittlungstätigkeit zu enthalten und das Verfahren einzustellen[458]. Selbst dann, wenn die Einstellungsverfügung rechtlich zu beanstanden sein sollte, verletzt sie den Beschuldigten aber jedenfalls nicht „in

---

[453] Zum Inhalt des Begriffs „Verletzter" s. u. S. 82 ff.

[454] Im übrigen kann der Verletzte den Antrag auch noch nach verfügter Einstellung allein zu dem Zweck nachholen, die Rechte des § 172 für sich zu begründen: KM 1 b zu § 171; Kohlhaas bei LR (21) 7 a zu § 172.

[455] Vgl. dazu Henkel S. 356; Niese SJZ 50, Sp. 890 (892).

[456] Er hat allenfalls die — stets gegebene — Möglichkeit, Dienstaufsichtsbeschwerde einzulegen: Henkel a. a. O FN 455; K. Peters S. 426.

[457] Z. B. wegen Unzulässigkeit der Strafverfolgung, wegen Nichtstrafbarkeit der Tat oder des Täters (§§ 51 I, 52—54, 59, 247 II, 248 a III, 257 II StGB), wegen erwiesener Unschuld oder mangelnder Beweisbarkeit der Tat (§§ 152 II, 170 II) sowie wegen Fehlens des öI. in den Fällen des sog. Opportunitätsprinzips. I. e. vgl. z. B. die Zusammenstellung bei Henkel S. 355.

[458] Nr. 5 I RiStV; Burchardi-Klempahn Rdz. 58; Kohlhaas bei LR (21) 4 d zu § 160.

seinen Rechten" (Art. 19 IV S. 1 GG). Daß die Ermittlungen trotz der (tatsächlichen) Unschuld des Beschuldigten Umstände ergeben, die die Anklageerhebung gebieten, ist denkbar. Stellt die StA hier unter Verkennung des § 170 I, in der irrtümlichen Annahme, sie dürfe eine Opportunitätsentscheidung treffen (§§ 376, 153 ff.), oder unter Verletzung der ihr hierbei gezogenen Grenzen das Verfahren ein, so ist ihre Entscheidung objektiv rechtswidrig. Hierauf kann sich der Beschuldigte aber nicht berufen, da das Strafverfahren nicht seiner Rehabilitierung, sondern der Verwirklichung des materiellen Strafrechts, der Entscheidung über den staatlichen Strafanspruch dient[459]. Aus dieser Zielrichtung folgt z. B. nach ganz überwiegender Ansicht[460], daß der Angeklagte gegen ein ihn mangels Beweises freisprechendes Urteil oder gegen ihn belastende Ausführungen in den Urteilsgründen kein Rechtsmittel besitzt, obwohl ihm hieraus unter Umständen sehr wohl soziale Nachteile erwachsen können[461]; und das BVerfG hat entschieden, daß diese Beschränkung verfassungsrechtlichen Bedenken nicht begegnet[462, 463]. Entsprechendes muß erst recht für die Einstellung des Ermittlungsverfahrens gelten, in dem der Beschuldigte einer öffentlichen Verhandlung noch nicht ausgesetzt gewesen ist und bei der keine abschließenden, ihm nachteiligen Feststellungen getroffen werden. Das Ermittlungsverfahren bezweckt allein die Klärung der Frage, ob gegen eine bestimmte Person wegen einer bestimmten strafbaren Handlung ein solcher Verdacht besteht, daß es geboten oder rechtsstaatlich zu verantworten ist, sie deswegen

---

[459] HENKEL S. 3 f.; KERN StVR S. 1; KM 3 vor § 296; K. PETERS S. 496 f.; EB. SCHMIDT LK I Rdz. 17; SCHWARZ-KLEINKNECHT Einl. 1 B u. 4 A vor § 296; BGHSt 7, 153 (155).

[460] ERBS X vor § 296; HENKEL S. 422; JAGUSCH bei LR (20) 2 b zu § 296; KERN StVR S. 198; K. PETERS S. 495 ff.; EB. SCHMIDT LK II Rdz. 19 vor § 296; BGHSt 7, 153 ff. im Anschluß an die st. Rspr. des RG.

[461] EB. SCHMIDT, BGH a. a. O. FN 460.

[462] BVerfGE 6, 7 (11 f.); vgl. auch BVerfGE 8, 222 (224). Bedenken im Hinblick auf Art. 6 II MRK erhebt allerdings EB. SCHMIDT NJW 63, 1081 (1088).

[463] Welcher Verdachtsgrad bei Freispruch noch geblieben ist, gehört allerdings — wie sich insbesondere aus Art. 6 II MRK ergibt — grundsätzlich nicht in die Urteilsgründe (vgl. z. B. SCHWARZ-KLEINKNECHT [26. Aufl. 1966] 4 zu § 260). Um den Unterschied zwischen einem Freispruch mangels Beweises und wegen erwiesener Unschuld bzw. mangels begründeten Tatverdachts, der sich bisher aus der Kostenentscheidung und ihrer Begründung ablesen ließ, so wenig wie möglich in Erscheinung treten zu lassen, hat das StPÄG (vom 19. 12. 64, BGBl I S. 1067) nunmehr die isolierte Auslagenentscheidung (§ 467 II, IV i. d. F. der Neubekanntmachung der StPO v. 17. 9. 65, BGBl I S. 1373) eingeführt und hiergegen ein selbständiges Rechtsmittel (sofortige Beschwerde, § 467 V n. F.) vorgesehen.

vor ein Gericht zu stellen[464]. Eines seiner wichtigsten Ziele liegt gerade darin, ergebnislose gerichtliche Untersuchungen zu vermeiden[465]. Ein Recht des Beschuldigten auf Anklageerhebung besteht deswegen nicht.

C.

1. a) Die Rechte des von der Straftat nicht betroffenen *Antragstellers* regelt die StPO in § 171 Satz 1. Gibt die StA seinem Antrag auf Erhebung der öffentlichen Klage keine Folge, verfügt sie also die Einstellung der Ermittlungen oder nimmt sie diese gar nicht erst auf[466], so ist ihm ein begründeter Einstellungsbescheid zu erteilen. Diese Bestimmung, die Ausfluß des allgemeinen Petitionsrechts (Art. 17 GG) ist[467], geht insoweit hierüber hinaus, als sie eine Begründung des Einstellungsbescheides vorschreibt[468]. In anderen Punkten verleiht Art. 17 GG dem ASt dagegen weitergehende Rechte und ergänzt somit als Norm höheren Ranges die strafprozessuale Regelung. Während nämlich § 171 die StA nur zur Erteilung eines rein informatorischen Bescheides verpflichtet, *falls* sie den Antrag tatsächlich geprüft und über ihn *abschlägig* entschieden hat, aber nichts über den Fall der Anklageerhebung und die immerhin denkbaren Fälle sagt, in denen die StA gar keine Entscheidung trifft, sondern den Antrag ungeprüft beiseitelegt oder die Ermittlungen einschlafen läßt[469], gibt das Petitionsrecht nach heute allgemeiner Auffassung dem Petenten einen Anspruch darauf, daß die angegangene zuständige Stelle seinen Antrag sachlich prüft und *bescheidet*[470]. Dieses Recht auf Bescheidung umfaßt den Anspruch auf Bekanntgabe des Ergebnisses

---

[464] § 160 I. Vgl. Eb. Schmidt LK II Rdz. 4 vor § 158; Henkel S. 336; K. Peters S. 424.

[465] Henkel S. 335; Kern StVR § 38, S. 141; Kohlhaas bei LR (21) 9 vor § 158.

[466] Obwohl die StPO (§§ 170, 171) nur von der Einstellung des Verfahrens spricht, wenn Ermittlungen stattgefunden haben, stehen beide Fälle rechtlich völlig gleich: Burchardi-Klempahn Rdz. 148 Anm. 1; Kern StVR S. 143; KM 2 zu § 171; Kohlhaas bei LR (21) 4 zu § 171; Eb. Schmidt LK II § 171 Rdz. 4.

[467] Schwarz-Kleinknecht 1 zu § 158.

[468] Vgl. BVerfGE 2, 225 (230); Hamann B zu Art. 17; von Mangoldt-Klein II 4 zu Art. 17; Maunz-Dürig Art. 17 Rdz. 9; Obermayer NJW 56, 361 (363); Wernicke BK II 3 b zu Art. 17.

[469] Daß ein solches Verhalten bei zureichenden tatsächlichen Anhaltspunkten für eine strafbare und verfolgbare Handlung rechtwidrig wäre, versteht sich: § 152 II! Hieraus kann aber der ASt noch keine Rechte herleiten.

[470] BVerfG, Hamann, von Mangoldt-Klein, Obermayer, Wernicke a. a. O. FN 468; Maunz-Dürig Art. 17 Rdz. 4—8.

und zwar, wie nach der klärenden Entscheidung des BVerfG[471] heute einhellig angenommen wird[472], in jedem Falle. Es läßt sich deswegen — das sei hier nur kurz vermerkt — zunächst nicht mit Art. 17 GG vereinbaren, daß die StPO bei Anklageerhebung keine Mitteilung an den ASt vorsieht. In erster Linie ist das Recht auf Bescheid i. S. des Art. 17 GG jedoch darauf gerichtet, daß die Behörde überhaupt eine abschließende[473] Entscheidung über den Antrag trifft. Hierbei kann es sich im vorliegenden Falle nur um eine Sachentscheidung handeln, da sich der Antrag an die nach der allgemeinen Zuständigkeitsordnung zur Entscheidung in der Sache berufene Behörde richtet [474, 475]. Der ASt hat demgemäß nach Art. 17 GG in Verbindung mit § 171 Satz 1 ein formelles subjektiv-öffentliches Recht[476] darauf, daß die StA seinen Strafverfolgungsantrag entgegennimmt und sachlich prüft, daraufhin entweder Anklage erhebt oder das Verfahren einstellt und ihm von ihrer Entscheidung Mitteilung macht, wobei im Falle der Einstellung ein begründeter Einstellungsbescheid zu erteilen ist.

b) Kommt die StA ihren hiernach gegenüber dem ASt bestehenden Pflichten nicht nach, weigert sie sich also, seinen Antrag zur Kenntnis zu nehmen oder zu bescheiden, was allerdings kaum vorstellbar sein dürfte, oder bleibt sie einfach untätig, so steht ihm hiergegen der Rechtsweg offen, da ihn dieses Verhalten in seinen Rechten verletzt (Art. 17 GG, § 171 S. 1, Art. 19 IV GG)[477]. Dabei ist aber fest-

---

[471] A. a. O. FN 468.

[472] Hamann, von Mangoldt-Klein, Obermayer, Wernicke a. a. O. FN 468; Maunz-Dürig Art. 17 Rdz. 8.

[473] Ein Zwischen- oder Teilbescheid ist noch keine sachliche Bescheidung (Maunz-Dürig a. a. O. FN 472). Der Antragsteller hat in jedem Falle Anspruch darauf, zu erfahren, ob sein Begehren Erfolg hatte oder nicht (BVerfG, Hamann, von Mangoldt-Klein a. a. O. FN 468).

[474] Da es im Rahmen des Art. 17 GG nicht auf die Zuständigkeit nach der allgemeinen Zuständigkeitsordnung ankommt, gewährt Art. 17 GG allein keinen Anspruch auf Sachentscheidung (Maunz-Dürig Art. 17 Rdz. 7 und 63; Obermayer a. a. O. FN 468). Ist die angerufene Stelle jedoch, wie hier, sachlich zuständig, so muß sie zur ordnungsmäßigen Erledigung des Antrags auch eine Entscheidung in der Sache treffen (Obermayer a. a. O.).

[475] Auch bei örtlicher Unzuständigkeit (§ 143 GVG) gilt insoweit keine Ausnahme. In diesem Falle ist die Sache weiterzuleiten, und der Antrag wird nicht etwa schon durch eine Abgabenachricht, sondern erst durch die sachliche Entscheidung der zuständigen Behörde erledigt (s. o. FN 473).

[476] Obermayer a. a. O. FN 468. Dieses Recht ist von dem formellen subjektiv-öffentlichen Recht auf fehlerfreie Ermessensausübung zu unterscheiden. Die Pflicht zur sachlichen Entscheidung *an sich* hat mit der Ermessensausübung nichts zu tun.

[477] So ausdrücklich: Maunz-Dürig Art. 17 Rdz. 80.

zuhalten, daß der ASt keinen Anspruch auf Bescheidung innerhalb einer bestimmten Frist hat[478]. Darüber, wie die StA ihre Ermittlungen einteilt und welche Feststellungen sie als Grundlage ihrer Entscheidung für notwendig erachtet, braucht sie dem ASt keine Rechenschaft zu geben[479]. Auch wenn sie die Ermittlungen fortsetzt, obwohl das bisherige Ermittlungsergebnis bereits eine Entscheidung über die Erhebung der öffentlichen Klage ermöglicht, verletzt sie den ASt nicht in seinen Rechten. Nur die tatsächliche Untätigkeit rechtfertigt die Anrufung eines Gerichts gem. Art. 19 IV GG. Damit ergibt sich ein praktisches Problem, das den dem ASt garantierten Rechtsschutz zunächst illusorisch zu machen scheint, da er mangels jeden Einblicks in die staatsanwaltliche Ermittlungstätigkeit in aller Regel kaum beurteilen kann, ob eine Verzögerung der Entscheidung auf den Umfang der Ermittlungen zurückzuführen ist oder den Schluß rechtfertigt, daß die StA nicht mehr beabsichtigt, überhaupt eine Entscheidung zu treffen. Insoweit handelt es sich jedoch nicht um eine grundsätzliche, sondern um eine das Verfahren betreffende Frage, auf die in anderem Zusammenhang zurückzukommen sein wird[480]. Hier ist nur festzuhalten, daß der ASt einen durchsetzbaren Anspruch auf sachliche Bescheidung seines Strafverfolgungsantrags hat. Mit dieser praktisch wohl kaum bedeutungsvollen Möglichkeit sind seine Rechte aber auch erschöpft. Einen Anspruch auf eine bestimmte Entscheidung hat er nicht, da er durch die angebliche Straftat nicht betroffen wird[481].

2. Nach einer von Weber[482] vertretenen Ansicht sollen die dem ASt eingeräumten Befugnisse allerdings bedeutend weitergehen. Weber meint, die Pflicht der StA, alle an sie gelangenden Anträge zu prüfen und zu bescheiden, entspreche das formelle subjektiv-öffentliche Recht des ASt auf sachgemäße und damit auf rechtlich richtige Behandlung seines Antrags. Dieses Recht verletze die StA, wenn sie die erforderlichen Ermittlungen unterlasse, wenn sie bei aufgeklärtem Sachverhalt die öffentliche Klage nicht erhebe oder verzögere und wenn sie von dem ihr in den Fällen des Opportunitätsprinzips eingeräumten Ermessen fehlerhaften Gebrauch mache. Gegen ein derartiges Verhalten stehe dem ASt deswegen nach Art. 19 IV GG auch

---

[478] KM 2 a zu § 172; Kohlhaas bei LR (21) 2 b, 9 a, 15 d zu § 172; Eb. Schmidt LK II § 172 Rdz. 6; OLG München Alsberg E I Nr. 349.

[479] Schneidewin JZ 58, 623.

[480] S. u. S. 140 ff. und S. 143 f.

[481] Gegen die Ablehnung seines Antrages bleibt dem ASt nur die Möglichkeit der Dienstaufsichtsbeschwerde. So auch: Burchardi-Klempahn Rdz. 169; Henkel S. 356 f.; K. Peters S. 360 u. 426.

[482] „Die allgemeinen Voraussetzungen des Klageerzwingungsverfahrens nach der StPO und die Erweiterung des Verfahrensbereichs durch Art. 19 IV GG“ (Tüb. Diss. 1953) S. 100 ff. u. 54 f.

der Rechtsweg offen, womit in diesem Falle nur das Anklageerzwingungsverfahren gemeint sein könne. Wenn § 172 fordere, daß der ASt zugleich verletzt sein müsse, so sei das nunmehr durch Art. 19 IV GG überholt.

Schon die Prämisse dieser Ausführungen ist jedoch unrichtig. Der Pflicht zu sachlicher Prüfung und Bescheidung (Art. 17 GG) entspricht — wie einleuchten sollte — keineswegs das subjektive Recht auf Einhaltung der Bestimmungen über das Ermittlungsverfahren und die Erhebung der öffentlichen Klage, sondern eben nur der hiervon durchaus zu unterscheidende Anspruch darauf, daß die StA den Antrag sachlich prüft und hierüber eine Entscheidung in der Sache trifft. Über den Inhalt der Entscheidung sagt Art. 17 GG nichts[483]; und auch Art. 19 IV GG begründet anerkanntermaßen keine neuen subjektiv-öffentlichen Rechte[484]. Ein gerichtlich durchsetzbarer Anspruch auf Einhaltung objektiver Rechtsvorschriften setzt vielmehr — abgesehen von dem hier nicht akuten Fall des Eingriffs in allgemeine Freiheitsrechte — immer voraus, daß diese Vorschriften nicht nur öffentlichen Belangen dienen, sondern auch die Eigeninteressen des Betroffenen schützen sollen[485]. Ganz abgesehen vom Schutzzweck sind aber solche Interessen hier nicht ersichtlich. Der durch die Straftat nicht betroffene ASt, z. B. ein Privatmann, der auf Grund seiner juristischen Kenntnisse und seines Einblicks in militärische Angelegenheiten bei der Lektüre eines Zeitungsartikels den Eindruck gewinnt, daß hier Staatsgeheimnisse veröffentlicht sein könnten, und dieserhalb Antrag auf Strafverfolgung stellt (§ 158 I), verfolgt keine eigenen Belange, sondern macht höchstens die öffentlichen Interessen zu den seinen. Ihm ein Anfechtungsrecht zuzuerkennen, bedeutete nichts weiter als die Anerkennung der allenthalben mit Recht für unzulässig gehaltenen[486] Popularklage.

D.

I.

Die Befugnis, über die Berechtigung der Verfahrenseinstellung selbst eine gerichtliche Entscheidung herbeizuführen, kann somit auch nach Art. 19 IV GG nur derjenige ASt haben, der von der angeblichen Straftat persönlich in rechtserheblicher Weise betroffen ist. Will man nicht tatsächlich die unserer Rechtsordnung fremde Popularklage

---

[483] Allg. A., s. o. FN 468.

[484] BVerfG NJW 63, 803 (804); BGH NJW 61, 2120 (2121).

[485] S. o. S. 23ff.

[486] Z. B.: BVerfGE 1, 82 (84); FORSTHOFF S. 495; HAMANN 12 zu Art. 19; KLINGER B 1 zu § 42; MAUNZ-DÜRIG Art. 19 IV Rdz. 38; ULE VerwProzeßR S. 113.

zulassen, so bedarf die Zahl der im Einzelfall möglicherweise Anfechtungsberechtigten von vornherein einer eindeutigen Begrenzung. Eben dieser Forderung trägt die Bestimmung des § 172 Rechnung, indem sie das Anklageerzwingungsverfahren (AEV) nur demjenigen ASt eröffnet, der zugleich „der *Verletzte* ist"[487,487a]. In persönlicher Hinsicht erfährt der Verfahrensbereich der §§172 ff. demgemäß durch Art. 19 IV GG keine Erweiterung, sondern § 172 gibt im Gegenteil mit dem Begriff des „*durch die Straftat Verletzten*" einen Anhaltspunk für die auch im Rahmen des Art. 19 IV GG zunächst erforderliche Bestimmung des Kreises derjenigen, bei denen die weitere Frage überhaupt gestellt werden kann, ob sie durch eine objektiv rechtswidrige Einstellung des Verfahrens ferner „*in ihren Rechten verletzt*" werden. Damit fragt sich hier zunächst, unter welchen Voraussetzungen der ASt zugleich Verletzter i. S. des §172 ist (II). Im Anschluß hieran wird zu klären sein, inwieweit dem verletzten ASt im Hinblick auf Art. 19 IV GG der Rechtsweg offenstehen muß, wenn die StA seinem Antrag auf Erhebung der öffentlichen Klage nicht entspricht (III).

II.

1. Der Begriff des Verletzten i. S. des § 172 ist und war stets umstritten. Schon bei Erlaß der StPO bestanden über seinen Inhalt und seine Abgrenzung weitreichende Meinungsverschiedenheiten[488], so daß die Entstehungsgeschichte der Vorschrift keinen sicheren Anhaltspunkt für ihre Auslegung zu geben vermag[489]. Entsprechendes gilt

---

[487] GRAF ZU DOHNA S. 143; GERLAND S. 166; OLG Dresden GA Bd. 73, 382 f.; OLG Braunschweig NJW 65, 598; OLG Nürnberg MDR 65, 765.

[487a] Demgegenüber meint neuerdings HOCHHEUSER (Der Verletzte im Strafrecht, KÖLNER Diss. 1965, S. 90—93), die Beschränkung des Antragsrechts auf den Verletzten beruhe auf „seiner besonderen Eignung zur Herbeiführung der mit dem AEV angestrebten Ergebnisse" (S. 91). Das „Klageerzwingungsrecht des naturgemäß auf eine Strafreaktion besonders bedachten Verletzten" genüge, die Erfüllung der Klagepflicht sicherzustellen (S. 91). Wo ein Verletzter fehle, sei es ohnehin zweifelhaft, ob ein „nur als Teil des Ganzen betroffener Privatmann die Möglichkeiten des AEV auch wahrnehmen würde" (S. 92). Diese Auffassung verkennt die Rechtsschutzfunktion des AEV und vermag m. E. auch sonst nicht zu überzeugen. Es geht nicht darum, wem man die Beschreitung des AEV zumuten kann oder sollte, sondern um eine Begrenzung des Kreises der Antragsberechtigten.

[488] Vgl. BOEHM GA Bd. 73, 383; BRAND JW 28, 2192; OLG Hamburg ALSBERG E I Nr. 359 (S. 383), jeweils mit weiteren Nachweisen.

[489] BOEHM, BRAND a. a. O. FN 488; WEBER S. 71 ff. Das OLG Hamburg (a. a. O. FN 488) entnimmt der Entstehungsgeschichte z. B. die Notwendigkeit enger Auslegung mit Hinweis auf die einschränkenden Stellungnahmen der Bundesregierung im Gegensatz zu den weitergehenden Äußerungen der Justizkommission. Genau umgekehrt argumentieren das OLG Dresden, ALSBERG E I Nr. 372, und DÜNNEBIER JR 59, 47 (48).

für einen Vergleich mit anderen Bestimmungen, in denen der Begriff des Verletzten auftaucht[490]. Ganz abgesehen davon, daß auch hier vielfach Streit besteht[491], läßt sich angesichts der verschiedenen Zweckrichtung der einzelnen Normen ein einheitlicher Begriff nicht bilden[492]. Wann der ASt zugleich als Verletzter anzusehen ist, kann vielmehr nur aus dem Sinn und Zweck des § 172 entnommen werden.

2. § 172 will, wie Eberhard Schmidt es ausdrückt[493], das Legalitätsprinzip zu Gunsten desjenigen sicherstellen, „bei dem vom Standpunkt vernünftiger Lebenserfahrung aus mit einem nicht nur begreiflichen, sondern auch rechtsethisch zu billigenden Vergeltungsbedürfnis dergestalt zu rechnen ist, daß er die Nichtdurchführung des Verfahrens als eine Beeinträchtigung dessen empfinden darf, was er als Staatsbürger von einer gehörigen Erfüllung der Justizgewährungspflicht erwarten kann“[494]. Aus dieser Zweckbestimmung folgt einmal die sachliche Beschränkung des Verfahrensbereichs auf die Fälle, in denen die Entscheidung der StA unter dem Legalitätsprinzip steht (§ 172 II S. 3)[495]. Insoweit verfolgt § 172 begrenztere Ziele als Art. 19 IV GG. Innerhalb des danach verbleibenden Rahmens, in dem der Zweck des AEV dem des Art. 19 IV GG entspricht, ergibt sich hieraus aber das Gebot möglichst weiter Auslegung der Verfahrensvoraussetzungen, da nur sie effektiven Rechtsschutz und eine wirksame Kontrolle der StA gewährleistet[496]. Verletzter ist deswegen

---

[490] Z. B. in §§ 22 Nr. 1—4, 61 Nr. 2, 111, 374, 403.

[491] Vgl. z. B. zu § 22 Nr. 1: RGSt 67, 219 (220) u. BGHSt 1, 298 (299) einerseits und Eb. Schmidt LK II § 22 Rdz. 5, 6 andrerseits sowie zu § 61 Nr. 2: BGHSt 4, 202 gegenüber RGSt 69, 127 f.

[492] Dünnebier bei LR (21) I 1 c zu §§ 22/23; Graf zu Dohna S. 143; K. Peters S. 426; Eb. Schmidt LK II § 171 Rdz. 9; RGSt 69, 107 (108); BGHSt 4, 202 f. u. NJW 54, 203; OLG Frankfurt NJW 50, 882 (883); OLG Hamburg NJW 55, 1770. Einen einheitlichen Begriff, der offenbar für alle Fälle gelten soll, bildet nur Henkel (S. 234 u. 357). Seine Begriffsbestimmung wird aber dem Zweck des § 172 nicht gerecht (s. u. Ziffer 3).

[493] LK II § 171 Rdz. 10; ebenso OLG Celle NJW 54, 1660.

[494] Vgl. ferner: R. v. Hippel S. 340 f.; Kern StVR § 40, S. 151; H. Mayer JZ 55, 601 (602); K. Peters S. 426; Schwarz-Kleinknecht 1 zu § 172.

[495] Dieser Gedanke liegt jedenfalls der Einschränkung zu Grunde (Dallinger JZ 53, 432 [439 f.]). Tatsächlich reicht das Legalitätsprinzip allerdings weiter, so daß die Einschränkung des § 172 II S. 3 im Hinblick auf den Zweck des AEV bedenklich ist. Vgl. hierzu: Kohlhaas bei LR (21) 1 u. 15 zu § 172 u. GA 1956, 241 ff.; H. Mayer JZ 55, 601 (603 f.); Eb. Schmidt LK II § 172 Rdz. 24 u. neuerdings Hochheuser (a. a. O. FN 487 a) S. 95 f.

[496] Vgl. K. Peters S. 426; RGSt 23, 361 f.; OLG Kassel GA Bd. 73, 389; BayObLG NJW 53, 714 (Nr. 22); OLG Frankfurt NJW 50, 882 (883).

sicher nicht nur der Träger des Rechtsgutes, gegen das sich die behauptete Straftat richtete, sondern der Begriff ist bedeutend weiter zu fassen. Die ausdehnende Auslegung wird auf der anderen Seite wiederum dadurch begrenzt, daß der Kreis der Antragsberechtigten beschränkt und im Einzelfall stets eindeutig bestimmbar bleiben muß[497]. Verletzter kann deswegen auch nicht jeder sein, der durch die Straftat in irgendeiner Weise in seinen Interessen beeinträchtigt worden ist. Das Problem der Begriffsbestimmung liegt darin, eine vernünftige Grenze zwischen beiden Extremen zu finden, und entspricht somit genau der oben erörterten Frage, wie weit der Kreis der Rechte i. S. des Art. 19 IV GG zu ziehen sei[498]. Eine Abwägung der beiden gegensätzlichen Gesichtspunkte führt hier zu dem Ergebnis, daß als Verletzter derjenige angesehen werden muß, der an der Durchführung des Strafverfahrens ein *rechtlich begründetes* Interesse hat, weil durch die Straftat seine *rechtlich geschützten* Belange unmittelbar oder mittelbar verletzt worden sind[499].

3. Gegenüber dieser weiten Begriffsbestimmung wird allerdings vielfach eine engere Auslegung befürwortet.

Zum Teil betrachtet man § 172 als Ausnahmebestimmung von dem Grundsatz, daß die StA über die Erhebung der Anklage zu entscheiden hat (§ 152 I) und schließt daraus auf die Notwendigkeit, seinen Anwendungsbereich möglichst weitgehend einzuschränken[500]. Diese Ansicht ist nicht schwer zu widerlegen; denn sie verkennt den Zweck des AEV. § 172 bedeutet ebensowenig eine Durchbrechung des Anklagemonopols wie etwa in der Einrichtung der Verwaltungsgerichtsbarkeit eine Übertragung von Verwaltungsaufgaben auf die Gerichte gesehen werden kann. In beiden Fällen geht es nur darum, die zunächst der Behörde gebührende Entscheidung auf ihre Rechtmäßigkeit zu überprüfen. Von einer Einschränkung des § 152 I durch § 172 kann keine Rede sein[501].

---

[497] S. o. S. 81 f.

[498] S. o. S. 23 ff.

[499] Boehm, Brand a. a. O. FN 488; Graf zu Dohna S. 143; Gerland S. 166; Eb. Schmidt LK II § 171 Rdz. 10—12; Weber S. 70 ff., 90; RMilitärGE 10, 188 (190 f.); OLG Dresden a. a. O. FN 489 u. GA Bd. 73, 382 f.; OLG Jena Alsberg E I Nr. 368; OLG Rostock Alsberg E I Nr. 363 b; OLG Bremen NJW 50, 960 f.; OLG Celle a. a. O. FN 493; OLG Hamburg HESt 1, 165 sowie die FN 496 Genannten; neuerdings ebenso Hochheuser (a. a. O. FN 487 a) S. 3—11, 91—93; OLG Braunschweig NdsRPflege 65, 17.

[500] RGSt 69, 107 (108) im Gegensatz zu der älteren Rspr. a. a. O. FN 496; OLG Düsseldorf NJW 61, 1594; OLG Hamm NJW 54, 1659; OLG Kiel HESt 2, 92 (Nr. 53); OLG Neustadt HESt 3, 26 (Nr. 24).

[501] Brand a. a. O. FN 488; Kohlhaas bei LR (21) 5 zu § 151 u. 1 zu § 172; Niese SJZ 50, Sp. 890 (893); Eb. Schmidt LK I Rdz. 283 Anm. 15

Schwerer wiegt der zweite, im allgemeinen vorgebrachte Einwand, eine Auslegung, die nicht mehr darauf abstelle, ob der ASt unmittelbar oder nur mittelbar verletzt sei, mache jede wirksame Abgrenzung des Begriffs unmöglich. Als Verletzter könne deswegen nur der durch die Straftat *unmittelbar* in seinen Rechten Beeinträchtigte angesehen werden. Wer nur mittelbar geschädigt sei, habe die Rechte aus § 172 nicht[502]. Auch diese Auffassung erweist sich indessen bei näherer Betrachtung als nicht stichhaltig:

In der Tat vermag die sog. weite Auslegung eine abstrakte und dennoch für jeden Einzelfall ohne weiteres eindeutige Definition des „Verletzten" nicht zu geben[503]. Die Abgrenzung bleibt eine Frage der Wertung im Einzelfall. Das gilt aber auch, wenn man als Verletzten nur den unmittelbar Betroffenen ansieht[504], und kann auch gar nicht anders sein, weil § 172 bei einer seinem Zweck nur einigermaßen entsprechenden Auslegung derart viele durchaus unterschiedliche Fälle erfaßt, daß sich sein Inhalt wie bei jeder anderen Generalklausel auch notwendig einer abstrakten Fixierung entzieht. Soll die Forderung, daß der ASt unmittelbar in seinen Rechten beeinträchtigt sein müsse, überhaupt einen erfaßbaren Inhalt haben, so kann sie nur bedeuten, daß das AEV allein von dem Träger des durch die Straftat verletzten Rechtsgutes, dem „tatbestandlich Verletzten"[505], betrieben werden kann. Diese Auslegung ist aber, wie bereits festgestellt wurde, offenbar zu eng; denn hiernach gäbe es weder dann, wenn der verletzte Tatbestand staatliche Interessen schützt[506], noch bei den schwerwiegendsten Fällen der Kriminalität, den Tötungsdelikten, einen Verletzten i. S. des § 172, und die durch das AEV bezweckte Kontrolle der StA

---

u. LK II § 172 Rdz. 1; SCHWARZ-KLEINKNECHT 1 zu § 172; OLG Hamburg NJW 55, 1770. Im Ergebnis ebenso jetzt auch HOCHHEUSER (a. a. O. FN 487 a) S. 87—89, 130, der allerdings von einer Abweichung von der üblichen Aufgabenverteilung zwischen StA und Gericht spricht und damit die Rechtsschutz- und Kontrollfunktion des AEV verkennt.

[502] ERBS II zu § 172; HENKEL S. 234 in Verb. mit S. 357; KERN StVR S. 152; KM 4 a zu § 172; KOHLHAAS bei LR (21) 7 b zu § 172; SCHWARZ-KLEINKNECHT 3 zu § 172 sowie neuerdings SCHORN NJW 65, 1517 — OLG Dresden ALSBERG E I Nr. 371 u. JW 37, 188; KG JR 54, 391 u. 57, 71 f.; OLG Freiburg NJW 50, 86; OLG Hamburg: HESt 2, 93 (Nr. 54), NJW 54, 1619 (1620) u. 55, 1770; OLG Hamm MDR 52, 247 f. u. NJW 61, 1687; OLG Köln MDR 52, 568; OLG Stuttgart NJW 50, 42. Die hierzu teilweise angezogene Entscheidung BGHSt 9, 265 (266) sagt über diese Frage allerdings nichts.

[503] Das wird von ihren Vertretern auch nicht verkannt. Vgl. EB. SCHMIDT LK II § 171 Rdz. 13; OLG Celle a. a. O. FN 493.

[504] Vgl. z. B. KM, KOHLHAAS a. a. O. FN 502.

[505] BELING, S. 488 Anm. 2.

[506] Insb. bei den Aussagedelikten: §§ 153—163 StGB.

würde weitgehend leerlaufen[507]. Aus dieser Erkenntnis heraus lassen denn auch selbst die, welche nur den als Verletzten ansehen wollen, „in dessen Person das Rechtsgut beeinträchtigt worden ist, dessen Verletzung das Wesen der Straftat ausmacht“[508], bei Aussage- und Tötungsdelikten Ausnahmen zu[509] und geben damit ihre Definition in der Sache auf, wenn sie auch an der Formulierung festhalten. Im allgemeinen faßt man den Begriff von vornherein weiter und fordert nur, daß der ASt in irgendwelchen Rechten verletzt sein müsse[510], wobei dem Zweck des § 172 entsprechend eine möglichst weite Auslegung des Begriffs „Rechte“ Platz greifen soll[511]. Mit diesem Schritt ist aber das sog. Einschränkungskriterium der Unmittelbarkeit zu einer inhaltlosen Formel geworden, die ihren Zweck, eine klare Abgrenzung zwischen dem Verletzten und dem Geschädigten zu geben, in keiner Weise mehr erfüllen kann.

Die Vielzahl der Entscheidungen, die alle von der sog. engen Begriffsbestimmung ausgehen und dennoch zu gänzlich widersprechenden Ergebnissen kommen, liefert hierfür einen eindrucksvollen Beweis. So sollen z. B. nach Ansicht des OLG Hamburg[512] und des KG[513] die Eltern bei Tötung eines Kindes bzw. die Kinder bei Tötung des Vaters oder der Mutter stets unmittelbar verletzt sein, weil damit natürliche Bindungen zerrissen und durch die Familie und deren Zusammenhalt begründete ethische und sittliche Werte vernichtet würden. Das OLG Dresden[514] hat dagegen die Eltern nur dann als unmittelbar verletzt angesehen, wenn sie mit dem getöteten Kind in häuslicher Gemeinschaft lebten, und in einer anderen Entscheidung[515] ausgesprochen, daß trotz häuslicher Gemeinschaft der erwachsene Sohn durch die Tötung seiner betagten Mutter nur mittelbar verletzt worden sei, weil es sich hier um eine *gewählte* Lebensgemeinschaft gehandelt habe.

---

[507] Brand a. a. O. FN 488; Eb. Schmidt LK II § 171 Rdz. 10; Weber S. 70 ff.

[508] Erbs II zu § 172; Henkel S. 234 in Verb. mit S. 357; OLG Hamburg HESt 2, 93 (Nr. 54).

[509] A. a. O. FN 508 .

[510] Vgl. FN 502 mit Ausnahme der in FN 508 Genannten, insb. KM und Kohlhaas.

[511] Kohlhaas a. a. O. FN 502.

[512] NJW 55, 1770.

[513] JR 57, 71 f.; ebenso jetzt OLG Frankfurt NJW 63, 1368 (LS); vgl. auch OLG Hamm MDR 52, 247 f. für den Fall der Tötung eines Ehegatten.

[514] HRR 1936 Nr. 1604. In einer anderen Entscheidung (Alsberg E I Nr. 371) stellt das Gericht dagegen — wiederum abweichend — auf die familienrechtlichen Befugnisse des Vaters gegenüber dem minderjährigen Kind ab.

[515] JW 37, 188.

Wiederum abweichend hiervon messen die OLGe Hamm[516], Hamburg[517] und Kiel[518] bei Tötung eines Kindes der Lebensgemeinschaft mit den Eltern überhaupt keine Bedeutung zu, sondern machen die Frage der Unmittelbarkeit davon abhängig, ob das Kind noch minderjährig oder bereits volljährig war. Das RG[519] hat in einem vergleichbaren Fall sogar auf die Belastung mit Beerdigungskosten abgestellt! Diese Beispiele ließen sich beliebig vermehren. Während im allgemeinen die durch eine Falschaussage benachteiligte Prozeßpartei als unmittelbar verletzt angesehen wird[520], sieht der BGH hierin nur eine mittelbare Verletzung[521]. Nach Ansicht des OLG Stuttgart[522] ist der nach § 196 StGB antragsberechtigte Behördenleiter durch die Beleidigung eines seiner Untergebenen nur mittelbar betroffen. Im entgegengesetzten Sinne hat der BGH mit der Begründung entschieden, die Behörde habe ein eigenes Recht auf Ehrenschutz[523].

Was all diese Erwägungen mit der Frage der Mittelbarkeit oder Unmittelbarkeit zu tun haben, ist nicht ersichtlich und dürfte auch durch eine Bemerkung von Kohlhaas nicht klarer werden, der meint[524], auch der Begriff der Unmittelbarkeit sei weit auszulegen (!). In Wahrheit geht es hier gar nicht um die Unmittelbarkeit oder Mittelbarkeit der Rechtsverletzung, nach der man sinnvollerweise nur fragen kann, wenn der Kreis der in Betracht kommenden Rechte von vornherein feststeht. Es geht vielmehr um dasselbe Problem, vor dem die sog. weite Auslegung im Einzelfall steht, die Frage nämlich, ob die verletzten Interessen des ASt rechtlich geschützt sind oder — nach der Formulierung Eb. Schmidts[525] — ob der ASt „in seinen berechtigten Interessen so beeinträchtigt ist, daß sein Verlangen nach Strafverfolgung einem als berechtigt anzuerkennenden Vergeltungsbedürfnis entspringt". Damit zeigt sich, daß die sog. enge Auslegungstheorie der hier vertretenen Ansicht nicht nur im Ergebnis entspricht[526], sondern auch in der Sache selbst mit ihr weitgehend übereinstimmt. Hieraus sollte man die Konsequenzen ziehen und die Formel von der Unmittelbarkeit der Rechtsverletzung beiseite lassen, die nichts besagt, sondern nur den entscheidenden Gesichtspunkt verschleiert.

---

[516] NJW 54, 1659.

[517] HESt 2, 93 (Nr. 54).

[518] HESt 2, 92 (Nr. 53).

[519] RGSt 62, 209 (210), ergangen zu § 359 II in der damaligen Fassung.

[520] OLG Hamburg HESt 3, 25 (Nr. 23) u. NJW 54, 1619 (1620); OLG Hamm NJW 61, 1087.

[521] BGHSt 4, 202; BGH NJW 54, 203.

[522] NJW 50, 42.

[523] BGHSt 9, 265 (266).

[524] A. a. O.: LR (21) 7 b zu § 172.

[525] LK II § 171 Rdz. 12.

[526] So Kohlhaas a. a. O. FN 524.

4. Eine über das oben Gesagte hinausgehende abstrakte Begriffsbestimmung kann deswegen nicht gegeben werden. Auch der Begriff des Verletzten ist ein unbestimmter Rechtsbegriff, dessen Inhalt nur durch den Zweck der Bestimmung umrissen und innerhalb dieses Bereiches durch Beispiele verdeutlicht werden kann. In jedem Fall ist der Träger des durch den verletzten Tatbestand geschützten Rechtsgutes Verletzter. Dafür, wann darüberhinaus eine Interessenbeeinträchtigung als rechtserheblich anzusehen ist, bietet die umfangreiche Rechtsprechung, die hier nicht im einzelnen behandelt werden kann, eine Vielzahl von Hinweisen[527]. Bei Tötungsdelikten sind die engeren Familienangehörigen stets verletzt[528], während im übrigen darauf abgestellt werden muß, ob tatsächlich eine engere Lebensgemeinschaft bestanden hat[529]. Aussagedelikte verletzen die Prozeßbeteiligten, deren Prozeßlage hierdurch regelmäßig erschwert wird[530], aber nicht am Prozeß unbeteiligte Dritte, die an der Entscheidung ein Interesse haben[531]. Bei der Schädigung einer juristischen Person wird man auch die hierdurch in ihren Vermögensinteressen betroffenen Mitglieder als Verletzte anzusehen haben[532].

III.

1. Die weitere Frage, inwieweit dem Verletzten der Rechtsweg offensteht, wenn die StA seinem Antrag auf Erhebung der öffentlichen Klage keine Folge gibt, wird zum Teil von § 172 unmittelbar beantwortet:

> „Ist der Antragsteller zugleich der Verletzte, so steht ihm gegen den Bescheid nach § 171 binnen zwei Wochen nach der Bekanntmachung die Beschwerde an den vorgesetzten Beamten der Staatsanwaltschaft zu . . . Gegen den ablehnenden Bescheid des vorgesetzten Beamten der StA kann der Antragsteller binnen einem Monat nach der Bekanntmachung gerichtliche Entscheidung beantragen. . . Der Antrag ist nicht zulässig, wenn das

---

[527] Vgl. neben den genannten Entscheidungen insbesondere die umfassende Rechtsprechungsübersicht bei Kohlhaas a. a. O. FN 524.

[528] KM 4 b zu § 172; Eb. Schmidt LK II § 171 Rdz. 14; Schwarz-Kleinknecht 3 zu § 172; KG JR 57, 71f.; OLG Celle NJW 54, 1660; OLG Hamburg NJW 55, 1770; OLG Hamm MDR 52, 247 f. u. HESt 1, 165 (Nr. 57).

[529] KM, Eb. Schmidt a. a. O. FN 528.

[530] KM, Schwarz-Kleinknecht a. a. O. FN 528; Eb. Schmidt LK II § 171 Rdz. 19; OLG Hamburg NJW 54, 1619 (1620) u. HESt 3, 25 (Nr. 23); OLG Hamm NJW 61, 1687.

[531] KM a. a. O. FN 528; OLG Hamburg NJW 54, 1619 (1620).

[532] Eb. Schmidt LK II § 171 Rdz. 18. Nicht in seinen Vermögensinteressen berührt und daher nicht verletzt ist dagegen der Testamentsvollstrecker bei Straftaten, die sich gegen den von ihm verwalteten Nachlaß richten (so im Ergebnis zutreffend KG JR 64, 470).

Verfahren ausschließlich eine Übertretung oder ein Vergehen, das vom Verletzten im Wege der Privatklage verfolgt werden kann, zum Gegenstand hat, oder wenn die Staatsanwaltschaft nach § 153 Abs. 2 oder § 153 a Abs. 1 von der Erhebung der öffentlichen Klage abgesehen hat; dasselbe gilt in den Fällen der §§ 153 b, 154 Abs. 1, 154 b und 154 c."

Dieser Umstand legt es auf den ersten Blick nahe, zunächst hiervon auszugehen und erst im Anschluß daran zu untersuchen, ob und inwieweit Art. 19 IV GG dem Verletzten auch dann den Rechtsweg eröffnet, wenn § 172 nicht mehr eingreift. In welchen Fällen das AEV zulässig ist, läßt sich jedoch generell nicht eindeutig sagen, da § 172 nicht allein auf die Sach- und Rechtslage im Einzelfall, sondern weitgehend auch auf das Verhalten und die Rechtsauffassung der StA abstellt. Gibt z. B. die StA dem Strafverfolgungsantrag eines Bestohlenen keine Folge, obwohl tatsächlich die Erhebung der öffentlichen Klage geboten ist (§ 170 I), so sind im Hinblick auf die Anfechtbarkeit nach § 172 ganz verschiedene Fälle denkbar. Stellt sie das Ermittlungsverfahren nach § 170 II ein und erteilt hierüber den vorgeschriebenen Bescheid (§ 171), so ist das AEV zulässig (§ 172 II S. 1). Trifft sie überhaupt keine ausdrückliche Entscheidung oder gibt sie dem ASt auch nur keinen Einstellungsbescheid, so ist dies zumindest höchst zweifelhaft[533]. Stellt sie z. B. nach § 154 ein, obwohl die Voraussetzungen hierfür in Wirklichkeit gar nicht vorliegen, so ist eine Anfechtung ausgeschlossen (§ 172 II S. 3)[534]. Bei vollständig gleicher Sach- und Rechtslage ist dem Verletzten somit der Rechtsweg nach § 172 zum Teil eröffnet und zum Teil verschlossen. Es liegt praktisch im „Ermessen" der StA, ob sie ihre Entscheidung kontrollieren lassen will oder nicht. Schon im Hinblick hierauf gibt § 172 keinen geeigneten Ausgangspunkt für eine umfassende Untersuchung, deren Anliegen es ist, einheitliche sachliche Gesichtspunkte für die Anfechtbarkeit im Einzelfall zu ermitteln. Ob dem Betroffenen der Rechtsweg offensteht, kann jedenfalls nicht von der Auffassung der Behörde abhängen, die die Entscheidung erlassen hat.

---

[533] In Übereinstimmung mit dem Wortlaut des § 172 wird die Zulässigkeit verneint von Eb. Schmidt LK II § 172 Rdz. 6. Nach überwiegender Ansicht steht völlige Untätigkeit im Gegensatz zur Verzögerung der Einstellung gleich: Beling S. 489 Anm. 1; KM 2 a zu § 172; Kohlhaas bei LR (21) 2 b zu § 172. I. e. u. S. 117 f.

[534] Nach dem eindeutigen Wortlaut des § 172 II S. 3 („... oder wenn die StA nach § 153 II oder § 153 a I von der Erhebung der öffentlichen Klage abgesehen hat; dasselbe gilt in den Fällen der §§ 153 b, 154 I, 154 b und 154 c.") kommt es nicht auf die tatsächliche Rechtslage, sondern darauf an, ob die StA ihre Entscheidung mit einer Ausnahme vom Legalitätsprinzip *begründet* hat (KM 6 b zu § 172; Eb. Schmidt LK II § 172 Rdz. 24). In diesem Falle ist das AEV schlechthin unzulässig (KM, Eb. Schmidt a. a. O.; Schwarz 2 C zu § 172; Schwarz-Kleinknecht 7 zu § 172).

Darüberhinaus ist der sachliche Geltungsbereich des § 172 in einer Reihe von Punkten umstritten. So ist es z. B. zweifelhaft, ob das AEV auf Grund neuer Tatsachen wiederholt werden kann, nachdem schon einmal eine gerichtliche Entscheidung nach § 174 oder § 211 ergangen ist[535]. Ferner besteht Streit darüber, ob dann, wenn die StA nach § 154 d eine Frist zur Klärung einer Vorfrage setzt, das AEV bereits gegenüber der Fristbestimmung oder erst bei endgültiger Einstellung nach fruchtlosem Fristablauf zulässig ist[536]. Alle diese Fragen können heute nicht mehr unabhängig von Art. 19 IV GG betrachtet werden, so daß zunächst einmal zu klären ist, inwieweit das GG dem Verletzten den Rechtsweg eröffnet. Im Rahmen einer grundsätzlichen Erörterung der Anfechtungsmöglichkeiten kommt es deswegen zunächst nicht auf den Verfahrensbereich der §§ 172 ff., sondern allein darauf an, inwieweit die Entscheidung der StA, einem Antrag auf Erhebung der öffentlichen Klage keine Folge zu leisten, eine „Maßnahme der öffentlichen Gewalt" ist, die den „durch die Straftat verletzten ASt" auch „in seinen Rechten verletzt", falls sie objektiv rechtswidrig ist (Art. 19 IV S. 1 GG).

2. Hiervon ausgehend sind zunächst die Fälle der Verfahrenseinstellung nach § 153 II, § 153 a I und § 153 c I und II auszuscheiden, die gar nicht unter Art. 19 IV GG fallen, da sie nur mit richterlicher Zustimmung möglich sind[537]. In diesen Fällen kann die Frage nur lauten, ob vielleicht die StPO hier dem Verletzten weitergehende Befugnisse einräumt als Art. 19 IV GG. Das wäre an sich möglich[538] und ist auch im Hinblick auf § 153 II und § 153 a I[539] vor Einführung des § 172 II S. 3[540] zum Teil angenommen worden[541]. Nachdem nunmehr § 172 II S. 3 das AEV bei Einstellung des Verfahrens gemäß § 153 II und § 153 a I ausdrücklich für unzulässig erklärt, kommt aber hier eine Anfechtung mit Sicherheit nicht mehr in Betracht. Allerdings ist insoweit von H. Mayer[542] die Ansicht vertreten worden,

---

[535] Vgl. z. B. Dünnebier JR 59, 47 ff.; Hardwig GA 1959, 229 ff.; Poppe NJW 56, 1058 f. I. e. u. S. 111 f.

[536] Vgl. insb. Schneidewin JZ 59, 307 ff. I. e. u. S. 112 ff.

[537] S. o. S. 18 f.

[538] Die gesamten Vorschriften des 3. und 4. Buches fallen z. B. nicht unter Art. 19 IV GG.

[539] Eingeführt durch das Strafrechtsänderungsgesetz vom 30. 8. 51, BGBl I S. 739.

[540] Durch das 3. Strafrechtsänderungsgesetz v. 4. 8. 53, BGBl I S. 735.

[541] Erbs I zu § 172; Niese SJZ 50, Sp. 890 (895 ff.); K. Peters S. 138; Eb. Schmidt LK I Rdz. 329 Anm. 111; Weber S. 33 ff., 45; OLG Kiel HESt 2, 88 f. A.A. schon damals KG NJW 53, 197; OLG Braunschweig NJW 52, 77; OLG Köln NJW 53, 1405 mit der Begründung, daß die gerichtliche Nachprüfung bereits in anderer Weise gesichert sei.

[542] JZ 55, 601 (604 f.).

diese Beschränkung der Anfechtungsmöglichkeiten sei verfassungswidrig, weil das Gericht vor Erteilung der Zustimmung den Verletzten nicht anhören müsse und diesem somit durch § 172 II S. 3 das rechtliche Gehör entzogen werde. Diese Schlußfolgerung überzeugt aber nicht[543]. Art. 103 I GG gewährt Anspruch auf rechtliches Gehör *vor Gericht* und setzt damit die Zulässigkeit eines gerichtlichen Verfahrens voraus, ohne über diese Frage selbst irgendetwas zu sagen. Aus dieser Bestimmung kann deswegen nur die Verpflichtung des Gerichts entnommen werden, dem Verletzten Gelegenheit zur Stellungnahme zu geben, bevor es der Einstellung des Verfahrens nach den §§ 153 II, 153 a I zustimmt. § 172 II S. 3 bleibt aber hiervon unberührt.

Nicht ganz so eindeutig liegt auf den ersten Blick der Fall des § 153 c I und II; denn diese erst durch das 4. Strafrechtsänderungsgesetz[544] eingeführte Bestimmung ist in § 172 II S. 3 nicht mehr erwähnt, so daß hier der Wortlaut des § 172 für die Zulässigkeit des AEV spricht. Es ist aber zunächst einmal schon kaum denkbar, daß es bei den in § 153 c aufgeführten, gegen die äußere und innere Sicherheit der Bundesrepublik Deutschland gerichteten Straftaten überhaupt einen Verletzten gibt. Ein solcher Fall könnte sich nur dann ergeben, wenn die Straftat zugleich andere Tatbestände verletzte, wenn also z. B. der Täter bei der Unterhaltung landesverräterischer Beziehungen seinen Auftraggeber gleichzeitig betrogen hätte (§§ 100 e, 263, 73 StGB)[545]. Im Gegensatz zu § 153, wo anerkannt ist, daß sich die Einstellung nicht nur auf eine von mehreren idealkonkurrierenden Straftaten beschränken darf[546], folgt jedoch hier aus der Tatsache, daß § 153 c nur für ganz bestimmte Delikte gilt, die Möglichkeit, nur wegen der hiervon erfaßten strafbaren Handlungen einzustellen und etwa idealkonkurrierende Straftaten weiterzuverfolgen[547].

Selbst wenn man aber insoweit an eine der Rechtslage bei § 153 entsprechende Auslegung denken sollte und damit unter Umständen der

---

[543] So auch: KERN StVR S. 152; KM 6 zu § 172; KOHLHAAS bei LR (21) 15 a zu § 172.

[544] V. 11. 6. 57, BGBl I, S. 597.

[545] Vgl. POPPE NJW 57, 1577.

[546] KM 2 a zu § 153; KOHLHAAS bei LR (21) 8 zu § 153; POPPE a. a. O. FN 545; EB. SCHMIDT LK II § 153 Rdz. 14 — Seit dem Erlaß des StPÄG vom 19. 12. 64 (BGBl I S. 1067) besteht nunmehr allerdings allgemein die Möglichkeit, einzelne abtrennbare Teile einer Tat oder einzelne von mehreren Gesetzesverletzungen auszuklammern (§ 154 a I i. d. F. der Neubekanntmachung der StPO v. 17. 9. 65, BGBl I S. 1373). In dieser § 154 sachlich ergänzenden Möglichkeit der Verfahrensvereinfachung liegt jedoch, wie § 154 a III n. F. zeigt, keine Teileinstellung des Verfahrens.

[547] BGH NJW 63, 1462; KM 8 c zu § 153 c; POPPE a. a. O. FN 545.

Fall eintreten könnte, daß eine Privatperson durch die in Frage stehende Straftat verletzt worden ist, wäre das AEV jedenfalls deswegen unzulässig, weil kein anerkennenswertes Interesse an einer erneuten gerichtlichen Überprüfung besteht. Soweit die behaupteten Straftaten zur Zuständigkeit des BGH im ersten Rechtszug gehören, was in den Fällen der Ziffern 2 und 5 immer und bei Ziffer 1, 3 und 4 möglicherweise der Fall ist (§§ 74 a I, II, 143 II GVG), wäre das AEV sinnlos, weil es nur dazu führen könnte, daß der BGH, der bereits seine Zustimmung erteilt hat, nochmals über dieselbe Frage entscheiden müßte (§ 172 IV 2. Halbsatz). Gehören die Straftaten aber nicht zur Zuständigkeit des BGH in erster Instanz (§ 74 I GVG), so müßte nach dem Wortlaut des Gesetzes das OLG (§ 172 IV 1. Halbsatz) über die Berechtigung der vom Generalbundesanwalt mit Billigung des BGH verfügten Einstellung entscheiden: ein offenbar unmögliches Ergebnis.

3. a) In den nach der vorangegangenen Einschränkung verbleibenden Fällen, also dann, wenn die StA die Erhebung der öffentlichen Klage ohne richterliche Mitwirkung ablehnt, muß gegen ihre Entscheidung der Rechtsweg offenstehen, soweit die für die Anklageerhebung maßgeblichen Vorschriften (§§ 152, 170, 376, 153 I, 153 b, 154, 154 b—d)[547a] nicht nur öffentlichen Belangen, sondern auch den Interessen des Verletzten dienen sollen und ihm daher ein subjektiv-öffentliches Recht auf ihre Einhaltung geben[548]. Die damit aufgeworfene Frage ist identisch mit derjenigen nach Inhalt und Umfang der der StA als Rechtspflegeorgan obliegenden Justizgewährungspflicht. Mit der Übernahme des Monopols für die Rechtspflege ist materiell staatsrechtlich die Pflicht des Staates zur Justizgewährung verbunden[549]. Diese Pflicht, auf der das gesamte Prozeßrecht beruht[550], besteht in erster Linie gegenüber der Allgemeinheit[551]. Derjenige, der durch eine

---

[547a] Die durch das StPÄG v. 19. 12. 64 (BGBl I S. 1067) eingeführte Möglichkeit der Verfahrensvereinfachung durch Ausklammerung abtrennbarer Teile einer einheitlichen Handlung oder einzelner idealkonkurrierender Gesetzesverletzungen (§ 154 a I n. F.) ist dagegen kein Fall der teilweisen Verfahrenseinstellung, da sie das Gericht im Gegensatz zu dieser (§ 151) nicht bindet (§§ 154 a III, 265). Die Auffassung, daß dem Verletzten dann, wenn die StA nur wegen einzelner Akte einer rechtlich einheitlichen Handlung Anklage erhebe, hinsichtlich der nicht angeklagten Teilakte das AEV offenstehe (OLG Hamm JMBl NRW 1965, 71; Schorn NJW 65, 1517 [1518]), verkennt, daß in diesem Falle gar keine sachliche Beschränkung der Anklage (Teileinstellung) vorliegt.

[548] S. o. S. 23 ff.

[549] Beling S. 39; Graf zu Dohna S. 15; Gerland S. 40 f.; Henkel S. 95; Kern StVR S. 40 u. GVR S. 18; K. Peters S. 21; Eb. Schmidt LK I Rdz. 7.

[550] Eb. Schmidt LK I Rdz. 11.

[551] K. Peters a. a. O. FN 549.

Straftat nur insoweit betroffen wird, als jede strafbare Handlung eine Störung der allgemeinen Friedensordnung bedeutet, kann keinen eigenen Anspruch darauf haben, daß die StA den staatlichen Strafanspruch durchsetzt. Grundsätzlich anders liegen die Dinge jedoch beim Verletzten, der an der Durchführung des Strafverfahrens nicht nur ein allgemeines, sondern ein rechtlich begründetes persönliches Interesse hat, da sich die Straftat gegen seine Rechtssphäre richtete. „Nachdem der Staat in einem langen Kampf gegen Selbsthilfe und Privatrache das Recht zu strafen bei sich monopolisiert hat" und dem Verletzten somit die ihm ursprünglich zustehende Befugnis genommen hat, sein Recht selber zu suchen, sind die Organe der Strafrechtspflege *ihm gegenüber* auch *verpflichtet*, „der Androhung von Unrechtsfolgen im Strafrecht deren Verwirklichung im Strafprozeß nach Begehung der Tat folgen zu lassen"[552].

Mit dieser Feststellung, die der allgemeinen Meinung entspricht[553], ist die Frage, in welchen Fällen der Verletzte die Einstellung des Verfahrens anfechten kann, in ihren Grundzügen bereits beantwortet. Soweit das staatliche Justizmonopol reicht, hat er einen Anspruch auf Justizgewährung nach Maßgabe der strafprozessualen Vorschriften; und soweit die StA diesen Anspruch nicht erfüllt, obwohl sie hierzu verpflichtet wäre, steht ihm der Rechtsweg offen (Art. 19 IV GG). Das heißt allerdings nicht, daß er in jedem Fall befugt wäre, eine gerichtliche Entscheidung über die Berechtigung der Verfahrenseinstellung herbeizuführen. Es steht dem Gesetzgeber zunächst frei, der StA die ihr obliegende Strafverfolgungstätigkeit unter bestimmten Voraussetzungen zu ersparen und sie dem Verletzten selber zu überlassen, wie es in § 374 geschehen ist. Angesichts dessen kommt es für die Anfechtungsbefugnis im Einzelfall in erster Linie darauf an, ob die in Frage stehende Straftat der Offizialmaxime (§ 152 I) unterliegt oder im Wege der Privatklage verfolgt werden kann. Darüberhinaus ist im Rahmen des Offizialverfahrens die strikte Strafverfolgungspflicht der StA unter gewissen Voraussetzungen gelockert (§§ 153 I, 153 b, 154, 154 b—d)[554]. Der Inhalt der dem Verletzten zustehenden Befugnisse hängt somit weiterhin davon ab, ob im konkreten Fall das Legalitäts-

---

[552] Schäfer bei LR (21) Einl. Kap. 5, S. 40.

[553] Henkel, K. Peters a. a. O. FN 549; Kern GVR S. 18; Eb. Schmidt LK I Rdz. 8, 9; vgl. auch Art. 6 I S. 1 MRK. — A. A. jetzt offenbar Hochheuser (a. a. O. FN 487 a) S. 12 ff., 90 ff., der „den Gedanken einer besonderen Berechtigung des Verletzten an der Strafe" als „unhaltbar" bezeichnet (S. 91).

[554] Sog. Opportunitätsprinzip. Diese übliche Bezeichnung ist aber ungenau, da es sich in Wahrheit eben nicht um einen allgemeinen Verfahrensgrundsatz, sondern um begrenzte Durchbrechungen des Legalitätsprinzips handelt.

prinzip (§ 152 II) gilt oder ob es aus Gründen der Opportunität ausnahmsweise durchbrochen ist.

b) aa) Bei den in § 374 aufgezählten *Privatklagedelikten* ist die Verfolgung des Täters in der Regel allein Sache des Verletzten[555]. Da hier zu erwarten steht, daß er die Strafverfolgung betreiben wird, falls die Straftat nur einigermaßen von Belang ist, die Autorität des Staates aber im allgemeinen selbst dann nicht beeinträchtigt wird, wenn er sich hierzu nicht entschließen sollte, hat der Gesetzgeber ihm in diesen Fällen die Geltendmachung des staatlichen Strafanspruchs anheimgestellt[556]. Die Justizgewährungspflicht des Staates beschränkt sich demgemäß hier auf die Erfüllung der richterlichen Aufgaben im Rahmen der Strafrechtspflege und trifft die StA grundsätzlich nicht. Ihr ist lediglich die Möglichkeit vorbehalten, die Strafverfolgung zu übernehmen, wenn das öffentliche Interesse dies ausnahmsweise erfordert (§§ 376, 377 II). Daß sie hiervon auch Gebrauch macht, liegt selbstverständlich zugleich im Interesse des Verletzten. Verlangen kann er dies jedoch grundsätzlich nicht, da die §§ 376, 377 nur der Durchsetzung öffentlicher Belange dienen und ihm die Wahrung seiner privaten Interessen selber überlassen bleibt[557]. Die Verweisung auf den Privatklageweg verletzt ihn deswegen — abgesehen von einer noch zu behandelnden Ausnahme — nicht in seinen Rechten. Wenn er aber nicht einmal Anspruch darauf hat, daß die StA überhaupt tätig wird, so können ihm daraus, daß sie im Einzelfalle die Verfolgung im öffentlichen Interesse übernimmt, auch keine weiteren Rechte erwachsen. Auch wenn die StA das öffentliche Interesse bejaht und sodann das Verfahren aus anderen Gründen einstellt (§ 170 II, 153 b, 154, 154 b—d), wird er hierdurch nicht in seinen Rechten beeinträchtigt[558]. Die Einstellungsverfügung der StA hindert ihn nicht

---

[555] Verletzter i. S. des § 374 ist der Träger des durch die Straftat beeinträchtigten Rechtsgutes (vgl. z. B. KM 3 zu § 374; Eb. Schmidt LK II § 374 Rdz. 16). Zwar ist hier nicht grundsätzlich eine engere Begriffsbestimmung geboten als bei § 172. Bei Privatklagedelikten besteht jedoch regelmäßig kein rechtlich begründetes Interesse Dritter an der Strafverfolgung.

[556] Beling S. 448; Henkel S. 474 f.; Sarstedt bei LR (20) 2 vor § 374; Eb. Schmidt LK II Rdz. 1 vor § 374.

[557] Das verkennt Thierfelder, NJW 61, 1101, der die Verneinung des öI. schon deswegen als anfechtbaren JVA ansieht, weil der Verletzte ein Interesse an der Übernahme der Strafverfolgung durch die StA haben könne.

[558] Vor Neufassung des § 172 hat man in diesen Fällen teilweise das AEV für zulässig gehalten (Erbs I zu § 172 u. zu § 376; Niese SJZ 50, Sp. 890 (895 f.); Weber S. 45 f.; OLG Braunschweig SJZ 50, Sp. 463; OLG München SJZ 50, Sp. 928). Tatsächlich steht aber die Tätigkeit der StA auch hier nicht unter dem Legalitätsprinzip, das — wie sich schon aus dem Wortlaut des § 152 ergibt — das Anklagemonopol der StA voraussetzt. —

daran, nunmehr Privatklage zu erheben[559]. Soweit eine im Wege der Privatklage zu verfolgende Straftat den Gegenstand des Verfahrens bildet, unterliegt deswegen die Verfahrenseinstellung durch die StA auch nach Art. 19 IV GG grundsätzlich keiner richterlichen Überprüfung[560].

bb) Dieser Grundsatz muß jedoch dann eine Ausnahme erleiden, wenn sich das öffentliche Interesse an der amtlichen Strafverfolgung nicht aus allgemeinen Gründen ergibt[561], sondern gerade und allein aus der besonderen, schutzlosen Situation des Verletzten folgt. Hierzu bestimmen die RiStV in Nr. 69 II:

> Kann dem Verletzten nicht zugemutet werden, die Privatklage zu erheben, weil er die Straftat nicht oder nur unter großen Schwierigkeiten aufklären könnte, so soll der StA die erforderlichen Ermittlungen anstellen, bevor er den Verletzten auf die Privatklage verweist, z. B. bei Beleidigungen durch namenlose Schriftstücke. Das gilt aber nicht für unbedeutende Verfehlungen.

Soweit diese Voraussetzungen vorliegen, würde es den Verletzten in seinen Rechten beeinträchtigen, wenn die StA ihn ohne weiteres auf den Privatklageweg verwiese. Allerdings sind die RiStV lediglich interne Verwaltungsvorschriften, die für Privatpersonen im allgemeinen keine Rechte begründen können[562]. Schon in anderem Zusammenhang[563] wurde jedoch dargelegt, daß auch Verwaltungsvorschriften Rechtsnormen gleichstehen, wenn sie, wie hier, einen unbestimmten Rechtsbegriff konkretisieren[564]. Wenn der Verletzte mit den ihm zur Verfügung stehenden beschränkten Mitteln die Straftat nicht aufklären kann, besteht regelmäßig ein öffentliches Interesse an der Durchführung der erforderlichen Ermittlungen[565]; denn es wider-

---

Die Auffassung Schorns (NJW 65, 1517 [1518]), der in diesem Fall unter Berufung auf einen B. d. OLG Bamberg v. 17. 7. 52 (!) — Ws 118/52 — das AEV noch heute für zulässig hält, kann im Hinblick auf den jetzigen Wortlaut des § 172 II wohl nur auf einem Irrtum beruhen.

559 KM 2 zu § 374 u. 5 zu § 376; Eb. Schmidt LK II § 376 Rdz. 6; Schwarz-Kleinknecht 1 C zu § 376.

560 Dieses Ergebnis entspricht der h. L., die sich allerdings nur auf § 172 II S. 3 stützt: Dallinger JZ 53, 432 (439 Anm. 65); Kern StVR S. 152; KM 6 a dd zu § 172; Eb. Schmidt LK II § 172 Rdz. 24; Schwarz-Kleinknecht 7 zu § 172.

561 Vgl. Nr. 68 II RiStV.

562 KG JVBl 61, 140; Bachof JGdSchrift S. 295; Forsthoff S. 127 f.; Maunz-Dürig Art. 19 IV Rdz. 30.

563 S. o. S. 53 ff. u. S. 71.

564 Bachof, Forsthoff a. a. O. FN 562; Kern StVR S. 12; BGHZ 10, 295 (298 f.).

565 K. Peters S. 462 f.; Beling S. 448; Burchardi-Klempahn Rdz. 53. Sarstedt (bei LR (20) 5 zu § 376) spricht hier von einer „Anstandspflicht".

spräche rechtsstaatlichen Gesichtspunkten, ihn auf sein Privatklagerecht zu verweisen, obwohl feststeht, daß er hiervon gar keinen Gebrauch machen kann. Da sich das öffentliche Interesse aber in diesem Falle allein aus seinem schutzwürdigen Privatinteresse ergibt, hat er hier auch einen Anspruch darauf, daß die StA diese Ermittlungen vornimmt. Tut sie das nicht, so steht ihm nach Art. 19 IV GG ausnahmsweise der Rechtsweg offen. In allen anderen Fällen unterliegt die Weigerung der StA, ein Privatklagedelikt zu verfolgen, dagegen keiner richterlichen Kontrolle.

c) aa) Grundsätzlich anders liegen die Dinge bei Straftaten, die nur von der StA verfolgt werden können. Hier folgt aus dem Anklagemonopol der StA (§ 152 I) die Pflicht zur Justizgewährung gegenüber dem Verletzten[566]. Im Rahmen des *Offizialprinzips* kann er deswegen stets verlangen, daß die StA auf seinen Antrag hin nach Maßgabe der gesetzlichen Vorschriften gegen den Täter einschreitet.

bb) Inwieweit dieser Anspruch im Einzelfall reicht, hängt davon ab, ob insoweit das Legalitätsprinzip (§ 152 II) uneingeschränkt gilt oder ob der StA Raum für Opportunitätserwägungen bleibt (§§ 153 I, 153 b, 154, 154 b—d). Innerhalb der Grenzen des Legalitätsprinzips hat der Verletzte ein materielles subjektiv-öffentliches Recht darauf, daß die StA seinem Antrag auf Erhebung der öffentlichen Klage stattgibt, wenn die Ermittlungen genügenden Anlaß hierzu bieten (§ 170 I). Dieses Recht ist grundsätzlich bereits in § 172 anerkannt[567]. Da es auf dem Justizgewährungsanspruch des Verletzten einerseits und der unbedingten Strafverfolgungspflicht der StA andrerseits beruht, beschränkt es sich jedoch nicht auf die Fälle, in denen das AEV zulässig ist. Es besteht zunächst bei Übertretungen ebensogut wie bei Vergehen und Verbrechen; denn auch die Verfolgung von Übertretungen steht unter dem Legalitätsprinzip, solange nicht die Schuld des Täters gering ist[568]. Darüber hinaus kann es für die Rechtsstellung des Verletzten ersichtlich nur auf die tatsächliche Rechtslage im Einzelfall und nicht auf die Auffassung der StA ankommen, auf die § 172 II weitgehend abstellt[569]. Die irrtümliche Annahme der StA, zu einer Opportunitätsentscheidung befugt zu sein, setzt das Legalitätsprinzip nicht außer

---

Im Hinblick auf die Gesamtsicht des GG vom Verhältnis des einzelnen zum Staat ist jedoch im Zweifel die Interpretation vorzuziehen, die dem Bürger einen Rechtsanspruch einräumt (BVerfG NJW 63, 803, 804).

[566] S. o. S. 92 ff.

[567] Die ausdrückliche Einräumung der Klagebefugnis rechtfertigt stets den Schluß auf ein subj.-öff. Recht: Bachof JGdSchrift S. 300; Huber I S. 686; Maunz-Dürig Art. 19 IV Rdz. 35.

[568] KM 1 zu § 153; Kohlhaas GA 1956, 241 ff.; Niese SJZ 50, Sp. 890 (897 f.); K. Peters S. 138; Eb. Schmidt LK I Rdz. 329 Anm. 111.

[569] S. o. S. 88 ff.

Kraft und kann somit auch die Rechtsstellung des Verletzten nicht schmälern.

Der Anspruch des Verletzten auf Anklageerhebung bei Vorliegen hinreichender Anhaltspunkte entfällt vielmehr nur dann, wenn das Legalitätsprinzip *tatsächlich* durchbrochen ist. Insoweit ist zwischen dem Fall des § 153 I einerseits und der Möglichkeit der Verfahrenseinstellung nach den §§ 153 b, 154, 154 b—d auf der anderen Seite zu unterscheiden.

Für die Verfolgung von Übertretungen bestimmt § 153 I:

Übertretungen werden nicht verfolgt, wenn die Schuld des Täters gering ist, es sei denn, daß ein öffentliches Interesse an der Herbeiführung einer gerichtlichen Entscheidung besteht.

Hier ähnelt die Rechtslage also derjenigen im Falle des § 376. An der Verfolgung geringfügiger Übertretungen besteht regelmäßig kein Interesse. Sie würde die Organe der Strafrechtspflege unangemessen belasten, ohne daß dies zur Wahrung des Rechtsfriedens oder mit Rücksicht auf die Interessen des Verletzten erforderlich wäre[570]. Deswegen ist hier die Strafverfolgung grundsätzlich verboten. Nur wenn ein öffentliches Interesse an der Herbeiführung einer gerichtlichen Entscheidung[571] besteht, darf die StA ausnahmsweise einschreiten. Aus dieser Erweiterung der staatsanwaltlichen Befugnisse kann der Verletzte aber keine Rechte herleiten, da sie allein öffentlichen Interessen dient. Bei Übertretungen hat er deswegen nur Anspruch auf Erhebung der öffentlichen Klage, wenn die Tat nicht geringfügig war, aber im übrigen keinerlei Rechte.

Im Gegensatz hierzu bleibt die Strafverfolgungspflicht in den Fällen der §§ 153 b, 154, 154 b—d grundsätzlich bestehen. Sie ist nur insoweit gelockert, als die StA hier nach ihrem Ermessen von der Strafverfolgung vorläufig[572] oder endgültig[573] absehen darf. Hier hat der Verletzte deswegen ein formelles subjektiv-öffentliches Recht auf fehlerfreie Ermessensausübung[574]. Eine gesetzlich nicht mehr vorgesehene Einschränkung seines Justizgewährungsanspruchs braucht er nicht hinzunehmen. Die Einstellung des Verfahrens nach den §§ 153 b, 154, 154 b—d wird aber hiervon nicht mehr getragen, wenn die StA die Grenzen ihres Ermessens überschreitet oder von dem Ermessen in einer dem Zweck der Ermächtigung nicht entsprechenden Weise Gebrauch macht (§ 28 III EGGVG, § 113 VwGO)[575].

---

570 Kohlhaas bei LR (21) 1 zu § 153; BGHSt 16, 225 (229).

571 Ein anzuerkennendes Interesse an der Bestrafung des Täters kann in diesen Fällen niemals bestehen. Minima non curat praetor!

572 § 154 d S. 1.

573 §§ 153 b, 154 I, 154 b I—III, 154 c, 154 d S. 3.

574 S. o. S. 25 ff.

575 Im Ergebnis ebenso Weber S. 55 ff., der sich allerdings unzutreffend

cc) Jede Beeinträchtigung der dem Verletzten hiernach zustehenden subjektiv-öffentlichen Rechte eröffnet ihm den Rechtsweg in irgendeiner Form (Art. 19 IV S. 1 GG). Im allgemeinen wird es sich dabei für ihn darum handeln, eine ausdrückliche Einstellungsverfügung der StA (§ 171) anzufechten. Unabhängig davon, worauf die StA ihre Entscheidung stützt, kann er hierbei geltend machen, daß tatsächlich genügender Anlaß zur Erhebung der öffentlichen Klage bestehe (§ 170 I), daß die Voraussetzungen für eine Entscheidung nach den §§ 153 I, 153 b, 154, 154 b—d nicht gegeben seien und daß schließlich die StA das ihr nach den §§ 153 b, 154, 154 b—d zustehende Ermessen fehlerhaft ausgeübt habe. Im Falle des § 154 d kann er sich dabei schon gegen die Fristbestimmung zur anderweitigen Klärung einer Vorfrage wenden; denn schon hiermit wird der normale, dem Legalitätsprinzip entsprechende Weg verlassen[576]. Der endgültigen Einstellung nach fruchlosem Fristablauf kommt demgegenüber nur eine mehr formelle Bedeutung zu[577, 578]. Nur in einem Falle ist dem Verletzten der Rechtsweg verschlossen. Er kann sich nicht darauf berufen, daß die StA das „öffentliche Interesse an der Herbeiführung einer gerichtlichen Entscheidung" (§ 153 I) zu Unrecht verneint habe.

Der ausdrücklichen Einstellung steht es gleich, wenn die StA tatsächlich untätig bleibt. Daß ihr Verhalten hier nicht mit anderen rechtlichen Maßstäben zu messen ist, und daß der Verletzte hierdurch ebensogut in seinem Recht auf Erhebung der öffentlichen Klage unter den gesetzlichen Voraussetzungen gekränkt werden kann, liegt auf der Hand[579]. Fraglich ist nur, unter welchen Umständen man davon ausgehen kann, daß die StA keine Anklage mehr erheben wird. Im

---

auf ein allgemeines subj.-öff. Recht auf fehlerfreie Ermessensausübung beruft. Ein solches Recht gibt es nicht. Vgl. ferner K. Peters S. 138.

[576] Schneidewin JZ 59, 307 (308); Dallinger JZ 53, 432 (440 Anm. 67); Eb. Schmidt LK II § 154 a Rdz. 9, 10; Schwarz 2 zu § 154 a. Die nur mit einem Hinweis auf OLG Köln NJW 51, 932 begründete Auffassung von Schorn (NJW 65, 1517 [1518]), im Falle des § 154 d (früher § 154 a) sei eine Anfechtung schlechthin ausgeschlossen, wird daher schon abgesehen von Art. 19 IV GG dem Zweck der Sicherung des Legalitätsprinzips nicht gerecht.

[577] Schneidewin a. a. O. FN 576.

[578] Die z. T. vertretene Auffassung, nur die endgültige Einstellung könne angefochten werden (KM 5 zu § 154 a; Kohlhaas bei LR (21) 3 zu § 154 a; Schwarz-Kleinknecht 4 zu § 154 a; OLG Hamm JZ 59, 324), bezieht sich nur auf § 172 und hängt damit zusammen, daß das AEV seiner Struktur nach eine definitive Anklageverweigerung voraussetzt. Dieser Umstand interessiert hier nicht. S. u. S. 112 ff.

[579] Vgl. § 42 I VwGO, § 23 II EGGVG. Materiell entscheidend ist die Nichterfüllung des Anspruchs und nicht die Ablehnung des Antrags. Demgemäß hält man bei Untätigkeit der StA überwiegend sogar das AEV für zulässig. S. o. FN 533.

allgemeinen werden hier der tatsächlichen Weigerung die Fälle gegenübergestellt, in denen die StA die Ermittlungen nur verzögert, ohne sich endgültig klar geworden zu sein, ob sie nun Anklage erheben will oder nicht[580]. Daran ist richtig, daß die Gestaltung des Ermittlungsverfahrens grundsätzlich allein der StA überlassen ist. Wie schon in anderem Zusammenhang festgestellt wurde[581], hat sie keine Rechenschaft darüber abzulegen, wie sie ihre Ermittlungen einteilt und welche Feststellungen sie als Grundlage ihrer Entscheidung für notwendig hält[582]. Auf der anderen Seite kann es aber auch nicht allein auf die Vorstellungen der StA ankommen. Wie Weber zutreffend darlegt[583], schließt die Absicht der StA, vielleicht später doch noch einmal Anklage zu erheben, die Möglichkeit endgültiger Rechtsverweigerung dann nicht aus, wenn in der Zwischenzeit die Beweise schwinden oder aus anderen Gründen die Aussicht immer geringer wird, daß das Strafverfahren noch mit Erfolg durchgeführt werden kann. Wenn z. B. allmählich die Verjährungsfrist abzulaufen droht, so kann es für den ASt offenbar keinen Unterschied machen, ob die StA sich endgültig entschlossen hat, keine Anklage zu erheben, davon aber nichts verlauten läßt, oder ob sie die Sache zwar noch verfolgt, aber übersehen hat, daß sich das Verfahren demnächst durch Eintritt der Verjährung sozusagen von selber erledigen wird. Die Freiheit der StA bei der Durchführung und Einteilung der Ermittlungen ist demgemäß nicht unbegrenzt. Angesichts dessen ist nicht auf ihre Absichten allein, sondern darauf abzustellen, ob ihr Verhalten bei objektiver Würdigung aller Umstände des Einzelfalles einer Ablehnung der Anklageerhebung gleichkommt. Damit entsteht für den Verletzten, der diese Umstände kaum kennen wird, die Frage, wie er sich hierüber Gewißheit verschaffen kann. Insoweit handelt es sich jedoch um ein verfahrenstechnisches Problem, auf das in anderem Zusammenhang zurückzukommen sein wird[584].

Neben der ausdrücklichen Einstellung und der tatsächlichen Untätigkeit wird zum Teil die Klagerücknahme (§§ 156, 411 I) als dritte selbständige Möglichkeit der StA angesehen, die Ablehnung der Strafverfolgung zum Ausduck zu bringen[585]. Hier handelt es sich aber nur scheinbar um einen Sonderfall. Nimmt die StA die Anklage zurück, so wird das Verfahren lediglich in den Stand zurückversetzt, in dem es sich vor Anklageerhebung befand[586].

---

[580] Beling S. 489 Anm. 1; KM 2 a zu § 172; Kohlhaas bei LR (21) 2 b, 9 a u. 15 d zu § 172; OLG München Alsberg E I Nr. 349.

[581] S. o. S. 79 f.

[582] Schneidewin JZ 58, 623.

[583] S. 20 f. u. Anm. 1, S. 21.

[584] S. u. S. 140 ff. u. S. 143 f.

[585] Beling a. a. O. FN 580; Weber S. 19.

[586] KM 7 a zu § 172.

4. a) Zusammenfassend läßt sich damit feststellen, daß der dem Verletzten durch Art. 19 IV S. 1 GG zugesicherte Rechtsschutz in verschiedenen Punkten weiter reicht als das ihm bereits in § 172 II eingeräumte Recht auf gerichtliche Entscheidung. Während das AEV nur zulässig ist, wenn die StA das Ermittlungsverfahren wegen eines Verbrechens oder wegen eines nicht im Wege der Privatklage zu verfolgenden Vergehens gemäß §§ 170 II, 171 einstellt[587], hat der Verletzte auf Grund der der StA obliegenden Justizgewährungspflicht in Verbindung mit Art. 19 IV GG einen durchsetzbaren Anspruch darauf, daß die StA:

1. bei Privatklagedelikten für ihn die erforderlichen Ermittlungen durchführt, soweit er hierzu nicht in der Lage ist, und
2. bei Offizialdelikten:

   a) seinem Antrag auf Erhebung der öffentlichen Klage stattgibt, falls die Ermittlungen dies rechtfertigen (§ 170 I)[587a] und im Einzelfalle das Legalitätsprinzip gilt, bzw.

   b) hierüber ohne Ermessensfehler entscheidet, wenn sie nach den §§ 153 b, 154 I, 154 b I—III, 154 c, 154 d von der Verfolgung absehen kann.

Die von Kleinknecht[588] beiläufig geäußerte Ansicht, soweit das AEV unzulässig sei, komme auch eine Anrufung des Gerichts nach den §§ 23 ff. EGGVG nicht in Betracht, da der Verletzte über die ihm in der StPO eingeräumten Einzelbefugnisse hinaus kein Recht auf Durchsetzung des staatlichen Strafanspruchs habe, vermag im Hinblick auf den aus dem Anklagemonopol der StA folgenden Justizgewährungsanspruchs des Verletzten nicht zu überzeugen[589]. Nachdem

---

[587] Die h. L. bejaht die Zulässigkeit des AEV ferner im Falle des § 154 d. S. u. S. 112 ff.

[587a] Zum Inhalt des Begriffs „hinreichender Tatverdacht" s. jetzt Kaiser NJW 65, 2380.

[588] Schwarz-Kleinknecht 7 zu 172, 1 zu § 23 u. § 24 EGGVG; ders. 26. Aufl. 1966, 1 A zu § 23 EGGVG, 1 zu § 24 EGGVG; gleicher Ansicht jetzt auch Schäfer bei LR (21. Aufl., 2. Band 1965) 9 a u. b zu § 23 EGGVG. Im Ergebnis ebenso Kaiser NJW 61, 200 (201) und Thierfelder NJW 61, 1101 mit der Begründung, die Ausnahmen des § 172 II S. 3 seien sachgerecht. Das ist schon im Hinblick auf den Zweck des AEV höchst fraglich (s. o. FN 495). Die Zulässigkeit einer Überprüfung nach den §§ 23 ff. EGGVG verneinen ferner die OLGe Celle, B. v. 1. 6. 61 — 3 VAs 5/61 — bei Altenhain DRiZ 63, 8 (9) u. Hamm: B. v. 11. 12. 61 — 1 VAs 29/61 — u. B. v. 15. 1. 62 — 1 VAs 32/61 — bei Altenhain a. a. O.; B. v. 17. 10. 62 — 1 VAs 60/62 — bei Schäfer a. a. O. sowie B. v. 8. 7. 64 — 1 VAs 34/64 — u. B. v. 13. 4. 65 — 1 VAs 37/65 — bei OLG Hamm NJW 66, 684 (685). Diese Entscheidungen sagen jedoch zu der hier interessierenden Frage nichts, sondern stützen sich lediglich auf die Subsidiaritätsklausel des § 23 III EGGVG.

[589] Im Ergebnis ebenso KG JVBl 61, 237 u. 62, 93.

Art. 19 IV GG jedem, der durch die öffentliche Gewalt in seinen Rechten verletzt wird, den Rechtsweg eröffnet, rechtfertigt die Ausklammerung gewisser Fälle der Verfahrenseinstellung aus dem sachlichen Geltungsbereich des AEV nicht mehr den Schluß, daß hier die Entscheidung der StA ohne die Möglichkeit richterlicher Nachprüfung hinzunehmen sei. Daß man die Zulässigkeit der Anklageerzwingung im Einzelfall trotzdem auch heute noch ganz überwiegend allein nach § 172 beurteilt[590], erscheint um so weniger verständlich, als vielfach gleichzeitig die Unzulässigkeit des AEV in den Fällen des § 172 II S. 3 als unbefriedigend und bedenklich bezeichnet wird[591].

b) Auf der anderen Seite gibt § 172 dem Verletzten in gewissen Fällen weitergehende Möglichkeiten zur Durchsetzung seiner Interessen als Art. 19 IV GG. Soweit die Voraussetzungen vorliegen, unter denen die §§ 153 b, 154, 154 b—d die Strafverfolgung in das Ermessen der StA stellen, kann der Verletzte lediglich verlangen, daß die StA über seinen Antrag ohne Ermessensfehler entscheidet, hat aber in keinem Falle ein materielles subjektiv-öffentliches Recht auf Anklageerhebung. Da es für die Frage, wie weit seine Ansprüche gegenüber der StA reichen, allein auf die tatsächlichen Umstände des Einzelfalles ankommt, steht ihm ein solches Recht selbst dann nicht zu, wenn die StA ihr Ermessen gar nicht ausübt, sondern das Verfahren schon nach § 170 II einstellt, weil sie irrtümlich annimmt, es seien nicht einmal genügende Anhaltspunkte für eine strafbare und verfolgbare Handlung gegeben (§ 170 I). Aus dem Inhalt ihrer Entscheidung können dem Verletzten keine materiellen Rechte erwachsen. Dennoch kann er in diesem Falle die Erhebung der öffentlichen Klage im AEV durchsetzen. Da die StA die Einstellung hier nicht auf eine Ausnahme vom Legalitätsprinzip stützt, sondern sich fälschlich auf § 170 II beruft, wäre ein Antrag des Verletzten auf gerichtliche Entscheidung zulässig (§ 172 II)[592] und begründet (§ 175). Daß die StA das Verfahren nach ihrem Ermessen hätte einstellen können, ist für die Entscheidung des Senats unerheblich[593]. Wollte er die allein der StA obliegende Ermessensentscheidung an ihrer Stelle treffen, so überschritte er eindeutig seine Befugnisse, die sich darauf beschränken, die Ent-

---

[590] So z. B.: Kern StVR S. 151 ff.; KM 6 zu § 172; Kohlhaas GA 1956, 241 ff. u. bei LR (21) 1 u. 15 zu § 172; Eb. Schmidt LK II zu § 172 Rdz. 24.

[591] Kohlhaas, Eb. Schmidt a. a. O. FN 590.

[592] S. o. FN 534.

[593] Wie die übereinstimmende Formulierung der §§ 170 I u. 174 zeigt, ist allein zu prüfen, ob „genügender Anlaß zur Erhebung der öffentlichen Klage“ bestand. Vgl. z. B. Eb. Schmidt LK II § 174 Rdz. 3; KM 2 zu § 174; 3 zu § 175.

scheidung der StA auf ihre Rechtmäßigkeit zu überprüfen[594]. Auch die zum Teil befürwortete Anwendung des § 153 III im AEV[595] könnte hier nicht zu einer Einstellung führen, da der Ermessensspielraum der StA in den hier interessierenden Fällen nicht an die Geringfügigkeit der Tat, sondern an andere Voraussetzungen geknüpft ist. Die sachlich gebotene Aufhebung der Einstellungsverfügung unter gleichzeitiger Verpflichtung der StA zur erneuten Entscheidung[596] ist aber in den §§ 174, 175 nicht vorgesehen. Angesichts dessen kann nach dem Wortlaut der §§ 172 ff. kein Zweifel daran bestehen, daß der Verletzte hier die Möglichkeit der Anklageerzwingung hat, obwohl die StA an sich eine Ermessensentscheidung hätte treffen können und somit ein Fall des Legalitätsprinzips gar nicht vorliegt. Dieses Ergebnis zeigt einmal mehr, daß die Fassung der §§ 172 ff. nicht restlos befriedigen kann.

5. Abschnitt

Die Auswahl des zuständigen Gerichts (§§ 24 I Nr. 2 u. 3, 74 I GVG)

1. Als letzte Entscheidung der StA soll schließlich noch die von ihr in gewissen Fällen im Zusammenhang mit der Anklageerhebung zu treffende Bestimmung des zuständigen Gerichts erster Instanz auf ihre richterliche Nachprüfbarkeit untersucht werden, weil auch hier in neuerer Zeit Zweifel aufgekommen sind. Nach § 24 I Nr. 2 u. 3 GVG ist das Amtsgericht mit bestimmten Ausnahmen[597] zuständig für Vergehen sowie für Verbrechen, bei denen im Einzelfall weder eine höhere Strafe als zwei Jahre Zuchthaus noch der Ausspruch der Sicherungsverwahrung zu erwarten ist, soweit nicht die StA wegen der „besonderen Bedeutung des Falles" Anklage beim Landgericht erhebt und damit die Zuständigkeit der Strafkammer begründet (§ 74 I GVG)[598]. Die sachliche Zuständigkeit des Land- oder des Amts-

---

[594] KOHLHAAS bei LR (21) 5 zu § 151, 1 zu § 172; NIESE SJZ 50, Sp. 890 (893); EB. SCHMIDT LK I Rdz. 283 Anm. 15 u. LK II § 172 Rdz. 1.

[595] KM 2 c zu § 174; SCHWARZ-KLEINKNECHT 1 B zu § 174; OLG Kiel HESt 2, 88 (89). A. A. EB. SCHMIDT a. a. O. FN 593.

[596] Vgl. § 28 II EGGVG, § 113 IV VwGO.

[597] Ausgenommen sind alle Vergehen und Verbrechen, über die der BGH (§ 134 GVG) bzw. das OLG (§§ 120, 134 a GVG) in erster und letzter Instanz entscheiden, sowie ferner Vergehen, die in den Zuständigkeitsbereich der Staatsschutzkammer fallen (§ 74 a GVG), und Verbrechen, für die das Schwurgericht zuständig ist (§ 80 GVG).

[598] Die Anklage begründet nach den §§ 74 I GVG, 209 I jedenfalls die Eröffnungszuständigkeit. S. aber u. S. 118 ff.

gerichts und damit der dem Angeklagten zustehende Instanzenzug[599] hängen also davon ab, ob die StA die besondere Bedeutung des Falles bejaht oder verneint. Daß es sich auch hier wiederum nicht um die Ermächtigung zu einer Ermessensentscheidung[600], sondern um die Aufgabe handelt, einen unbestimmten Rechtsbegriff anzuwenden, ist heute anerkannt[601] und bedarf nach den oben angestellten Erörterungen[602] keiner weiteren Begründung. Bejaht die StA die besondere Bedeutung des Falles, so muß sie Anklage vor der Strafkammer erheben[603]. Umgekehrt kann sie nur beim Amtsgericht anklagen, wenn sie dem Fall keine besondere Bedeutung beimißt. Sie übt demgemäß kein echtes Wahlrecht i. S. des Handlungsermessens aus, sondern subsumiert nur einen bestimmten Sachverhalt unter einen unbestimmten Begriff [604].

Diese Feststellung darf aber nicht etwa dahin mißverstanden werden, daß die StA hier keinerlei Entschließungsfreiheit mehr hätte[605]. Der Begriff der besonderen Bedeutung des Falles enthält vielmehr als wertbezogener Begriff ebensogut einen Beurteilungsspielraum wie das oben behandelte Tatbestandsmerkmal des böI. in § 232 I StGB[606]. Da das Gesetz maßgeblich nicht auf generelle Gesichtspunkte, sondern eben auf die individuelle Eigenart „des Falles" abstellt und somit nur geringe Möglichkeiten bestehen, den Begriff der besonderen Bedeutung durch Aufstellung von Beurteilungsrichtlinien oder die Herausarbeitung allgemeiner Merkmale zu konkretisieren, erweist sich der Entscheidungsspielraum der StA im vorliegenden Fall sogar als verhältnismäßig weit[607]. Die §§ 24 I, 74 I GVG stehen damit in einem gewissen Widerspruch zum Prinzip des gesetzlichen Richters (Art. 101 I S. 2 GG, § 16 GVG), wonach sich grundsätzlich das zuständige Gericht „im Einzelfalle möglichst eindeutig aus einer allgemeinen Norm

---

[599] Bei Anklage vor dem AG hat er die Möglichkeit der Berufung (§ 313, § 74 II GVG) und der anschließenden Revision (§ 333, § 121 I Nr. 1 b GVG). Gegen erstinstanzliche Urteile der Strafkammer ist dagegen nur die Revision gegeben (§ 333, §§ 135, 121 I Nr. 1 c GVG).

[600] So noch: HENKEL S. 169 f.; K. PETERS S. 106; ERBS IV zu § 209.

[601] BVerfGE 9, 223 (229); SCHWARZ-KLEINKNECHT 4 zu § 24 GVG. Vgl. ferner Nr. 92 II RiStV in der ab 1. 2. 62 geltenden Fassung im Gegensatz zu Nr. 92 I in der ursprünglichen Fassung vom 1. 8. 53, wo noch angenommen wurde, in Fällen von besonderer Bedeutung könne die StA nach ihrem Ermessen zwischen der Anklage beim LG oder AG wählen.

[602] S. 33 ff.

[603] BVerfG, SCHWARZ-KLEINKNECHT a. a. O. FN 601; Nr. 92 II RiStV.

[604] BVerfG, SCHWARZ-KLEINKNECHT a. a. O. FN 601.

[605] So anscheinend EB. SCHMIDT LK III § 16 GVG Rdz. 2 a. E.

[606] S. o. S. 31 ff., insb. S. 47 ff.

[607] Vgl. Nr. 92 II RiStV sowie EB. SCHMIDT LK III § 24 GVG Rdz. 11 und ferner: KM 4 a bb (1) zu § 24 GVG; SCHÄFER bei LR (20) 3 a zu § 24 GVG; OLG Oldenburg MDR 52, 568.

ergeben muß“[608]. Trotz der hieraus folgenden rechtsstaatlichen Bedenken[609] hat aber das BVerfG[610] in Übereinstimmung mit der übrigen Rechtsprechung[611] und dem überwiegenden Teil des Schrifttums[612] die flexible Zuständigkeitsregelung der §§ 24 I, 74 I GVG noch als verfassungsmäßig angesehen, weil angesichts der Vielfältigkeit der heutigen Lebensverhältnisse und der darauf abgestellten weiten Strafrahmen die Aufstellung starrer Zuständigkeitsregeln eine Unmöglichkeit darstelle und weil ferner durch die Stellung der StA als Organ der Rechtspflege, die Begrenzung ihrer Weisungsgebundenheit durch das Legalitätsprinzip und die Möglichkeit richterlicher Überprüfung der Entscheidung nach § 209 ausreichende Garantien gegen einen Mißbrauch der Entscheidungsfreiheit gegeben seien.

2. Je nachdem, zu welchem Ergebnis die StA bei ihrer Wertung gelangt, kommt ihrer Entscheidung im Rahmen der hier interessierenden Frage verschiedene Bedeutung zu. Erhebt sie Anklage beim Landgericht, so bindet ihre Beurteilung die Strafkammer nicht. Nach § 209 I S. 2[612a] kann diese vielmehr das Hauptverfahren auch vor dem Schöffengericht eröffnen, wenn sie im Gegensatz zur StA dem Fall die besondere Bedeutung abspricht[613]. Anders verhält es sich aber, wenn die StA die besondere Bedeutung des Falles verneint und dementsprechend beim Amtsgericht anklagt. Der Amtsrichter kann nach dem Wortlaut des § 209 III die Sache der Strafkammer nur dann zur Entscheidung vorlegen, wenn er findet, daß sie die Zuständigkeit des Amtsgerichts „übersteige“, daß also die amtsgerichtliche Strafgewalt

---

[608] BVerfGE 6, 45 (50 f.); KM Einl. 1 d; Schäfer bei LR (20) 3 b zu § 16 GVG; Eb. Schmidt LK I Rdz. 438.

[609] Vgl. z. B.: Henkel S. 170; Kern GVR S. 150 f.; K. Peters S. 106; Eb. Schmidt LK I Rdz. 438 f., LK III § 16 GVG Rdz. 2.

[610] BVerfGE 9, 223.

[611] BGHSt 9, 367 (368 f.); BGH NJW 58, 918 f.; OLG Nürnberg NJW 63, 502 (503).

[612] Henkel, Kern, K. Peters a. a. O. FN 609; KM Einl. 1 d; Schäfer a. a. O. FN 608; Schwarz-Kleinknecht 4 zu § 16 GVG; a. A. Eb. Schmidt a. a. O. FN 609.

[612a] Jetzt § 209 II i. d. F. des StPÄG v. 19. 12. 64 (BGBl I S. 1067).

[613] Allg. Ansicht. Vgl. z. B.: BVerfG, BGH a. a. O. FN 610 u. 611; Erbs IV zu § 209; KM 4 a bb (2) zu § 24 GVG; Schäfer bei LR (20) 3 c zu § 24 GVG; Eb. Schmidt LK II § 209 Rdz. 7, LK III § 24 GVG Rdz. 14. Diese Befugnis geht über eine Rechtmäßigkeitskontrolle hinaus (s. o. S. 41 ff. u. S. 53 ff.). Sie ergibt sich hier ausnahmsweise daraus, daß § 209 I S. 2 (jetzt § 209 II i. d. F. des StPÄG) die Strafkammer ausdrücklich von jeder Bindung an die Entscheidung der StA freistellt (Noch deutlicher in diesem Sinne jetzt § 209 II n. F.: „... wenn nach seiner Auffassung die für seine Zuständigkeit maßgebenden Voraussetzungen nicht erfüllt sind.“).

(§ 24 II—GVG) zu ihrer Aburteilung nicht ausreiche[614, 614a]. Daraus schließt die wohl herrschende Lehre, daß die Verneinung der besonderen Bedeutung durch die StA das Gericht binde und jeglicher Nachprüfung entzogen sei[615]. Demgegenüber vertritt jedoch Kleinknecht[616] neuerdings die Ansicht, der Amtsrichter könne die Sache auch dann nach § 209 III der Strafkammer vorlegen, wenn die Anklage beim Amtsgericht im Hinblick auf die besondere Bedeutung des Falles mißbräuchlich oder sonst unrichtig erscheine; und Thierfelder[617] neigt offenbar dazu, die Verneinung der besonderen Bedeutung als einen nach den §§ 23 ff. EGGVG anfechtbaren Justizverwaltungsakt anzusehen, weil der Angeklagte im Hinblick auf die Möglichkeit der Revision zum BGH auch ein berechtigtes Interesse daran haben könnte, daß sein Fall in erster Instanz vor der Strafkammer verhandelt werde. Die Meinungen gehen also weit auseinander.

3. Die Lösung der damit aufgeworfenen Frage ergibt sich aus dem Verhältnis der §§ 24 I, 74 I GVG zu Art. 101 I GG, der erstaunlicherweise von keinem der genannten Autoren in diesem Zusammenhand erwähnt wird. Unabhängig von der verfahrensrechtlichen Regelung, deren Wortlaut zunächst für die herrschende Lehre zu sprechen scheint, muß auch die Verneinung der besonderen Bedeutung des Falles dann richterlicher Kontrolle in irgendeiner Form unterliegen, wenn sie den Angeschuldigten in seinen Rechten verletzen kann (Art. 19 IV GG). Im Hinblick darauf erweist sich aber die Annahme, daß die verneinende Entscheidung der StA das Gericht binde, also jeder Nach-

---

614 § 74 I GVG.

614a Diese Einschränkung ist nunmehr durch das StPÄG v. 19. 12. 64 (BGBl I S. 1067) beseitigt. § 209 III i. d. F. der Neubekanntmachung der StPO v. 17. 9. 65 (BGBl I S. 1373) bestimmt jetzt: „Hält das Gericht die Zuständigkeit eines Gerichts höherer Ordnung für begründet, so legt es die Akten durch Vermittlung der StA diesem Gericht zur Entscheidung vor. Das gilt auch in den Fällen des Absatzes 2, wenn nach der Auffassung des Gerichts, bei dem die Anklageschrift eingereicht ist, die für seine Zuständigkeit maßgebenden Voraussetzungen nicht erfüllt sind." — Trotz dieser Neufassung sind über die Vorlagebefugnis des AG bereits wieder Zweifel entstanden. Nach Auffassung des LG Rottweil (NJW 66, 215) soll es dem AG trotzdem verwehrt sein, die Auffassung der StA, der Fall sei nicht von „besonderer Bedeutung" im Eröffnungsverfahren nachzuprüfen und die Sache bei abweichender Beurteilung dem LG gem. § 209 III n. F. vorzulegen (vgl. ferner LG Lübeck SchlHA 66, 46 und Arndt SchlHA 66, 31). Diese Entscheidung ist aus den im Text genannten Gründen abzulehnen (ablehnend mit Hinweis auf die Entstehungsgeschichte auch Kleinknecht NJW 66, 216).

615 Henkel S. 174; KM, Schäfer a. a. O. FN 613; Eb. Schmidt LK III § 24 GVG Rdz. 13; Schwarz 1 B zu § 24 GVG.

616 Schwarz-Kleinknecht 5, 7 zu § 209; 4 B zu § 24 GVG; 2 zu § 74 GVG.

617 NJW 61, 1101 f.

prüfung auf ihre Rechtmäßigkeit entzogen sei, ohne weiteres als unzutreffend; denn sie setzte damit voraus, daß die StA durch die Erhebung der Anklage vor dem Amtsgericht den Angeschuldigten niemals seinem gesetzlichen Richter entziehen könnte, und das ist ersichtlich nicht der Fall. Daß eine auf sachfremden Erwägungen beruhende und damit willkürliche Entscheidung der StA gegen Art. 101 I GG verstieße, bedarf überhaupt keiner weiteren Begründung[618]. Sowohl das BVerfG[619] als auch der BGH[620] haben dies für den Fall der Anklageerhebung beim Landgericht ausdrücklich betont; und nichts anderes kann gelten, wenn die StA z. B. wegen der ihr bekannten Einstellung des Gerichts zur Sache[621] beim Amtsgericht anklagt, denn die beiden Fälle unterscheiden sich insoweit nicht[622].

Fraglich könnte höchstens sein, ob die StA den Angeschuldigten auch dann seinem gesetzlichen Richter entzieht, wenn sie sich zwar nicht von unsachlichen Erwägungen leiten läßt, aber irrtümlich die Grenzen ihres Beurteilungsspielraums überschreitet, indem sie etwa das Ausmaß der Rechtsverletzung[623] oder das Aufsehen nicht beachtet, das die Tat in der Öffentlichkeit eregt hat[624], und deswegen Anklage beim Amtsgericht erhebt. Insoweit ist anerkannt, daß die irrtümliche Auslegung und Anwendung von Zuständigkeitsnormen durch das erkennende *Gericht* noch nicht gegen Art. 101 I GG verstößt[625]. Dieser Satz läßt sich aber auf die StA nicht anwenden, sondern kann nur dann gelten, wenn die Entscheidung jedenfalls in richterlicher Unabhängigkeit getroffen wird[626]. Die Befugnis der StA, überhaupt das zuständige Gericht im Einzelfall zu bestimmen, ist nur im Hinblick darauf noch mit Art. 101 I GG vereinbar, daß sie sich hierbei allein nach der Bedeutung des Falles richten darf[627]. Deswegen verletzt ihre Entscheidung stets gleichzeitig den Angeschuldigten in seinem subjek-

---

[618] Vgl. z. B.: BVerfGE 3, 359 (364 f.); 4, 412 (416 f.); 9, 223 (229 f.); BGHSt 9, 367 (368); 11, 106 (110); Kern a. a. O. FN 609; Eb. Schmidt LK III § 16 GVG Rdz. 6.

[619] BVerfGE 9, 223 (229 f.).

[620] BGHSt 9, 367 (369) u. NJW 58, 918 (919).

[621] Vgl. hierzu: BGH NJW 58, 1503; OLG Nürnberg NJW 63, 502 f.; Schwarz-Kleinknecht 4 zu § 16 GVG.

[622] S. o. Ziffer 1.

[623] Nr. 92 II RiStV.

[624] BGH, U. v. 6. 11. 59 — 4 StR 376/59 — bei Schwarz-Kleinknecht 4 A zu § 24 GVG.

[625] BVerfGE 3, 359 (364 f.); 4, 412 (416 f.); BGHSt 11, 106 (110); BGHZ 20, 355 (358); Kern a. a. O. FN 609; KM 2 b bb zu § 16 GVG; Eb. Schmidt LK III § 16 GVG Rdz. 6.

[626] Vgl. BGHSt 11, 106 (110).

[627] BVerfGE 9, 223 (229 f.); BGH a. a. O. FN 611.

tiv-öffentlichen Recht auf den gesetzlichen Richter (Art. 101 I S. 2 GG, § 16 GVG), wenn die getroffene Wertung nicht mehr vertretbar und damit rechtswidrig ist. Die Verneinung der besonderen Bedeutung des Falles muß daher ebensogut richterlicher Überprüfung unterliegen wie die Bejahung[627a].

Hierbei ist nur eine Einschränkung zu machen. Der Strafkammer ist nach § 209 I ausdrücklich das Recht verliehen, die Frage der besonderen Bedeutung selbständig zu beurteilen, also ihre eigene Wertung an die Stelle derjenigen der StA zu setzen. Diese Befugnis geht über eine reine Rechtmäßigkeitskontrolle hinaus[628] und läßt sich aus Art. 19 IV in Verbindung mit Art. 101 I GG nicht ableiten. Die gerichtliche Nachprüfung der *verneinenden* Entscheidung der StA wird sich deswegen mangels einer entsprechenden ausdrücklichen Bestimmung auf die Frage zu beschränken haben, ob die StA bei ihrer Wertung die Grenzen ihres Beurteilungsspielraums eingehalten hat. Die verfahrenstechnische Frage, ob diese Überlegungen zu einer erweiternden Auslegung des § 209 III führen müssen[629] oder ob der durch Art. 19 IV GG auch hier garantierte Rechtsschutz nur im Verfahren nach den § 23 ff. EGGVG gewährt werden kann[630], wird im folgenden Teil in größerem Zusammenhang zu behandeln sein.

6. Abschnitt

Schlußbetrachtung

Damit soll die Untersuchung einzelner Beispielfälle aus dem Tätigkeitsbereich der StA abgeschlossen werden. Zwar ließe sich die Zahl der Maßnahmen und Entscheidungen, die möglicherweise in die geschützte Rechtssphäre des Beschuldigten, des Verletzten oder eines Dritten eingreifen können, leicht noch vermehren[631]. Es dürfte aber klar geworden sein, welche Bedeutung die eingangs entwickelten Grundsätze für die Tätigkeit der StA im Strafverfahren haben und

---

627a Nach KOHLHAAS (Stellung der StA, S. 44) soll sich im Gegenteil u. a. aus der Entscheidungsbefugnis der StA gem. §§ 24 I Nr. 2, 3, 74 I GVG ergeben, daß ihr bereits nach geltendem Recht eine richtergleiche Stellung mit allen Unabhängigkeitsgarantien zukommen muß. Diese Schlußfolgerung überzeugt nicht (s. o. FN 346 a).

628 S. o. FN 613.

629 KLEINKNECHT a. a. O. FN 616. Diesem Vorschlag entspricht jetzt § 209 III n. F. (s. o. FN 614 a).

630 THIERFELDER a. a. O. FN 617.

631 Vgl. die Zusammenstellung von ALTENHAIN JVBl 60, 193 (194) u. DRiZ 63, 8 (Die Rechtsprechung der Strafsenate zum Rechtsschutz gegen JVAe auf dem Gebiet des Strafrechts); jetzt fortgesetzt DRiZ 64, 297; JZ 65, 756 u. JZ 66, 16.

welche Kriterien dort herangezogen werden müssen, wo die Frage auftaucht, ob dem Betroffenen über die in der StPO vorgesehenen Möglichkeiten hinaus der Rechtsweg offensteht. Die Stellung der StA als Organ der Strafrechtspflege, ihre Verpflichtung zur Objektivität und ihre traditionell rechtsstaatliche Haltung bieten wohl weitgehend die Gewähr dafür, daß sie ihre Entscheidungen auch unabhängig von der Möglichkeit gerichtlicher Kontrolle allein nach Recht und Gesetz trifft. Dieser Umstand macht es verständlich, daß die umfassende Rechtsschutzgarantie des Art. 19 IV GG im Gebiet des Strafverfahrensrechts lange Zeit nur wenig beachet wurde und erst mit dem Erlaß der §§ 23 ff. EGGVG mehr in den Blickpunkt des Interesses rückte. Ausnahmen und Irrtümer sind aber hier wie überall möglich. So wird die Erkenntnis, daß auch die Tätigkeit der StA unter Art. 19 IV GG steht, zwar praktisch vielleicht nur geringe Auswirkungen haben. Angesichts des hohen Verfassungsranges dieser Bestimmung[632] ist sie aber von großer grundsätzlicher Bedeutung.

---

[632] Hesse S. 92 f.; Jellinek VVDStRL 8, 3; Klein VVDStRL 8, 67 (77 f.); von Mangoldt-Klein VII zu Art. 19; Maunz-Dürig Art. 19 IV Rdz. 1, 5; Wernicke BK 4 vor a zu Art. 19; BVerwGE 1, 159 (161).

3. KAPITEL

Der Rechtsweg

1. Abschnitt

Die besonderen Rechtsschutzbestimmungen der StPO

Im Gegensatz zu der bisher behandelten Frage nach den Voraussetzungen der Anfechtbarkeit staatsanwaltlicher Entscheidungen im allgemeinen kann die sich hieran nunmehr anschließende praktische Frage, durch welches Gericht und in welcher Form dem Betroffenen der ihm durch Art. 19 IV S. 1 GG garantierte Rechtsschutz gewährt wird, nicht mehr einheitlich beantwortet werden. Seit Einführung der §§ 23 ff. EGGVG besteht zwar auch auf dem Gebiet der Strafrechtspflege eine Rechtsweggeneralklausel, die als Ausführungsbestimmung zu Art. 19 IV GG[633] an sich alle hierunter fallenden Maßnahmen der StA erfassen könnte. „Soweit die ordentlichen Gerichte bereits auf Grund anderer Vorschriften angerufen werden können, behält es jedoch hierbei sein Bewenden" (§ 23 III EGGVG); denn die §§ 23 ff. EGGVG sind nur als Übergangsbestimmungen gedacht[634], die bis zur Schaffung umfassender Spezialregelungen in den einzelnen Verfahrensgesetzen bestehende Lücken schließen, der Neuordnung aber nicht vorgreifen sollen. Deswegen kommen sie in diesem Zusammenhang erst an zweiter Stelle in Betracht. Zunächst ist von dem bereits in der StPO enthaltenen Rechtsschutzbestimmungen auszugehen. Hierbei handelt es sich im Hinblick auf die oben untersuchten Fälle um das AEV (§§ 172—177), dessen sachlichen Geltungsbereich es nunmehr zu klären gilt (A) und um die Vorschrift des § 209 I S. 2[634a] (B)[635].

---

[633] ALTENHAIN DRiZ 63, 8; NAUMANN DÖV 60, 201 (205); SCHWARZ-KLEINKNECHT 3 vor u. 1 zu § 23 EGGVG; STICH DÖV 60, 368 f.; SCHÄFER bei LR (21. Aufl., 2. Band 1965) 1 vor § 23 EGGVG.

[634] Stellungnahme des Rechtsausschusses des DBTages, Drucks. III/1094; SCHWARZ-KLEINKNECHT 1 vor § 23 EGGVG; SCHÄFER JZ 60, 73 (78).

[634a] Jetzt § 209 II i. d. F. des StPÄG v. 19. 12. 64 (BGBl I S. 1067).

[635] Weitere Rechtsschutzbestimmungen enthält die StPO z. B. in den §§ 98 II (Beschlagnahme), 100 II (Postbeschlagnahme) u. 128 (weiteres Verfahren nach vorläufiger Festnahme). Hierauf sei nur hingewiesen. Einer besonderen Erörterung bedürfen diese Vorschriften, die keine grundsätzlichen Probleme aufwerfen, in diesem Zusammenhang nicht.

A.

Das Anklageerzwingungsverfahren (§§ 172—177 StPO)

I.

Gibt die StA einem Antrag auf Erhebung der öffentlichen Klage keine Folge oder verfügt sie nach Abschluß der Ermittlungen die Einstellung des Verfahrens und erteilt sie hierüber dem Verletzten den nach § 171 vorgeschriebenen Einstellungsbescheid, so kann er nach erfolgloser Beschwerde an den vorgesetzten Beamten der StA (§ 172 I) grundsätzlich das OLG bzw. den BGH im AEV anrufen (§ 172 II S. 1, IV). Der Antrag auf gerichtliche Entscheidung nach § 172 II ist aber nicht zulässig, wenn das Verfahren ausschließlich eine Übertretung oder ein Privatklagedelikt zum Gegenstand hat oder wenn die StA nach den §§ 153 II, 153 a I, 153 b, 154 I, 154 b und 154 c von der Anklageerhebung absieht (§ 172 II S. 3). Daß diese Beschränkung im Hinblick auf den Zweck des AEV Bedenken begegnet, wurde schon in anderem Zusammenhang gesagt[636]. Das Legalitätsprinzip, dessen Schutz das AEV gilt[637], ist nicht nur dann verletzt, wenn die StA zu Unrecht annimmt, es bestehe kein „genügender Anlaß zur Erhebung der öffentlichen Klage" (§ 170 I), sondern erstreckt sich auch auf die Beurteilung der Frage, ob die Voraussetzungen einer Opportunitätsentscheidung nach den §§ 153 ff. vorliegen[638]. Diese Bedenken berühren die Rechtsgültigkeit des § 172 II S. 3 aber nicht[639]. Insbesondere lassen sich hiergegen keine Einwendungen mit der Begründung erheben, dem Verletzten werde das rechtliche Gehör entzogen[640]. Das gleiche gilt von dem Umstand, daß Art. 19 IV GG dem Verletzten den Rechtsweg in bedeutend weiterem Umfang eröffnet als § 172 II[641]. Über die Art des Rechtsweges sagt Art. 19 IV S. 1 GG grundsätzlich nichts[642]. Unter Umständen kann zwar aus dem Ge-

---

[636] FN 495 (S. 83).

[637] Allg. A.: Henkel S. 357; R. v. Hippel S. 340 f.; Niese SJZ 50, Sp. 890 (893); K. Peters S. 427; Eb. Schmidt LK II § 172 Rdz. 1 u. MDR 61, 269 (270); Schneidewin JZ 59, 307; Schorn NJW 65, 1517; OLG Celle NdsRPfl 63, 258; OLG Nürnberg MDR 65, 845.

[638] Niese SJZ 50, Sp. 890 (895 ff.); Eb. Schmidt LK I Rdz. 329 Anm. 111; Kohlhaas GA 1956, 241 ff.; H. Mayer JZ 55, 601 (603); K. Peters S. 138; Weber S. 33 ff., 45.

[639] KM 6 zu § 172; Kohlhaas bei LR (21) 15 zu § 172; Eb. Schmidt LK II § 172 Rdz. 24.

[640] So H. Mayer JZ 55, 601 (604 f.). S. o. S. 90 f.

[641] S. o. S. 92 ff.

[642] BVerwGE 6, 84 (85); BVerwG NJW 59, 448 (449); Klein VVDStRL 8, 93 ff., 97; von Mangoldt-Klein VII 5 b zu Art. 19; Maunz-Dürig Art. 19 IV Rdz. 57; Wernicke BK II 4 f u. g zu Art. 19.

sichtspunkt des Sachzusammenhanges die Notwendigkeit folgen, gewisse Rechtswegbestimmungen in Übereinstimmung mit Art. 19 IV GG erweiternd auszulegen[643]. Diese von Weber[644] auch für das AEV vorgeschlagene Lösung ist aber mit dem Erlaß der §§ 23 ff. EGGVG gegenstandslos geworden. Im allgemeinen wird sich somit nach § 172 II unschwer feststellen lassen, ob in einem bestimmten Falle das AEV zulässig ist, oder ob der Verletzte auf andere Weise Rechtsschutz suchen muß.

II.

Es gibt aber, wie schon oben angedeutet wurde[645], doch einige Fälle, in denen die Zulässigkeit des AEV umstritten ist. Hierzu ist mit der gebotenen Kürze folgendes zu sagen:

1. Zunächst besteht Streit darüber, ob das AEV auch dann noch durchgeführt werden kann, wenn schon einmal ein Gericht den Antrag auf Erhebung der öffentlichen Klage oder auf Eröffnung des Hauptverfahrens abgelehnt hat (§§ 174 I, 204), hierauf aber neue Tatsachen oder Beweismittel aufgetaucht sind, die die Anklageerhebung nunmehr rechtfertigen (§§ 174 II, 211). Während im Schrifttum die Zulässigkeit des AEV in diesen Fällen ganz überwiegend bejaht wird[646, 647], steht die Rechtsprechung weitgehend noch auf dem entgegengesetzten Standpunkt[648, 649]. Mit Recht setzt sich aber auch

---

[643] Vgl. z. B BFH JZ 51, 596 ff.

[644] S. 54 ff.

[645] S. 89.

[646] Zu § 174 II: Beling S. 492 Anm. 1; Dünnebier JR 59, 47 ff.; Hardwig GA 1959, 229 ff.; KM 7 c zu § 172; Kohlhaas bei LR (21) 3 zu § 172; Niese SJZ 50, Sp. 890 (894 f.); Poppe NJW 56, 1058 f.; Eb. Schmidt LK II § 172 Rdz. 27; Schwarz-Kleinknecht (26. Aufl. 1966) 12 zu § 172; — a. A. Erbs III zu § 174; Schwarz 2 zu § 172 und neuerdings Schorn (NJW 65, 1517 [1518]) mit der Begründung, die Wiederholung sei unzulässig, weil „die Entscheidung, ob die beigebrachten neuen Tatsachen oder Beweismittel erheblich seien und die Erhebung der öffentlichen Klage rechtfertigten, nach Erschöpfung der Rechte aus § 172 ausschließlich bei der StA liege". Das ist allerdings der typische Fall einer petitio principii.

[647] Zu § 211: Dünnebier, Hardwig, Niese, Poppe a. a. O. FN 646; KM 7 b zu § 172; Kohlhaas bei LR (21) 9 b zu § 172; Eb. Schmidt LK II § 172 Rdz. 31; Schwarz-Kleinknecht (26. Aufl. 1966) 12 zu § 172 u. 2 zu § 211 unter Aufgabe der gegenteiligen Auffassung 23. Aufl. 1962, 7 zu § 172, sowie die ältere Rspr.: OLG Colmar GA Bd. 51, 203; OLG Kassel GA Bd. 37, 451; OLG Rostock Alsberg E I Nr. 393. A. A. Erbs I zu § 172.

[648] Zu § 174 II: OLG Dresden JW 30, 952 f.; OLG München HRR 1935 Nr. 1499 — OLG Bamberg NJW 56, 1083 f.; OLG Celle NdsRPflege 1951, 19; NJW 56, 482 u. NJW 58, 1791 (1792 f.).

[649] Zu § 211: OLG Breslau GA Bd. 51, 69; OLG Dresden Alberg E I Nr. 392 a—c u. JW 35, 309; OLG Hamburg Alsberg E I Nr. 392 e; OLG

hier die Auffassung der herrschenden Lehre in zunehmendem Maße durch[650]. Da die Straftat wieder verfolgbar wird, sobald sich neue Tatsachen oder Beweismittel ergeben (§§ 174 II, 211), die StA aber auf Grund des Legalitätsprinzips verpflichtet ist, wegen aller gerichtlich strafbaren und verfolgbaren Handlungen einzuschreiten (§ 152 II), muß auch hier das AEV zulässig sein; denn sein Zweck liegt ja eben darin, die Wahrung des Legalitätsprinzips zu überwachen und zu sichern[651]. Daß demgegenüber die von der Rechtsprechung erhobenen Bedenken nicht durchgreifen, haben vor allem Dünnebier, Hardwig und Poppe[652] in eingehenden Untersuchungen nachgewiesen. Ihre Ausführungen sollen hier nicht im einzelnen wiederholt werden. Zu den von ihnen aufgezeigten, für die Zulässigkeit des AEV sprechenden Gründen tritt als weiterer maßgeblicher Gesichtspunkt hinzu, daß auch in den hier interessierenden Fällen Art. 19 IV GG dem Verletzten den Rechtsweg eröffnet. Wie im vorangegangenen Kapitel dargelegt wurde, hat der Verletzte im Rahmen des Legalitätsprinzips, das auch hier unbestritten gilt, stets ein materielles subjektiv-öffentliches Recht darauf, daß die StA bei genügendem Anlaß (§ 170 I) die öffentliche Klage erhebt[653]. Der daraus folgende Anspruch auf Rechtsschutz gegenüber einer ungerechtfertigten Einstellung des Verfahrens kann mit dem Hinweis auf einen möglichen Mißbrauch[654] keinesfalls entkräftet werden, da er verfassungsrechtlich gewährleistet ist. Wenn dem Verletzten aber der Rechtsweg ohnehin offensteht, so gibt es keinen vernünftigen Grund mehr, das AEV für unzulässig zu erklären, obwohl sein Zweck gerade für die Zulässigkeit spricht.

2. Problematisch ist die Zulässigkeit des AEV ferner im Falle des § 154 d, wonach die StA dann, wenn die Anklageerhebung wegen eines Vergehens von der Beurteilung einer bürgerlichrechtlichen oder

---

Karlsruhe JW 34, 3303; OLG Königsberg Alsberg E I Nr. 392 d; OLG München HRR 1935 Nr. 1500 u. JW 37, 768; OLG Stuttgart JW 34, 116 — OLG Bamberg NJW 52, 239; OLG Düsseldorf NJW 61, 1594; OLG Neustadt HESt 3, 26.

[650] KG JR 57, 150 unter Aufgabe der Entscheidungen GA Bd. 62, 188 u. JW 34, 1435; OLG Braunschweig NJW 61, 934; OLG Hamburg NJW 63, 1121 unter Aufgabe der Entscheidung MDR 50, 437; OLG Nürnberg MDR 59, 1030 (1031) u. MDR 65, 845.

[651] S. o. FN 637.

[652] Alle a. a. O. FN 646.

[653] S. o. S. 92 ff.

[654] In der Betonung dieser Gefahr liegt einer der wesentlichsten, wenn nicht überhaupt der entscheidende Gesichtspunkt dafür, daß die Rspr. z. T. das AEV nicht zulassen will. Vgl. OLG Bamberg NJW 56, 1083 f.; OLG Düsseldorf NJW 61, 1594 u. insb. OLG München HRR 1935 Nr. 1500 sowie OLG Celle NJW 58, 1791 (1792 f.).

verwaltungsrechtlichen Vorfrage abhängt, eine Frist zur anderweitigen Austragung dieser Frage setzen und nach fruchtlosem Fristablauf das Verfahren einstellen kann.

a) Nach einer Entscheidung des OLG Hamm[655] soll der Verletzte hier zwar nicht die Fristbestimmung, wohl aber die endgültige Einstellung nach fruchtlosem Fristablauf im AEV anfechten können. Da die Zulässigkeit des AEV im Falle des § 154 d nicht ausdrücklich ausgeschlossen ist (§ 172 II S. 3), eine Anrufung des Gerichts nach den §§ 171, 172 aber nur dann in Betracht kommt, wenn die StA „einem Antrag auf Erhebung der öffentlichen Klage keine Folge gibt oder nach Abschluß der Ermittlungen die Einstellung des Verfahrens verfügt" (§ 171), sich also endgültig weigert, die Anklage zu erheben, spricht für diese Auffassung der Wortlaut des Gesetzes. Gegen sie sprechen jedoch, wie insbesondere Schneidewin dargelegt hat[656], die Sachlage und die berechtigten Interessen des Verletzten. Wenn es für die Erhebung der öffentlichen Klage tatsächlich nicht auf die Klärung einer privat- oder verwaltungsrechtlichen Vorfrage ankommt, so stellt schon die Fristsetzung eine Rechtsverweigerung und einen Bruch des Legalitätsprinzips dar[657]. Hierauf und nicht auf der endgültigen Einstellung liegt deswegen das entscheidende Gewicht. Die Einstellung ist nur die automatische Schlußfolgerung aus der einmal getroffenen und nicht befolgten Zwischenverfügung der StA[658]. Sie hat ihr gegenüber nur formelle Bedeutung. Dementsprechend garantiert auch Art. 19 IV GG dem Verletzten schon gegenüber einer verfehlten Fristsetzung den Rechtsweg, da er bereits hierdurch in seinen Rechten verletzt wird[659]. Hieraus ergibt sich zwangsläufig, daß das AEV bereits gegenüber der Fristbestimmung zulässig sein muß, wenn es hier überhaupt Anwendung finden soll[660].

b) Dieses Ergebnis läßt sich aber wiederum damit nicht vereinbaren, daß das AEV nicht nur nach dem Wortlaut der §§ 171, 172,

---

[655] NJW 59, 161. Ebenso: KM 6 b zu § 172 u. 5 zu § 154 a; KOHLHAAS bei LR (21) 15 zu § 172 u. 3 zu § 154 a; SCHWARZ-KLEINKNECHT 4 zu § 154 a.

[656] JZ 59, 307 (308 f.).

[657] DALLINGER JZ 53, 432 (440 Anm. 67); KM 5 zu § 154 a; SCHNEIDEWIN a. a. O. FN 656.

[658] SCHNEIDEWIN a. a. O. FN 656.

[659] S. o. S. 98.

[660] DALLINGER a. a. O. FN 657; EB. SCHMIDT LK II § 172 Rdz. 24, § 154 a Rdz. 9, 10; SCHNEIDEWIN a. a. O. FN 656; SCHWARZ 2 zu § 154 a. Die Meinung SCHORNS (NJW 65, 1517 [1518]), für eine Anfechtung der Entscheidung nach § 154 d sei überhaupt kein Raum, ist weder mit Art. 19 IV GG noch mit der Aufgabe des AEV vereinbar, das Legalitätsprinzip zu sichern.

sondern auch nach seiner Struktur die endgültige Ablehnung der Anklageerhebung voraussetzt. Die Tatsache, daß es an die Einstellungsverfügung der StA anknüpft, darf nicht darüber hinwegtäuschen, daß es hier nicht allein um die Rechtmäßigkeit einer von der StA im Rahmen ihrer Strafverfolgungstätigkeit getroffenen Entscheidung, sondern um die Frage geht, ob die StA zur Anklageerhebung verpflichtet ist. Der ASt begehrt nicht nur die Aufhebung der Einstellungsverfügung, die das Verfahren lediglich in die zuvor bestehende Lage zurückversetzen würde, sondern die Erhebung der öffentlichen Klage, und demgemäß kann das OLG auch nur die Anklageerhebung beschließen (§ 175) oder seinen Antrag verwerfen (§ 174 I). Der Antrag auf gerichtliche Entscheidung nach § 172 II ist also — nach der Terminologie der VwGO — stets und notwendig eine „Verpflichtungsklage"[661], die immer voraussetzt, daß sich die Behörde zuvor geweigert hat, einem an sie gerichteten Antrag zu entsprechen. Gerade das tut die StA aber mit der Fristbestimmung nach § 154 d noch nicht. Soweit sich der Verletzte hiergegen wendet, handelt es sich der Sache nach nur um eine „Anfechtungsklage"[662]. Da es die StA gar nicht endgültig abgelehnt hat, die öffentliche Klage zu erheben, kann der Verletzte auch nicht verlangen, daß sie hierzu verpflichtet werde, und demzufolge kann das Gericht auch nicht das Recht haben, eine solche, über das Begehren des ASt hinausgehende Verpflichtung auszusprechen. Seine Befugnisse müssen sich vielmehr auf die im AEV nicht vorgesehene Möglichkeit beschränken, die angefochtene Verfügung aufzuheben und der StA das Weitere zu überlassen.

Darauf, daß nur eine solche Entscheidung des Gerichts der besonderen Sachlage gerecht zu werden vermag, hat bereits Schneidewin[663] hingewiesen, der hieraus allerdings noch nicht die entscheidende Schlußfolgerung ziehen konnte, da seinerzeit die §§ 23 ff. EGGVG noch nicht erlassen waren. Nach seiner Auffassung begegnet die Zulässigkeit des AEV gegenüber der Fristbestimmung nach § 154 d zwar im Hinblick darauf Bedenken, daß die StA die erforderlichen Ermittlungen im allgemeinen bis zur Klärung der Vorfrage zurückstellt, das Gesetz aber mit der Einleitung des AEV die Ermittlungstätigkeit allein in die Hände des Gerichts legt (§ 173 III) und somit die Hauptlast der Anklagevorbereitung in diesen Fällen auf das OLG überzugehen droht. Trotz dieser „auffallenden" und „unbequemen" Folge hält er aber das AEV im Ergebnis deswegen für zulässig, weil eine ähnliche Lage durchaus auch bei einer anderen Gestaltung des

---

[661] Vgl. die §§ 42 I, 113 IV VwGO, 23 II, 28 II EGGVG einerseits und die §§ 171, 172 II, 175 andrerseits. Inhaltlich stimmt insb. § 175 mit den §§ 113 IV S. 1 VwGO, 28 II S. 1 EGGVG völlig überein.

[662] §§ 42 I, 113 I S. 1 VwGO, 23 I, 28 I S. 1 EGGVG.

[663] A. a. O. FN 656.

Verfahrens auftreten könne. Wenn die StA z. B. bei einem ihr vorgetragenen, wenig geklärten Sachverhalt die Strafverfolgung von vornherein ablehne, da ihrer Ansicht nach aus rechtlichen Gründen keine zureichenden Anhaltspunkte für eine strafbare Handlung gegeben seien (§ 152 II), das OLG die Rechtslage aber anders beurteile, so bleibe ihm auch nichts anderes übrig, als die noch nötigen Ermittlungen auf sich zu nehmen. Unter diesen Umständen werde ihm aber auch durch die Zulassung des AEV gegenüber der Fristbestimmung nach § 154 d nichts zugemutet, was nicht im Sinne der einmal getroffenen gesetzlichen Regelung liege.

Diesen Erwägungen, die überzeugen, wenn man die Frage nur unter dem Gesichtspunkt der Überbürdung von Ermittlungshandlungen auf das OLG betrachtet, ist jedoch entgegenzuhalten, daß sich die von Schneidewin gegenübergestellten Fälle der Verfahrenseinstellung ohne vorherige Sachaufklärung und der Fristbestimmung zur Austragung einer Vorfrage trotz äußerlicher Gemeinsamkeiten eben doch in einem sehr wesentlichen Punkte unterscheiden. Im ersten Fall hat es die StA endgültig abgelehnt, die öffentliche Klage zu erheben, und das OLG hat nunmehr, wie stets im AEV, darüber zu befinden, ob sie hierzu berechtigt war oder dem Antrag des Verletzten hätte stattgeben müssen. Dabei hat es die zur Vorbereitung seiner Entscheidung erforderlichen Ermittlungen ebensogut selber durchzuführen (§ 173 III), wie zum Beispiel das Verwaltungsgericht bei der Entscheidung über eine Verpflichtungsklage den von der Behörde nicht geklärten Sachverhalt von Amts wegen erforschen muß (§86 I VwGO). Im Gegensatz hierzu hat die StA aber im zweiten Falle noch keine Entscheidung über die Anklageerhebung getroffen. Wollte das Gericht hier die Erhebung der öffentlichen Klage mit für die StA bindender Wirkung beschließen (§ 175), so übte es keine Rechtmäßigkeitskontrolle mehr aus, sondern griffe der Entscheidung der StA vor. Insbesondere nähme es ihr damit unter Umständen die Möglichkeit, nach ihrem Ermessen von der Strafverfolgung abzusehen[664]. Ein derartiges Verfahren verletzte aber eindeutig das Anklagemonopol der StA (§ 152 I), das durch das AEV gerade nicht durchbrochen werden soll[665], und kann deswegen nicht rechtens sein.

c) Die Zulässigkeit des AEV gegenüber der Fristsetzung nach § 154 d läßt sich somit nur dann bejahen, wenn man nicht nur über den Wortlaut der §§ 171, 172 hinwegsieht, sondern sich darüber hinaus auch dazu entschließt, dem OLG die Befugnis zu gewähren, sich auf die Aufhebung der angefochtenen Entscheidung zu beschränken

---

[664] §§ 153 II, 153 a I, 153 b, 154 I, 154 b I—III, 154 c.

[665] Kohlhaas bei LR (21) 5 zu § 151 u. 1 zu § 172; Niese SJZ 50, Sp. 890 (893); Eb. Schmidt LK I Rdz. 283 Anm. 15 u. LK II § 172 Rdz. 1; Schwarz-Kleinknecht 1 zu § 172; OLG Hamburg NJW 55, 1770.

und der StA die weitere Durchführung der Ermittlungen und die Entscheidung über die Anklageerhebung zu überlassen. Eine derartig weitreichende Ergänzung der bestehenden gesetzlichen Regelung erscheint aber nicht gerechtfertigt, da hierfür unter den gegebenen Umständen kein unabweisbares Bedürfnis besteht. Wenn man das AEV im Falle des § 154 d für unzulässig hält, müssen nämlich folgerichtig die §§ 23 ff. EGGVG zur Anwendung gelangen, die es dem hiernach ebenfalls zuständigen OLG (§ 25 I EGGVG) erlauben, die Zwischenverfügung des StA in vollem Umfang, also auch hinsichtlich der Ermessensausübung selbst[666], auf ihre Rechtmäßigkeit zu überprüfen und eine sachgemäße Entscheidung zu treffen (§ 28 I S. 1, III EGGVG). In der Rechtsprechung wird zwar zum Teil die Ansicht vertreten, daß die gerichtliche Nachprüfung einer Einstellungsverfügung nur auf dem in § 172 vorgeschriebenen Wege und nur unter den dort vorgesehenen Voraussetzungen möglich sei, da es nicht der Zweck der §§ 23 ff. EGGVG sein könne, bestehende Rechtsschutzbestimmungen zu ersetzen oder von ihren Beschränkungen zu befreien[667]. Dieser Auffassung ist das KG[668] aber mit Recht entgegengetreten. Als Ausführungsbestimmungen zu Art. 19 IV GG müssen die §§ 23 ff. EGGVG überall dort eingreifen, wo nach der bisherigen Regelung Lücken im Rechtsschutz bestehen. § 23 III EGGVG betrifft nach seinem eindeutigen Wortlaut und nach dem Zweck der §§ 23 ff. EGGVG nur solche Fälle, in denen die ordentlichen Gerichte *tatsächlich* bereits auf Grund besonderer Vorschriften angerufen werden können.

Nach richtiger Ansicht kann deswegen die Fristbestimmung zur Klärung einer privat- oder verwaltungsrechtlichen Vorfrage nicht im AEV, sondern nur nach den §§ 23 ff. EGGVG angefochten werden. Dieses Ergebnis entspricht dem Wortlaut der §§ 172 ff. und der besonderen Sachlage. Daß die Entscheidung der StA nach § 154 d teilweise unter dem Legalitätsprinzip steht, zu dessen Überwachung

---

[666] S. o. S. 96 ff. Daß sich die gerichtliche Überprüfung auch hierauf erstrecken muß, erkennt praktisch auch SCHNEIDEWIN (a. a. O. FN 656) an, wenn er sagt, die Fristbestimmung könne z. B. auch deswegen zu beanstanden sein, weil der ASt finanziell nicht im Stande sei, die gemachten Auflagen zu erfüllen. Diese Erwägung betrifft nicht mehr die Voraussetzungen, sondern den Inhalt der Ermessensentscheidung. Hier ist u. U. der Grundsatz der Verhältnismäßigkeit verletzt.

[667] OLG Celle, B. v. 1. 6. 61 — 3 VAs 5/61 — bei ALTENHAIN DRiZ 63, 8 (9); OLG Hamm i. st. Rspr.: B. v. 11. 12. 61 — 1 VAs 29/61 — u. B. v. 15. 1. 62 — 1 VAs 32/61 — bei ALTENHAIN a. a. O.; B. v. 17. 10. 62 — 1 VAs 60/62 — bei SCHÄFER bei LR (21. Aufl., 2. Band 1965) 9 a u. b zu § 23 EGGVG; B. v. 8. 7. 64 — 1 VAs 34/64 — u. B. v. 13. 4. 65 — 1 VAs 37/65 — bei OLG Hamm NJW 66, 684 (685); s. ferner ALTENHAIN DRiZ 64, 297.

[668] JVBl 61, 237; 62, 93 f.

das AEV geschaffen wurde, steht der vorgeschlagenen Lösung nicht entgegen. Diese Überwachung kann ebenso wirksam und sachgemäßer nach Maßgabe der §§ 23 ff. EGGVG erfolgen.

3. Ganz ähnlich verhält es sich schließlich dann, wenn die StA das Verfahren nicht ausdrücklich einstellt, aber durch ihre Untätigkeit zu erkennen gibt, daß sie keine Anklage erheben will. Da es sachlich keinen Unterschied macht, ob sie sich ausdrücklich oder nur tastächlich weigert, einem Strafverfolgungsantrag des Verletzten zu entsprechen, muß diesem hier im Ergebnis der Rechtsweg ebensogut offenstehen wie bei einer förmlichen Einstellung des Ermittlungsverfahrens[669]. Fraglich ist aber, ob gerade das AEV dieser Rechtsweg sein kann.

Nach dem Wortlaut des § 172 I und II kann der Verletzte nur gegen einen Einstellungsbescheid nach § 171 den vorgesetzten Beamten der StA anrufen und nur gegen dessen ablehnenden Bescheid Antrag auf gerichtliche Entscheidung stellen. In Übereinstimmung hiermit hält Eb. Schmidt[670] das AEV bei Untätigkeit der StA für unzulässig. Nach überwiegender Meinung sollen die §§ 172 ff. dagegen auch in diesem Falle entsprechend anwendbar sein, da es die StA sonst in der Hand habe, die gesetzlichen Bestimmungen zu umgehen, indem sie einfach keinen Bescheid erteile[671]. Diese Auffassung leuchtet zunächst ein, denn sie scheint dem Zweck des AEV nachdrücklich Geltung zu verschaffen. Im Ergebnis führt sie aber kaum zu einer brauchbaren Lösung. Hiernach müßte nämlich der Verletzte bei Anrufung des Gerichts stets darlegen, wieso sich aus den Umständen des Falles ergibt, daß die StA die Ermittlungen nicht nur verzögert, sondern sich tatsächlich entschlossen hat, die öffentliche Klage nicht zu erheben; und das kann er in aller Regel nicht, da ihm der Einblick in die Tätigkeit der StA fehlt. Mit der theoretischen Möglichkeit, das Gericht unter Voraussetzungen anzurufen, von deren Vorliegen er sich keine Gewißheit zu verschaffen vermag, ist ihm jedoch nicht gedient. Er hat nach Art. 19 IV GG Anspruch auf effektiven Rechtsschutz. Läßt sich aber die an sich dem Zweck des AEV entsprechende Gleichstellung von ausdrücklicher und konkludenter Klageablehnung im Rahmen der §§ 172 ff. praktisch nicht verwirklichen, da diese Bestimmungen der besonderen Sachlage bei Untätigkeit der StA keine Rechnung tragen, so bleibt nur der Rückgriff auf die §§ 23 ff. EGGVG, die im Gegensatz hierzu ausdrückliche Sondervorschriften für den Fall der sogenannten „Untätigkeitsklage“ enthalten[672].

---

[669] S. o. S. 98 ff.

[670] LK II § 172 Rdz. 6.

[671] Beling S. 489 Anm. 1; KM 2 a zu § 172; Kohlhaas bei LR (21) 2 b zu § 172; Weber S. 17 ff.

[672] §§ 23 II, 27, 28 II EGGVG. I. e. u. S. 137 ff.

Das AEV kann deswegen nur zulässig sein, wenn die StA das Verfahren eingestellt und den Verletzten hiervon nach § 171 in Kenntnis gesetzt hat. Bei Untätigkeit der StA müssen dagegen die §§ 23 ff. EGGVG Anwendung finden, da nur sie hier dem Verletzten effektiven Rechtsschutz verbürgen. Diese Lösung entspricht nicht nur dem Wortlaut des Gesetzes, sondern hat auch den praktischen Vorzug, daß hierbei das OLG nicht notwendig mit der Durchführung der gesamten Ermittlungen belastet wird, wenn die StA von vornherein untätig geblieben ist[673]. Daß sie zu einer nicht eben wünschenswerten Aufsplitterung der Anfechtungsmöglichkeiten in Fällen führt, die sachlich ganz gleich gelagert sind, ist eine andere Frage. Hier kann nur der Gesetzgeber Abhilfe schaffen.

B.

Die Verweisungsbefugnis der Strafkammer nach § 209 I S. 2[673a] StPO

Für den Fall, daß die StA bei der Auswahl des zuständigen Gerichts nach den §§ 24 I Nr. 2 und 3, 74 I GVG zu Unrecht die „besondere Bedeutung des Falles" *bejaht* und dadurch den Angeschuldigten in seinen Rechten verletzt (Art. 101 I, 19 IV GG)[674] bestimmt die StPO in § 209 I S. 2[674a]:

> In einer Sache, in welcher die Staatsanwaltschaft gemäß § 24 Nr. 2 oder 3 des Gerichtsverfassungsgesetzes bei der Strafkammer angeklagt hat, kann das Landgericht das Hauptverfahren auch vor dem Schöffengericht eröffnen.

Wie schon oben hervorgehoben wurde, gehen die der Strafkammer damit übertragenen Befugnisse und Pflichten insoweit über eine reine Rechtmäßigkeitskontrolle hinaus, als sie hiernach das Hauptverfahren auch dann vor dem Schöffengericht eröffnen kann und muß[675], wenn sie die an sich „vertretbare" und damit rechtlich nicht zu beanstandende Auffassung der StA über die Bedeutung des Falles nicht teilt[676]. Auf der anderen Seite scheint sie[676a] jedoch selbst dann teilweise an die Entscheidung der StA gebunden zu bleiben, wenn diese

---

[673] Vgl. § 28 II S. 2 EGGVG im Gegensatz zu § 173 III in Verb. mit den §§ 174, 175.

[673a] Jetzt § 209 II i. d. F. des StPÄG v. 19. 12. 64 (BGBl I S. 1067).

[674] S. o. S. 102 ff.

[674a] Insofern sachlich übereinstimmend besagt jetzt § 209 II n. F.: „In den Fällen des § 24 I Nr. 2 und 3 . . . , des § 74 I 2 GVG kann das Gericht, bei dem die Anklageschrift eingereicht ist, das Hauptverfahren auch vor einem anderen Gericht . . . eröffnen . . ."

[675] BVerfGE 9, 223 (229).

[676] S. o. S. 107.

[676a] Im Gegensatz zum Amtsrichter im umgekehrten Fall (§ 209 III n. F.).

auf offenbar sachfremden Erwägungen[677] beruht. Nach dem Wortlaut des Gesetzes kann sie auch in diesen Fällen nur das Hauptverfahren vor dem Schöffengericht eröffnen, muß also noch selber darüber befinden, ob der Angeschuldigte der Tat hinreichend verdächtig ist (§ 203), obwohl hierzu an sich der Amtsrichter berufen wäre, da die Eröffnungszuständigkeit grundsätzlich mit der Zuständigkeit für das Hauptverfahren gekoppelt ist (§ 199) und die StA gar nicht beim LG hätte anklagen dürfen. Dieses Ergebnis steht in einem gewissen Widerspruch zu den Ausführungen des BVerfG[678] und des BGH[679], welche die Wahlzuständigkeit (§§ 24, 74 GVG) nicht zuletzt deswegen noch als verfassungsgemäß angesehen haben, weil die Entscheidung der StA, ausnahmsweise beim LG Anklage zu erheben, nach § 209 in vollem Umfang richterlicher Nachprüfung unterliege und die StA somit praktisch gar nicht die Möglichkeit habe, den Angeschuldigten durch eine unrechtmäßige Ausübung ihres Wahlrechts seinem gesetzlichen Richter zu entziehen[680]. Wenn man sich nicht auf den mit der gesetzlichen Regelung des Zwischenverfahrens nicht zu vereinbarenden Standpunkt stellen will, daß der Entscheidung über die Eröffnung des Hauptverfahrens praktisch keinerlei Bedeutung beizumessen sei[681], so kann kein Zweifel daran bestehen, daß das Verbot, den Angeschuldigten seinem gesetzlichen Richter zu entziehen, auch für diese Entscheidung gilt[682]. Nach dem Wortlaut des Gesetzes bleibt der StA aber

---

[677] Z. B. auf der der StA bekannten milden Einstellung des AG zu dieser Sache. Daß solche Fälle vorkommen, zeigt die Rspr. Vgl. BGH NJW 58, 1503; OLG Nürnberg NJW 63, 502 f.; Schwarz-Kleinknecht 4 zu § 16 GVG.

[678] A. a. O. FN 674.

[679] BGHSt 7, 367 (369) u. NJW 58, 918 (919).

[680] Ebenso: Kern GVR S. 151; K. Peters S. 106, 108.

[681] Die Bedeutung der negativen Kontrollfunktion des Eröffnungsbeschlusses mag praktisch gering sein (vgl. Eb. Schmidt NJW 63, 1081), ist aber grundsätzlich nicht zu leugnen. Er ist trotz gegenteiliger Vorschläge auch beibehalten und in seiner rechtsstaatlichen Funktion sogar verstärkt herausgestellt worden. Nach den vom DBTag in 2. Lesung gebilligten Vorschlägen des Rechtsausschusses sollte die Identität von eröffnendem und erkennendem Gericht beseitigt (DrucksS IV/1020, § 23 S. 20 u. IV/1171, S. 3) und eine mündliche Verhandlung vor der Entscheidung über die Eröffnung des Hauptverfahrens vorgeschrieben werden (Drucks. IV/1020, § 202 a, S. 25 u. IV/1171, S. 3). Diese Absicht hat sich jedoch nicht verwirklichen lassen (§§ 198—212 b i. d. F. des StPÄG).

[682] Daran ändert auch § 209 I S. 1 (jetzt § 209 I n. F.) nichts; denn diese Bestimmung dient nur der Vermeidung negativer Kompetenzkonflikte (KM 1 zu § 209; Eb. Schmidt LK II § 209 Rdz. 2—5; Schwarz-Kleinknecht 1 zu § 209), begründet aber keine allgemeine Eröffnungszuständigkeit der Strafkammer in dem Sinne, daß die StA zur Entscheidung über die Eröffnung des Hauptverfahrens stets das LG anrufen könnte.

jedenfalls die Möglichkeit, sich das Gericht, welches über die Eröffnung des Hauptverfahrens beschließen muß, nach ihrem Gutdünken auszusuchen, ohne daß ihre Entscheidung insoweit irgendwie kontrollierbar wäre.

Im Hinblick auf diese Konsequenz wird die gesetzliche Regelung[682a] den an den „Rechtsweg" i. S. von Art. 19 IV GG zu stellenden Anforderungen nicht in vollem Umfang gerecht. Welche Voraussetzungen hierzu erfüllt sein müssen, wird zwar im Einzelnen nicht ganz einheitlich beantwortet[683]. Jedenfalls herrscht aber Einigkeit darüber, daß Art. 19 IV GG den Weg zu einem sachlich und persönlich unabhängigen Gericht eröffnet, das die angefochtene Entscheidung in vollem Umfang auf ihre Rechtmäßigkeit nachprüfen kann und — was im allgemeinen nicht ausdrücklich hinzugesetzt wird, weil es selbstverständlich ist — auch in vollem Umfang aufheben darf, wenn es sie für rechtswidrig hält[684]. Nach § 209 I S. 2[684a] kann die Strafkammer jedoch aus der Rechtswidrigkeit der von der StA getroffenen Entscheidung nur in beschränktem Umfang die gebotenen Schlußfolgerungen ziehen. Angesichts dieser sich gegen die unbedingte Begründung der Eröffnungszuständigkeit der Strafkammer ergebenden verfassungsrechtlichen Bedenken muß man ihr wohl über den Wortlaut der Bestimmung hinaus die Befugnis zuerkennen, die Sache ohne weiteres an das AG abzugeben und diesem jede Entscheidung in der Sache — auch die über die Eröffnung des Hauptverfahrens — zu überlassen, sobald sie zu der Überzeugung gelangt, daß die StA bei der Bejahung der besonderen Bedeutung des Falles die Grenzen ihres Beurteilungsspielraums überschritten habe. Erst mit dieser Auslegung sind die im Hinblick auf die abhängige Stellung der StA gegen die Wahlzuständigkeit bestehenden verfassungsrechtlichen Bedenken ganz entkräftet, und erst hiermit wird dem Angeschuldigten in vollem Umfang der Rechtsschutz zuteil, den ihm Art. 19 IV S. 1 GG gegenüber einer durch die Bedeutung des Falles nicht gerechtfertigten und damit gegen Art. 101 I GG verstoßenden Anklageerhebung beim LG garantiert.

682a Insoweit hat sich durch das StPÄG nichts geändert.

683 Z. T. vertritt man die Ansicht, daß nur ein prozeßförmiges, mindestens Art. 101 I u. 103 I GG Rechnung tragendes Verfahren als Rechtsweg angesehen werden könne (Friesenhahn DV 1948/49, 478 (482); Hesse S. 120 ff.; F. Klein VVDStRL 8, 67 (94); Obermayer S. 51; OVG Lüneburg OVGE 5, 347). Diese Auffassung dürfte aber deswegen zu weit gehen, weil nicht alle, sich aus den verschiedensten Bestimmungen ergebenden rechtsstaatlichen Verfahrensgrundsätze in Art. 19 IV GG hineininterpretiert werden können (Tietgen NJW 56, 1129 [1133]).

684 BVerfG NJW 63, 803 (804); Hesse, F. Klein, Obermayer, Tietgen a. a. O. FN 682; Maunz-Dürig Art. 19 IV Rdz. 47; BFH NJW 55, 967 f.

684a Jetzt § 209 II n. F.

2. Abschnitt

Die gerichtliche Rechtmäßigkeitskontrolle außerhalb der in der StPO vorgesehenen Überprüfungsmöglichkeiten

A.

Der Verfahrensbereich der §§ 23—30 EGGVG und die Notwendigkeit seiner Einengung zu Gunsten des Prozeßgerichts.

1. Dort, wo die ordentlichen Gerichte nicht mehr auf Grund besonderer Vorschriften angerufen werden können, beginnt der Anwendungsbereich der §§ 23—30 EGGVG[685]. Nach § 23 entscheiden die ordentlichen Gerichte auf Antrag über die Rechtmäßigkeit von Anordnungen, Verfügungen oder sonstigen Maßnahmen der Justizbehörden auf den Gebieten des bürgerlichen Rechts und des Handelsrechts, des Zivilprozesses, der freiwilligen Gerichtsbarkeit und der *Strafrechtspflege* (Abs. 1, S. 1) sowie deren Ablehnung oder Unterlassung (Abs. 2). Diese Formulierung lehnt sich bewußt an die Definition des Verwaltungsaktes in § 25 der durch die VwGO abgelösten MRVO 165 an[686]. Nach der Absicht des Gesetzgebers soll sie „die spezifisch justizmäßigen Verwaltungsakte der Justizverwaltung" erfassen[687]. Unter § 23 fallen demnach alle auf den Einzelfall bezogenen Entscheidungen der Justizbehörden, die, ohne zur Rechtsprechung im funktionellen Sinne zu gehören, auf den genannten Rechtsgebieten[688] Lebensverhältnisse mit unmittelbarer rechtlicher Wirkung bestimmend ordnen und so in die Rechts- und Interessensphäre des Be-

---

[685] In diesem Abschnitt ohne Zusatz zitierte Paragraphen sind solche des EGGVG.

[686] § 25 I S. 1 MRVO 165 lautete: „VA i. S. dieser VO ist jede Verfügung, Anordnung, Entscheidung oder sonstige Maßnahme, die von einer Verwaltungsbehörde zur Regelung eines Einzelfalls auf dem Gebiet des öffentlichen Rechts getroffen wird." Diese auch außerhalb des Geltungsbereichs der MR-VO 165 anerkannte Legaldefinition (BVerwGE 2, 273 [274]), hat auch heute noch Bedeutung (Klinger E I 1 zu § 42).

[687] DBTag Drucks. III/55 S. 61.

[688] Nicht erwähnt ist das Gerichtsverfassungsrecht. Demgemäß fallen nicht unter § 23 die Maßnahmen der gerichtlichen Selbstverwaltung sowie Verwaltungsangelegenheiten zur technischen Aufrechterhaltung des Betriebs der Justizbehörden (Altenhain JVBl 60, 193 f.; Lüke JuS 61, 205 (206 f.); H. W. Schmidt SchlHA 62, 73). Die Ausübung des Wahlrechts der StA nach §§ 24, 74 GVG wird von dieser Ausnahme aber nicht berührt; denn wenn auch die sachliche Zuständigkeit wegen des Zusammenhangs mit dem Aufbau der Gerichtsbarkeit im GVG geregelt ist, so handelt es sich hier doch um eine strafprozessuale Frage (§§ 1—6 StPO).

troffenen gestaltend eingreifen[689]. Der Inhalt und die Tragweite der hierin enthaltenen allgemeinen Begriffsbestimmung des Verwaltungsaktes[690] geben im Verwaltungsrecht zu mancherlei Zweifeln Anlaß[691], die sich zum Teil auch schon in der bisherigen Rechtsprechung zu § 23 widerspiegeln[692]. Maßgeblich für die Auslegung und Abgrenzung im Einzelfall ist das Rechtsschutzbedürfnis des Betroffenen; denn der Begriff des Verwaltungsaktes ist keine vorgegebene Größe, sondern eine Zweckschöpfung der Verwaltungsrechtswissenschaft[693], deren Bestimmung heute darin zu sehen ist, die durch Art. 19 IV GG gerichtlicher Kontrolle unterstellten Hoheitsakte zu erfassen[694]. Um die umfassende Rechtsschutzgarantie des Grundgesetzes in sachgemäßer Form zur Geltung zu bringen, muß im Ergebnis jede Einzelmaßnahme eines Trägers der öffentlichen Gewalt als Verwaltungsakt qualifiziert werden[695]. Demgemäß erfaßt § 23 als Ausführungsbestimmung zu Art. 19 IV GG auf dem Gebiet der Justizverwal-

---

[689] OLG Hamm JVBl 62, 41 (42), ähnlich NJW 65, 1241; vgl. ferner: Altenhain JVBl 60, 193 f. u. JZ 65, 756 (757); Lüke, Schmidt a. a. O. FN 688; Kaiser NJW 61, 200 f.; Schäfer bei LR (21. Aufl., 2. Band 1965) 6 zu § 23 EGGVG; Schwarz-Kleinknecht 3 vor § 23 EGGVG; ders. 26. Aufl. 1966, 1 zu § 23 EGGVG; Stich DÖV 60, 368 f.

[690] Vgl. z. B. BVerwGE 3, 258 (259); Forsthoff S. 180 ff.; Klinger E I 1 zu § 42; Obermayer S. 46 ff., insb. S. 82 f.; H. Peters S. 151; Ule VerwProzeßR S. 96.

[691] Vgl. die Darstellungen bei Forsthoff, Klinger, Obermayer u. Ule a. a. O. FN 690.

[692] Vgl. die Zusammenstellung bei Altenhain DRiZ 63, 8 ff.; jetzt fortgesetzt DRiZ 64, 297; JZ 65, 756 u. JZ 66, 16.

[693] BVerwGE 3, 258 (262); Forsthoff a. a. O. FN 690.

[694] Maunz-Dürig Art. 19 IV Rdz. 10, 11; Obermayer S. 42 f.

[695] Maunz-Dürig, Obermayer a. a. O. FN 694; Eyermann-Fröhler § 42 Rdz. 14; Klinger A 1 zu § 42; Herb. Krüger DVBl 51, 85 (86); Pabst DÖV 51, 284 (287 f.). Deswegen ist es nicht richtig, Prozeßhandlungen der StA die Eigenschaft eines JVA grundsätzlich abzusprechen (so OLG Hamm NJW 65, 1241 u. NJW 66, 684; Altenhain JZ 65, 756 (758); Schwarz-Kleinknecht (26. Aufl. 1966) 1 A zu § 23 EGGVG). Das Anliegen dieser Meinung, die selbständige Anfechtung nach den §§ 23 ff. auszuschließen, da sie zu einem Zwischenstreit vor dem OLG führen und das schwebende Strafverfahren erheblich stören würde, ist zwar berechtigt. Aus dieser Erwägung kann man den Rechtsschutz aber nicht einfach versagen (Art. 19 IV GG). Der richtige Weg liegt in einer verfassungskonformen weiten Auslegung und Handhabung der gerichtlichen Kontrollbefugnisse im Eröffnungsverfahren (so wohl OLG Frankfurt NJW 66, 363; Schäfer bei LR (21. Aufl., 2. Band 1965) 6 b u. 9 d u. e zu § 23 EGGVG), die dann die Anrufung des OLG gem. § 23 III ausschließt.

tung[696] grundsätzlich alle Entscheidungen der Justizbehörden, gegen die dem Betroffenen gemäß Art. 19 IV GG der Rechtsweg offensteht, und damit ohne weiteres alle Maßnahmen der StA, deren Nachprüfbarkeit im vorangegangenen Kapitel bejaht wurde[697].

2. Geht man hiervon aus, so hat es den Anschein, als ob alle Entscheidungen der StA im Strafverfahren, die jemand in seinen Rechten verletzen können, aber nach der Verfahrensordnung ausdrücklich gerichtlicher Kontrolle nicht unterstellt sind, nunmehr als Justizverwaltungsakte nach Maßgabe der §§ 23 ff. von den Oberlandesgerichten (§ 26 I) auf ihre Rechtmäßigkeit geprüft werden müßten. Dieser Auffassung scheinen Altenhain[698] und Thierfelder[699] auch zuzuneigen. Ohne Zweifel hat sie den Vorzug der Übersichtlichkeit. Der Eigenart der staatsanwaltschaftlichen Tätigkeit wird sie jedoch nicht in vollem Umfang gerecht:

a) Das Rechtsschutzverfahren der §§ 23 ff. ist dem verwaltungsgerichtlichen Verfahren weitgehend angeglichen[700] und entspricht den dortigen Verhältnissen. Das Verwaltungsstreitverfahren schließt sich an das Verwaltungsverfahren der Behörde an. Erst wenn die letzte Phase des Verwaltungshandelns mit dem Erlaß oder der Ablehnung eines beantragten Verwaltungsaktes ihren Abschluß gefunden hat, kann das verwaltungsgerichtliche Verfahren beginnen[701]. Überschneidungen, die zu einer gegenseitigen Hemmung der Verwaltungstätigkeit und des verwaltungsgerichtlichen Verfahrens führen könnten, sind ausgeschlossen. Von einer entsprechenden Sachlage gehen ersichtlich auch die §§ 23 ff. aus. Ihre Anwendung ist demgemäß unproblematisch, wenn es um die Kontrolle solcher Entscheidungen der StA geht, die das Strafverfahren beenden oder ohne Einfluß auf ein schwebendes Verfahren sind. Hierbei handelt es sich im Rahmen der oben behandelten Fälle um die Einstellung des Ermittlungsverfahrens, soweit sie nicht unter § 172 StPO fällt[702], sowie um die Verweigerung der Akteneinsicht nach Abschluß des Verfahrens.

---

[696] Altenhain DRiZ 63, 8; Naumann DÖV 60, 201 (205); Schwarz-Kleinknecht 3 vor u. 1 zu § 23 EGGVG; Schäfer bei LR (21. Aufl., 2. Band 1965) 1 vor § 23 EGGVG; Stich DÖV 60, 368 f.

[697] Gewisse Bedenken, die im Falle der Nichtbescheidung eines nicht vom Verletzten gestellten Strafverfolgungsantrages entgegen § 171 StPO bestehen, können hier noch zurückgestellt werden. S. u. S. 138 f.

[698] JVBl 60, 193 (194).

[699] DVBl 61, 119 f.; NJW 61, 1101 f. T. räumt allerdings ein, daß eine Nachprüfung verschiedener Maßnahmen durch die Instanzgerichte zweckmäßiger sein könne.

[700] Vgl. Altenhain DRiZ 63, 8 (9); Forsthoff S. 97; Stich DÖV 60, 368.

[701] Forsthoff S. 462; Ule VerwProzeßR S. 15.

[702] KG JVBl 61, 237 u. 62, 93. Die z. T. vertretene Auffassung, daß die

b) Im Gegensatz hierzu stehen aber die Entscheidungen, welche die StA im Rahmen des schwebenden Strafverfahrens trifft. Wenn sie dem Verteidiger die Einsicht in die Ermittlungsakten verweigert, das besondere öffentliche Interesse an der Strafverfolgung (böI.) bejaht (§ 232 I StGB), die besondere Bedeutung des Falles verneint (§ 24 I Nr. 2 u. 3 GVG) oder es ablehnt, der Verfahrenseinstellung nach § 153 III StPO zuzustimmen, und der Betroffene sich hiergegen wenden will, so muß die Rechtsbeständigkeit der betreffenden Entscheidung erst festgestellt werden, bevor das Strafverfahren seinen Fortgang nehmen kann. Hier führt die Regelung der § 23 ff. zu praktischen Schwierigkeiten, da es hiernach in all diesen Fällen zu einem Zwischenstreit vor einem Gericht kommen müßte, das zwar auch der ordentlichen Gerichtsbarkeit angehört, aber am Strafverfahren unbeteiligt ist.

Das BVerwG hat in zwei vor Erlaß der §§ 23 ff. ergangenen Entscheidungen[703] nach Angabe Wittens[704] die Zulässigkeit des Verwaltungsrechtswegs gegenüber Maßnahmen der StA im Strafverfahren verneint, weil die Zwischenschaltung eines Verwaltungsstreitverfahrens mit mehreren Instanzen den Ablauf des Strafverfahrens und damit die Funktionsfähigkeit der Strafrechtspflege in gefährlicher Weise störe. Diese Erwägungen haben auch heute noch Gewicht, wenngleich die aufgezeigten Gefahren durch die §§ 23 ff. gemildert sind. Sie richten sich in erster Linie an den Gesetzgeber, der ohnehin aufgerufen ist, die §§ 23 ff. durch entsprechende Sonderregelungen in den einzelnen Verfahrensgesetzen abzulösen[705]. Im Rahmen des geltenden Rechts folgt hieraus nicht unbedingt, daß eine Anrufung des OLG gegenüber Maßnahmen der StA im schwebenden Strafverfahren nicht in Betracht kommen könnte. Wenn dem Betroffenen hiergegen nicht in anderer Form Rechtsschutz gewährt werden kann, bleiben die §§ 23 ff. anwendbar, denn praktische Schwierigkeiten oder unerwünschte Nebenwirkungen haben gegenüber Art. 19 IV GG kein Gewicht. Die Tatsache, daß die StPO über die gerichtliche Überprüfung der hier interessierenden Entschließungen der StA nichts sagt, bedeutet aber auch nicht, daß nach geltendem Recht eine der Sachlage besser entsprechende Rechtmäßigkeitskontrolle im Rahmen des Strafverfahrens nicht möglich wäre. Soweit das Gesetz hierzu einen Spiel-

---

§§ 23 ff. wegen § 23 III neben § 172 StPO auch bei Unzulässigkeit des AEV nicht zum Zuge kommen könnten, entspricht weder dem Wortlaut noch dem Zweck der §§ 23 ff. S. o. S. 116.

[703] BVerwGE 2, 302 u. NJW 59, 448; ferner BVerwGE 8, 324 (Kein Verwaltungsrechtsweg zur Erzwingung einer Aussagegenehmigung durch die StA).

[704] NJW 61, 753 (757 f.).

[705] DBTag Drucks. III/1094; SCHWARZ-KLEINKNECHT 1 vor § 23 EGGVG.

raum läßt, ist stets die Auslegung zu wählen, die zu einer praktikablen Lösung führt[706]. Deswegen ist hinsichtlich der von der StA in einem schwebenden Strafverfahren getroffenen Entscheidungen zunächst zu prüfen, ob sie nicht durch eine der besonderen Sachlage Rechnung tragende Auslegung des geltenden Strafprozeßrechts der Nachprüfung durch das Prozeßgericht zugänglich gemacht werden können.

Die hierfür bestehenden Möglichkeiten sind allerdings im Hinblick auf den Aufbau des Strafverfahrens nur begrenzt. Da das Verfahren zunächst allein in der Hand der StA liegt, führt die Rechtmäßigkeitskontrolle von Entscheidungen im Ermittlungsverfahren, die nicht bis zu einem späteren Verfahrensabschnitt aufgeschoben werden kann, notwendig zu Zwischenstreitigkeiten. Für die Verweigerung der Akteneinsicht während des Ermittlungsverfahrens müssen deswegen die §§ 23 ff. gelten[707]. Auch hier wäre es wohl zweckmäßiger, den Amtsrichter einzuschalten, dem auch sonst die im Ermittlungsverfahren erforderlichen richterlichen Handlungen obliegen[708]. Hierzu bietet die StPO aber keine Handhabe, und es ist auch fraglich, ob damit das Verfahren tatsächlich weniger verzögert würde, da die Entscheidungen des Amtsrichters mit der Beschwerde angefochten werden können (§ 304 StPO), während das OLG endgültig entscheidet (§ 29 I). Anders verhält es sich mit den Entscheidungen, die die StA erst im Zusammenhang mit der Anklageerhebung oder im weiteren Verlauf des Verfahrens trifft, nämlich mit der Bejahung des böI. (§ 232 I StGB), der Verneinung der besonderen Bedeutung des Falles (§ 24 GVG) und der Zustimmungsverweigerung im Falle des § 153 III StPO. Hier haben sich Lüke[709] und Schmidt[710] bereits dafür ausgesprochen, daß das Strafgericht die Bejahung des böI. auf ihre Rechtmäßigkeit nachzuprüfen habe, und Kleinknecht hält, wie bereits erwähnt, § 209 III StPO für entsprechend anwendbar, wenn der Amtsrichter zu der Überzeugung gelangt, daß die StA die besondere Bedeutung des Falles zu Unrecht verneint habe[711]. Diese Stellungnahmen lassen aber keine allgemeinen Schlußfolgerungen zu. Die aufgeworfene Frage ist vielmehr in jedem der drei Fälle besonders zu untersuchen.

---

[706] Witten a. a. O. FN 704; E. Schneider DRiZ 63, 302 f.

[707] So auch KG JVBl 61, 140.

[708] Vgl. §§ 51, 65, 81 a, 81 c, 87 ff., 94 ff., 111 a, 112 ff., 133 ff. StPO.

[709] JuS 61, 205 (211); ebenso von Weber MDR 63, 169 (170).

[710] SchlHA 62, 73 (74).

[711] Schwarz-Kleinknecht 5, 7 zu § 209 StPO, 4 B zu § 24 GVG, 2 zu § 74 GVG; s. jetzt § 209 III i. d. F. des StPÄG v. 19. 12. 64 (BGBl I S. 1067).

B.

Die gerichtliche Überprüfung von Entscheidungen der StA im Rahmen des schwebenden Strafverfahrens

I.

Die Bejahung des „besonderen öffentlichen Interesses an der Strafverfolgung" (§ 232 I StGB)

1. a) Wie bereits oben hervorgehoben wurde, ist die Bejahung des böI. durch die StA eine Prozeßvoraussetzung[712] und demgemäß durch das Prozeßgericht in jeder Lage des Verfahrens von Amts wegen festzustellen[713]. Da die StA mit der Bejahung des böI. nicht nur ihre Rechtsansicht bekanntgibt, an die das Gericht nicht gebunden wäre (§ 206 StPO), sondern eine rechtlich selbständig erfaßbare Entscheidung trifft[714], beschränkt sich die Nachprüfungspflicht grundsätzlich auf die Frage, ob die StA eine entsprechende Erklärung in ordnungsmäßiger Form[715] abgegeben hat und ob nicht etwa Umstände vorliegen, die sie als nichtig erscheinen lassen. Sind Nichtigkeitsgründe nicht gegeben, und das wird wohl niemals der Fall sein[716], so ist die Bejahung des böI. als Justizverwaltungsakt, wie jeder andere Verwaltungsakt auch, zunächst selbst dann rechtswirksam, wenn die StA den Begriff des böI. verkannt und die Grenzen ihres Beurteilungsspielraums überschritten haben sollte[717]. Die Ansicht Lükes[718], der aus der Bedeutung der Entscheidung für den Prozeß herzuleiten versucht, daß das Prozeßgericht auch deren Rechtmäßigkeit von Amts wegen zu überprüfen habe, vermag deswegen nicht zu überzeugen. Das Gericht hat von Amts wegen nur festzustellen, ob die Prozeßvoraussetzung vorliegt; und das tut sie, selbst wenn die Entscheidung anfechtbar sein sollte. Eine Verpflichtung, die Rechtmäßigkeit von Amts wegen zu überprüfen, ergibt sich auch nicht aus Art. 19 IV GG; denn hierdurch wird dem in seinen Rechten Verletzten lediglich der Rechtsweg *eröffnet*. Es bleibt also der Entscheidung des Angeschuldigten und des Strafantragsberechtigten überlassen, ob sie eine

---

712 S. o. S. 50 ff., insb. FN 297.

713 §§ 203, 206 a, 260 III StPO.

714 S. o. S. 33 ff., insb. S. 50 ff.

715 Zur Form s. u. S. 128 f.

716 Vgl. H. Peters S. 165 f.; Klinger F II k zu § 42; BVerwGE 1, 67 (70); selbst Willkür führt nicht zur Nichtigkeit.

717 Allg. A.: Forsthoff S. 206 ff.; Klinger F zu § 42; H. Peters S. 165 f.; BVerwGE 1, 67 (69).

718 JuS 61, 205 (211); ferner H. W. Schmidt SchlHA 62, 73 (74).

etwaige Rechtsverletzung durch die StA hinnehmen oder sich dagegen zur Wehr setzen wollen. Verzichten sie beide hierauf, so besteht auch für das Prozeßgericht kein Anlaß, die Entscheidung der StA auf Rechtsfehler zu überprüfen, die ihre Rechtswirksamkeit mangels Anfechtung nicht berühren.

b) Die Rechtslage ändert sich jedoch, sobald der Angeschuldigte oder der Strafantragsberechtigte von dem ihnen nach Art. 19 IV GG zustehenden Recht Gebrauch machen und die Entscheidung der StA vor Gericht anfechten. Zwar wird auch hierdurch die Prozeßvoraussetzung noch nicht beseitigt. Die Anfechtung eines Justizverwaltungsaktes hat grundsätzlich keine aufschiebende Wirkung (§ 307 I StPO, § 29 II). Der den Betroffenen durch Art. 19 IV GG garantierte Rechtsschutz wäre aber praktisch weitgehend entwertet, wenn sich das Prozeßgericht im Hinblick hierauf über die Anfechtung hinwegsetzen und das Strafverfahren weiterführen könnte. Da sich zumindest die den Angeklagten erheblich belastende Durchführung der Hauptverhandlung nicht mehr rückgängig machen läßt, geht es nicht an, auch nur das Hauptverfahren zu eröffnen, solange es zweifelhaft ist, ob die formell noch bestehende Prozeßvoraussetzung auch fortbestehen wird[718a]. In dem Augenblick, wo von den Betroffenen Einwendungen gegen die Bejahung des böI. erhoben werden, kann das Prozeßgericht vielmehr über die Eröffnung des Hauptverfahrens bzw. über dessen Fortsetzung oder Einstellung erst dann befinden, wenn zuvor geklärt ist, ob die StA die Grenzen ihres Beurteilungsspielraums eingehalten oder überschritten hat.

Allerdings beeinflußt die Antwort auf diese Vorfrage auch in diesem Falle die Zulässigkeit der Strafverfolgung nur mittelbar. Prozeßvoraussetzung ist und bleibt die Entscheidung der StA als solche, die ihre Rechtswirksamkeit endgültig erst verliert, wenn sie auf einen entsprechenden Antrag hin aufgehoben wird. Bei formeller Betrachtung scheinen somit hier zwei getrennte Gerichtsentscheidungen erforderlich zu sein, von denen die erste wohl auch ein am Verfahren unbeteiligtes Gericht treffen könnte. Der Sache nach geht es aber in beiden Fällen ausschließlich um die Zulässigkeit der Strafverfolgung, deren Prüfung nach der Struktur des Strafverfahrens allein dem Prozeßgericht obliegen kann. Dieser Umstand rechtfertigt und gebietet eine Vereinigung beider Entscheidungen in seiner Hand.

c) Das Prozeßgericht hat somit grundsätzlich nur zu untersuchen, ob die StA überhaupt das böI. bejaht hat. Erheben jedoch der An-

---

[718a] Daß sich auch bei der Frage, ob die Prozeßvoraussetzungen vorliegen, Zweifel zu Gunsten des Beschuldigten auswirken müssen, ist heute wohl allgemein anerkannt (vgl. z. B.: BGHSt 18, 274; OLG Hamburg JZ 65, 543 = MDR 65, 677; BayObLG NJW 66, 947; SCHWARZ-KLEINKNECHT [26. Aufl. 1966] 7 B a zu § 261).

geschuldigte oder der Strafantragsberechtigte Einwendungen gegen die Rechtmäßigkeit dieser Entscheidung, so hat es auch hierüber zu befinden und damit bei der Feststellung, ob die Prozeßvoraussetzungen vorliegen, den durch Art. 19 IV GG garantierten Rechtsschutz zu gewähren[718b]. Einer besonderen Entscheidung über die Vorfrage der Rechtmäßigkeit bedarf es dabei nicht. Denn wenn sich diese Entscheidung auch formell von den weiteren Entscheidungen im Rahmen des Strafverfahrens trennen läßt, so hat sie neben ihnen doch materiell keine selbständige Bedeutung. Hält das Gericht die Bejahung des böI. für rechtmäßig, so muß es — vorbehaltlich aller weiteren Voraussetzungen — das Hauptverfahren eröffnen bzw. den Angeklagten verurteilen. Kommt es zu dem entgegengesetzten Ergebnis, so hat es die Eröffnung des Hauptverfahrens abzulehnen bzw. das Verfahren nach den §§ 206 a, 260 III einzustellen[719].

2. a) Aus der Anfechtbarkeit der Bejahung des böI. ergibt sich für das Verfahren zunächst die Pflicht der StA, hierüber in der Anklageschrift eine ausdrückliche Feststellung zu treffen[720]; denn der Angeschuldigte und der Strafantragsberechtigte sind zur sachgemäßen Wahrnehmung ihrer Rechte im allgemeinen nur in der Lage, wenn sie auf die Bedeutung dieses Punktes für die Verfolgbarkeit der Tat hingewiesen werden[721]. Daß die StA ihre Entscheidung schon bei der Anklageerhebung begründet, womit eine erhebliche und oft überflüssige Arbeitsmehrbelastung verbunden wäre, erscheint dagegen nicht unbedingt erforderlich. Die Ansicht, daß ein Verwaltungsakt nur begründet werden müsse, wenn dies ausdrücklich vorgeschrieben sei[722], vermag zwar aus rechtsstaatlichen Gründen nicht zu überzeugen, da der Betroffene ohne Begründung vielfach nicht in der Lage sein wird, sich ein Bild von der Sach- und Rechtslage zu machen, und damit tatsächlich in der Geltendmachung seiner Rechte aus Art. 19

[718b] Im Ergebnis ebenso von Weber MDR 63, 169 (170) sowie Lüke JuS 61, 205 (211) u. H. W. Schmidt SchlHA 62, 73 (74).

[719] Statt Einstellung kann u. U. Freisprechung geboten sein. Vgl. i. e. Geier bei LR (20) 11 a zu § 260; KM 9 zu § 260; Eb. Schmidt LK II § 260 Rdz. 26—28.

[720] Nr. 241 II RiStV; OLG Hamburg HESt 1, 99; Oehler JZ 56, 630 f.; Schönke-Schröder I zu § 232.

[721] Die Auffassung, daß die Anklageerhebung genüge (z. B. BGH, U. v. 3. 4. 51 — 2 StR 82/51 — u. U. v. 4. 3. 52 — 1 StR 529/51 — bei Kohlhaas NJW 56, 1188; BGH NJW 64, 1630; BayObLGSt 1949/51, 577; KG VRS 3, 128; OLG Düsseldorf NJW 53, 231 (237); LeipzK (Schäfer) I zu § 232; Sarstedt bei LR (20) 4 b zu § 376; Eb. Schmidt LK II § 376 Rdz. 4) läßt sich nur vertreten, wenn man, wie ihre Vertreter es auch tun, die Nachprüfbarkeit verneint.

[722] BVerwGE 1, 12 (13) u. 311 (312 f.).

IV GG eingeschränkt ist[723]. Auf der anderen Seite dürfte es aber auch zu weit gehen, aus der Anfechtbarkeit einen unbedingten Begründungszwang abzuleiten[724], weil ebensogut Fälle denkbar sind, in denen auch ohne Begründung Zweifel nicht entstehen können. Wenn sich der Betroffene aus eigener Kenntnis der Sachlage darüber schlüssig werden kann, ob er die Entscheidung anfechten will, so bedarf es einer Begründung nicht[725]. Das aber ist hier regelmäßig der Fall; denn die Tatumstände sind den Beteiligten ja bekannt. Demgemäß reicht es aus, wenn die StA ihre Gründe bekannt gibt, falls ihre Entscheidung tatsächlich angefochten werden sollte[726].

b) Vor der Entscheidung über die Eröffnung des Hauptverfahrens hat das Gericht dem Angeschuldigten und dem Verletzten die Möglichkeit zu geben, etwaige Einwendungen gegen die Entscheidung der StA geltendzumachen (Art. 103 I GG).

Der Angeschuldigte erhält die Gelegenheit hierzu ohnehin, da ihm die Anklageschrift mit der Aufforderung mitzuteilen ist, sich innerhalb einer zu bestimmenden Frist darüber zu erklären, ob er Einwendungen gegen die Eröffnung des Hauptverfahrens geltend machen wolle (§ 201 I S. 1 StPO). Fraglich ist hier, ob ihn das Gericht ausdrücklich darüber belehren muß, daß sich diese Einwendungen u. U. auch gegen die Bejahung des böI. richten können. Aus den Vorschriften der StPO ergibt sich hierfür unmittelbar nichts. § 35 a StPO bezieht sich nur auf gerichtliche Entscheidungen, und aus den Einzelbestimmungen über Rechtsmittelbelehrungen läßt sich kein allgemeiner Grundsatz ableiten, da hiernach eine Belehrung zwar überwiegend[727], aber nicht immer[728] vorgeschrieben ist. Eine Pflicht zur Rechtsmittelbelehrung folgt nach herrschender Auffassung auch nicht aus Art. 19 IV GG[729], da es zum Schutze des Betroffenen ausreicht, daß ohne sie keine Anfechtungsfrist zu laufen beginnt. Soweit der Angeschuldigte nicht schon einen Verteidiger hat, muß ihn das Gericht jedoch auf

---

[723] BVerfGE 6, 32 (44 f.); OVG Lüneburg OVGE 3, 138 (141 f.); VGH Freiburg NJW 57, 36 f. u. VerwRspr. 11, 548; VGH Karlsruhe VerwRspr. 5, 570 (575); Klinger E III 2 zu § 42.

[724] Forsthoff S. 219.

[725] S. o. FN 723 sowie OVG Berlin DVBl 54, 743 (744) u. 59, 514 (517 f.); Reuss DVBl 54, 593 (596 f.); Zschacke NJW 54, 413 ff.

[726] Maunz-Dürig Art. 19 IV Rdz. 50; Reuss, OVG Berlin a. a. O. FN 725.

[727] §§ 115, 171 S. 2, 172 II S. 2, 201 StPO.

[728] § 98 II StPO. Auch § 35 a StPO enthält nur eine begrenzte Belehrungspflicht.

[729] Forsthoff a. a. O. FN 724; Maunz-Dürig Art. 19 IV Rdz. 51; von Turegg-Kraus S. 156, 280; Wolff S. 256; BVerwGE 1, 88 (89) u. 3, 273; BFH JZ 55, 347 (348) u. NJW 58, 608; a. A. Werner JZ 55, 349.

Grund seiner allgemeinen prozessualen Fürsorgepflicht auf die Möglichkeit hinweisen, auch gegen die Bejahung des böI. Einwendungen zu erheben[730]. An sich ist diese Belehrung zwar schon in der Aufforderung enthalten, eventuelle Gründe gegen die Eröffnung des Hauptverfahrens vorzubringen, und das Gericht hat dem Angeschuldigten in aller Regel keine Ratschläge darüber zu erteilen, worauf er sich zweckmäßigerweise berufen könne[731]. Mögliche Einwendungen gegen die Bejahung des böI. unterscheiden sich jedoch von anderen Momenten, auf die er zu seinen Gunsten hinweisen könnte, dadurch, daß sie nur beachtlich sind, wenn er sich hierauf beruft[732]. Auf das Recht, Anträge zu stellen, die selbständige prozessuale Rechtsfolgen auslösen, ist er aber auch sonst besonders hinzuweisen[733].

Auch soweit die StA Anklage beim Einzelrichter erhebt, ist die Mitteilung der Anklageschrift nunmehr ausdrücklich vorgeschrieben (§ 201 III StPO[734]). Die frühere Einschränkung (§ 201 III StPO a. F.) ist gefallen, da ihre Vereinbarkeit mit Art. 103 I GG äußerst fraglich erscheinen mußte[735, 736].

Eine Mitteilungspflicht besteht schließlich auch gegenüber dem Strafantragsberechtigten, da er durch eine rechtswidrige Bejahung des böI. ebenfalls in seinen Rechten verletzt wird und deswegen auch Anspruch auf rechtliches Gehör hat[737].

Hält das Gericht etwaige Einwendungen für berechtigt, so hat es vor seiner Entscheidung die StA in entsprechender Anwendung des § 308 I StPO zur Gegenerklärung aufzufordern[738]. Hierbei kann die StA ihre Gründe für die Bejahung des böI. darlegen, wenn sie bei Anklageerhebung darauf verzichtet hat. Ergeben sich dadurch neue Gesichtspunkte, so haben die Betroffenen allerdings wiederum Anspruch auf rechtliches Gehör[739], so daß es in Zweifelsfällen zweckmäßig ist, die Entscheidung von vornherein zu begründen.

---

[730] KM Einl. 12 II u. 3 zu § 201; NIETHAMMER JZ 53, 472 f.; SCHWARZ-KLEINKNECHT Einl. 7 B; BayObLG NJW 59, 2273 (2274).

[731] EB. SCHMIDT LK II § 201 Rdz. 7.

[732] S. o. S. 126 ff.

[733] § 201 I S. 2 u. 3 in Verb. mit §§ 178 u. 140 I Nr. 2 u. 5 StPO.

[734] I. d. F. des StPÄG v. 19. 12. 64 (BGBl I S. 1067).

[735] Amtliche Begründung zum StPÄG, Drucks. IV/178 S. 38 f.

[736] Vor Erlaß des StPÄG ergab sich nach richtiger Ansicht die Anhörungspflicht unmittelbar aus Art. 103 I GG; vgl.: BVerfGE 6, 12 (14 f.); 7, 95 (98 f.); 7, 275 (278 ff.); 8, 253 (255 f.); 9, 89 (96); MAUNZ-DÜRIG Art. 103 I Rdz. 23 f.; RÖHL NJW 58, 1268 (1269).

[737] BVerfGE 8, 253 (255 f.) u. 9, 89 (95); MAUNZ-DÜRIG Art. 103 I Rdz. 91.

[738] BVerfGE 9, 89 (102 ff.).

[739] BVerfGE 7, 275 (278 f.); BVerwGE 2, 343; MAUNZ-DÜRIG Art. 103 I Rdz. 39; RÖHL NJW 58, 1268 (1271).

c) Wenn sich erst im Verlauf der Hauptverhandlung herausstellt, daß eine ursprünglich anders bewertete Tat als einfache vorsätzliche oder fahrlässige Körperverletzung anzusehen ist, und der Verletzte keinen Strafantrag gestellt hat, so muß die StA auch hier eine ausdrückliche Erklärung über das böI. abgeben[740]. Der Angeklagte kann alsdann hierzu Stellung nehmen (§ 265 I StPO). Erhebt er Einwendungen, so hat das Gericht nach Anhörung der StA hierüber im Urteil zu entscheiden. Das alles wird sich im allgemeinen mit wenigen Worten klären lassen.

Komplizierter gestaltet sich in diesem Falle jedoch u. U. die Gewährung des rechtlichen Gehörs gegenüber dem Verletzten. Ist er anwesend, so ist er nach § 33 StPO zu hören[741]. Wohnt er der Verhandlung nicht bei und hält das Gericht die Bejahung des böI. bereits auf Grund der vom Angeklagten erhobenen Einwendungen für fehlerhaft, so braucht er nicht gehört zu werden[742]. In diesen Fällen wird der Verfahrensablauf nicht gestört. Eine wenn auch möglicherweise nur kurze Unterbrechung der Hauptverhandlung zur Anhörung des Verletzten läßt sich aber nicht vermeiden, wenn der Angeklagte keine Einwendungen erhebt oder die Entscheidung der StA nach der Überzeugung des Gerichts nicht zu beanstanden ist. Allerdings wird der Verletzte hier nur ausnahmsweise auf neue Gesichtspunkte hinweisen können. Dem Gericht dürften auf Grund des bisherigen Verhandlungsergebnisses in aller Regel die Umstände ohnehin bekannt sein, die für und gegen die Bejahung des böI. sprechen. Damit drängt sich die Frage auf, ob im Interesse einer reibungslosen Verhandlungsabwicklung nicht wenigstens bei klarer Sach- und Rechtslage auf die Stellungnahme des Verletzten verzichtet werden darf; denn Art. 103 I GG gibt dem Betroffenen ja deswegen das Recht zu sachlicher Äußerung,

---

[740] OEHLER, SCHÖNKE-SCHRÖDER a. a. O. FN 720; BGH, U. v. 4. 5. 56 — 5 StR 86/56 — bei KOHLHAAS NJW 56, 1188; BGH NJW 64, 1969; SARSTEDT, EB. SCHMIDT a. a. O. FN 721; BayObLGSt 55, 126 (127); OLG Hamburg HESt 1, 99; OLG Stuttgart JR 53, 349; DREHER-MAASSEN 3 zu § 232. A. A.: RGSt 75, 341 f.; 76, 3 (8 f.); BGH, U. v. 3. 4. 51 — 2 StR 82/51 — u. U. v. 4. 3. 52 — 1 StR 529/51 — bei KOHLHAAS a. a. O.; KG, SCHÄFER a. a. O. FN 721; MÜHLHAUS JZ 52, 170 (171). Diese Auffassung ist schon bedenklich, wenn man die Entscheidung für unüberprüfbar hält, denn gerade hier liegt die Gefahr des Mißbrauchs nahe (vgl. KOHLHAAS NJW 54, 1792 [1793]). Angesichts der Nachprüfbarkeit ist sie mit § 265 I StPO unvereinbar. Die Veränderung des rechtlichen Gesichtspunktes liegt nicht zuletzt darin, daß die Verfolgbarkeit nunmehr von der Bejahung des böI. abhängt, die der Angeklagte nicht hinzunehmen braucht, wenn sie rechtswidrig ist.

[741] Obwohl dies nicht ausdrücklich gesagt ist, gilt § 33 nur für *anwesende* Beteiligte: DÜNNEBIER bei LR (21) 2 b zu § 33; KM 3 zu § 33; OLG Celle JR 57, 72.

[742] BVerfGE 6, 12 (14); 7, 95 (98 f.); RÖHL NJW 58, 1268 (1273); vgl. auch § 308 I StPO.

damit er Einfluß auf den Ablauf des Verfahrens und sein Ergebnis nehmen kann[743]. Das BVerfG hat jedoch ausdrücklich betont, daß es nicht dem Ermessen des Gerichts überlassen bleiben könne, einen Beteiligten nur dann anzuhören, wenn dies nach Lage der Sache geboten erscheine[744], und es entspricht allgemeiner Ansicht, daß der Entscheidung in keinem Fall Tatsachen zu Grunde gelegt werden dürfen, zu denen sich die Betroffenen nicht äußern konnten[745]. Die Anhörung des Verletzten ist deswegen erforderlich. Daß hiermit eine gewisse Verzögerung des Verfahrens verbunden ist, läßt sich nicht vermeiden[746]. Insoweit müssen praktische Gesichtspunkte zurücktreten[747]. Im übrigen dürfen die Konsequenzen nicht überschätzt werden, da es sich um seltene Ausnahmefälle handelt.

II.

Die Verneinung der „besonderen Bedeutung des Falles" (§ 24 I Nr. 2 u. 3 GVG)

1. Daß die Entscheidung der StA über die besondere Bedeutung des Falles nach § 24 I Nr. 2 und 3 GVG im Rahmen des Strafverfahrens auf ihre Rechtmäßigkeit überprüft werden kann und überprüft werden muß, ergibt sich nach der Klärung der grundsätzlichen Fragen im vorangegangenen Kapitel[748] ohne weiteres aus § 6 StPO in Verbindung mit Art. 101 I S. 2 GG und § 16 GVG[748a]. Da das Gericht seine sachliche Zuständigkeit in jeder Lage des Verfahrens von Amts wegen zu prüfen hat (§ 6 StPO) und diese hier von der Verneinung der besonderen Bedeutung des Falles durch die StA abhängt (§ 24 I Nr. 2 und 3 GVG), könnte der Amtsrichter die Frage, ob die StA zu

---

743 BVerfGE 9, 89 (95); MAUNZ-DÜRIG Art. 103 I Rdz. 5.

744 BVerfGE 7, 95 (98).

745 BVerfG in ständ. Rspr.: BVerfGE 5, 22 (24); 6, 12 (14); 7, 53 (57); 7, 239 (240); 7, 275 (278); 8, 184 (185); 8, 208 (209); 9, 120; 9, 261 (267); BVerwGE 2, 343; ARNDT NJW 59, 6; MAUNZ-DÜRIG Art. 103 I Rdz. 29. Die abweichende Ansicht von K. PETERS (JZ 58, 435) dürfte damit überholt sein.

746 Solche Unterbrechungen werden auch sonst, z. B. auf Grund eines Beweisantrages oder nach den §§ 145 III, 217 II StPO, vielfach erforderlich.

747 ARNDT a. a. O. FN 745.

748 S. o. S. 102 ff.

748a § 209 III StPO i. d. F. des StPÄG v. 19. 12. 64 (BGBl I S. 1067) sieht die Überprüfung durch den Amtsrichter nunmehr ausdrücklich vor. Die abweichende Auffassung des LG Rottweil (NJW 66, 215) war — wie im Text dargelegt — schon mit dem früheren Rechtszustand nicht vereinbar und widerspricht jetzt dem Wortlaut des Gesetzes.

Recht in diesem Sinne entschieden hat, nur dann auf sich beruhen lassen, wenn sie für die Begründung der sachlichen Zuständigkeit des Amtsgerichts ohne Bedeutung wäre. Das ist aber nach Art. 101 I S. 2 GG nicht der Fall. Da die StA den Angeschuldigten auch dann seinem gesetzlichen Richter entzieht, wenn sie die besondere Bedeutung des Falles verkennt[749], und das Gericht eine gegen Art. 101 I S. 2 GG verstoßende Entscheidung der StA keinesfalls hinnehmen darf[750], hat es in jedem Falle von Amts wegen zu prüfen, ob die StA bei der Ausübung ihres Wahlrechts die Grenzen ihres Beurteilungsspielraums eingehalten hat. Fraglich kann höchstens sein, welche Entscheidung der Amtsrichter treffen muß, wenn er die Verneinung der besonderen Bedeutung des Falles für rechtswidrig hält. Nach dem Wortlaut des § 209 III StPO[750a] scheint nur eine Ablehnung der Verfahrenseröffnung (§ 204 StPO) in Betracht zu kommen, da hiernach die Akten der Strafkammer nur dann zur Entscheidung vorgelegt werden können, wenn die Strafgewalt des Amtsgerichts zur Aburteilung nicht ausreicht. Dieses Ergebnis widerspräche aber dem Sinn des § 209 StPO, der im Interesse der Prozeßökonomie eine Zurückweisung des Eröffnungsantrages wegen sachlicher Unzuständigkeit gerade vermeiden will[751]. Die Beschränkung des Vorlagerechts beruht offenbar darauf, daß der Gesetzgeber die Entscheidung der StA als verbindlich angesehen hat, und ist deswegen durch Art. 101 I S. 2 GG überholt. Angesichts dessen erweist sich die bereits erwähnte Auffassung Kleinknechts[752] als wohlbegründet. In entsprechender Anwendung[752a] des § 209 III kann der Amtsrichter die Sache auch dann der Strafkammer zur Entscheidung vorlegen, wenn er die Anklage beim Amtsgericht im Hinblick auf die besondere Bedeutung des Falles für mißbräuchlich oder sonst unrichtig hält[753]. Nur so vermag diese Bestimmung auch

---

749 S. o. S. 105 ff.

750 BGH NJW 58, 1503; OLG Nürnberg NJW 63, 502 (503 r.); Schwarz-Kleinknecht 4 zu § 16 GVG u. 3 zu § 63 GVG.

750a a. F. § 209 III n. F. gibt dem Amtsrichter nunmehr ein umfassendes Prüfungs- und Vorlagerecht, das — wie schon früher dasjenige der StrK (s. o. S. 107) — über das hinausgeht, was Art. 19 IV GG fordert.

751 Graf zu Dohna S. 154; KM 4 b vor § 1 u. 1 zu § 209; Kohlhaas bei LR (21) 1 zu § 209; K. Peters S. 112; Eb. Schmidt LK II § 209 Rdz. 3.

752 A. a. O. FN 711.

752a Nunmehr kraft ausdrücklicher gesetzlicher Regelung (§ 209 III StPO n. F.).

753 Vgl. hierzu die Entscheidung des BGH vom 13. 3. 63 (NJW 63, 1510 ff.), in der sich der BGH aus entsprechenden Erwägungen für eine analoge Anwendung des § 209 II, III StPO zwischen Eröffnungsbeschluß und Hauptverhandlung ausgesprochen hat.

heute noch der ihr zugedachten Funktion gerecht zu werden. Dieses Ergebnis entspricht auch der kommenden gesetzlichen Regelung[754].

2. Besondere, den Verfahrensablauf erschwerende Auswirkungen ergeben sich hieraus nicht. Vor seiner Entscheidung muß das Gericht dem Angeschuldigten Gelegenheit geben, auch zur Frage der Zuständigkeit Stellung zu nehmen (§ 201 I und III StPO[755]). Die Mitteilung etwaiger Einwendungen an die StA ist dagegen hier stets entbehrlich. Da der Amtsrichter die Akten durch Vermittlung der StA dem Landgericht vorlegen muß, erhält diese ohnehin Kenntnis vom Vorbringen des Angeschuldigten und Gelegenheit, sich hierzu vor der abschließenden gerichtlichen Entscheidung zu äußern.

III.

Die willkürliche Verweigerung der Zustimmung zur Verfahrenseinstellung nach § 153 III StPO

1. Während es in den bisher behandelten Fällen jeweils um das Vorliegen einer Prozeßvoraussetzung ging, steht die Frage, ob die StA ihre Zustimmung zur Einstellung wegen Geringfügigkeit zu Recht oder willkürlich verweigert hat[756], nicht mehr im inneren Zusammenhang mit der Urteilsfällung. Da die Einstellung des Verfahrens nach § 153 III StPO im Ermessen des Gerichts liegt und die Möglichkeit einer Bestrafung des Angeklagten voraussetzt[757], kann dieser ein gegen ihn ergehendes Urteil nicht mit der Begründung anfechten, daß die StA oder das Gericht zu seinem Nachteil gegen § 153 III StPO verstoßen habe. Wenn das Prozeßgericht dazu befugt sein sollte, dem Angeklagten gegenüber einer willkürlichen Zustimmungsverweigerung Rechtsschutz zu gewähren, müßte es demgemäß über die Zulässigkeit und Begründetheit etwaiger Einwendungen durch einen besonderen Beschluß entscheiden, der von der StA oder vom Angeklagten mit der Beschwerde angefochten werden könnte (§§ 304, 305 StPO)[758]. Bis zur Entscheidung hierüber dürfte das

---

[754] DBTag Drucks. IV/1171, S. 4, § 202 b; jetzt § 209 III StPO i. d. F. des StPÄG.

[755] I. d. F. des StPÄG v. 19. 12. 64 (BGBl I S. 1067). Art. 103 I GG wäre nicht genügt, wenn der Angeschuldigte erst nach der Vorlegung durch die StrK Gelegenheit zur Stellungnahme erhielte.

[756] S. o. S. 63 ff.

[757] BGHSt 1, 388; KM 2 e zu § 153; Kohlhaas bei LR (21) 8 zu § 153; Eb. Schmidt LK II § 153 Rdz. 13; Schwarz-Kleinknecht 1 A zu § 153.

[758] Vgl. RGSt 67, 310 (312); KG JR 59, 350; OLG Frankfurt NJW 54, 1012; Henkel S. 426; Jagusch bei LR (20) 1, 4 zu § 305; KM 3 a zu § 305; K. Peters S. 503 f.; Eb. Schmidt LK II § 305 Rdz. 1; Schwarz-Kleinknecht 1 zu § 305.

Strafverfahren nicht fortgeführt werden. Führt aber auch eine Rechtskontrolle durch das erkennende Gericht zu einer Verfahrensunterbrechung, so besteht kein triftiger Grund mehr, ihm die Überprüfung der von der StA getroffenen Entscheidung anzuvertrauen, obwohl die StPO dies ausdrücklich nicht vorsieht und der Gesetzgeber auf der anderen Seite durch Erlaß der §§ 23 ff. ein besonderes Rechtsschutzverfahren geschaffen hat, dessen positive Voraussetzungen gegeben sind. Schon aus diesem Grunde müssen hier die §§ 23 ff. Anwendung finden.

Darüber hinaus erfordert die sachgemäße Gewährung von Rechtsschutz im vorliegenden Falle weitergehende Befugnisse als dem Prozeßgericht gegenüber der StA zustehen können. Da das Gericht das Verfahren nur einstellen darf, wenn die StA *zustimmt*, also eine positive Erklärung abgibt, erstrebt der Angeklagte mit Einwendungen gegen die Rechtmäßigkeit der Zustimmungsverweigerung nicht nur die Aufhebung dieser Entscheidung, sondern die Verpflichtung der StA, die Zustimmung zu erteilen oder doch wenigstens hierüber frei von sachfremden Erwägungen zu befinden. Das Strafgericht könnte den Angeklagten somit nur dann vor einer Verletzung in seinen Rechten schützen, wenn es die StA gegebenenfalls anweisen dürfte, unter Beachtung seiner Rechtsauffassung erneut zu entscheiden (§ 28 II). Im Gegensatz zu der Befugnis, eine objektiv rechtswidrige Entscheidung der StA als unbeachtlich zu behandeln, durchbräche ein so weitgehendes Recht jedoch den Grundsatz der gegenseitigen Unabhängigkeit und Gleichrangigkeit der beiden Organe der Strafrechtspflege, von dem das Strafprozeßrecht allenthalben ausgeht[759]. Mit gutem Grund hat der Gesetzgeber deswegen im AEV, dem einzigen in der StPO geregelten vergleichbaren Fall, die Entscheidung dem am Verfahren nicht beteiligten OLG übertragen (§ 172 IV StPO). Nichts anderes kann im vorliegenden Falle gelten. Verweigert die StA die Zustimmung zur Einstellung aus unsachlichen Gründen, so kann der Angeklagte demgegenüber seine Rechte nur durch einen Antrag auf gerichtliche Entscheidung nach § 23 II wahren.

2. Für das Strafverfahren selbst folgt hieraus die Notwendigkeit der Aussetzung (§ 228 StPO), um dem Angeklagten Gelegenheit zu geben, das OLG anzurufen. Ein Anspruch hierauf steht ihm aber naturgemäß nicht in jedem Falle zu, in dem die Frage der Einstellung auftaucht und die StA ihre Zustimmung verweigert. Er setzt vielmehr voraus, daß ihm der Rechtsweg gegen die ablehnende Entscheidung der StA tatsächlich offensteht, also der Antrag, den er stellen will, wenigstens zulässig ist (§ 24 I). Das Prozeßgericht hat daher, wenn ihm auch eine Entscheidung in der Sache nicht möglich ist, jedenfalls eine Vorprüfung vorzunehmen. Damit ist die Gewähr dafür gegeben,

---

[759] §§ 150, 151 GVG. I. e. s. o. S. 7 ff.

daß der Verfahrensablauf nur in den Ausnahmefällen unterbrochen wird, in denen hierfür ein echtes Bedürfnis besteht. Beantragt der Angeklagte die Aussetzung des Verfahrens zur Anfechtung der von der StA abgegebenen Erklärung, so wird das Gericht diesem Antrag nur dann stattgeben, wenn es nach den Umständen des Falles und dem tatsächlichen Vorbringen des Angeklagten wenigstens möglich erscheint, daß er durch die Zustimmungsverweigerung in seinem Recht auf Gleichbehandlung (Art. 3 I GG) verletzt worden ist (§ 24 I)[760]. Andernfalls ist der Antrag abzulehnen, und damit hat es sein Bewenden.

Eine Anfechtung der gerichtlichen Entscheidung über die Aussetzung ist in keinem Falle möglich. Daß die Zurückweisung eines Aussetzungsantrags nicht beschwerdefähig ist, entspricht allgemeiner Auffassung[761]. Nach § 305 StPO ist eine Beschwerde dann unzulässig, wenn die Rechtmäßigkeit der gerichtlichen Zwischenentscheidung im Zusammenhang mit dem nachfolgenden Urteil überprüft werden kann[762]. Das Recht des Angeklagten, bei willkürlicher Verweigerung der Zustimmung zur Einstellung einen Antrag auf gerichtliche Entscheidung nach den §§ 23 ff. zu stellen, gehört aber zu seinen legitimen Verteidigungsmitteln. Nimmt ihm das Gericht diese Möglichkeit, obwohl tatsächlich die Verfahrensvoraussetzungen der §§ 23 ff. vorlagen, so wirkt sich das auch auf das Urteil aus. Der Angeklagte wird in diesem Falle zwar nicht in einem für die Entscheidung wesentlichen Punkte in seiner Verteidigung unzulässig beschränkt (§ 338 Nr. 8 StPO). Es ist aber jedenfalls nicht auszuschließen, daß das Verfahren andernfalls einen ganz anderen Verlauf genommen hätte.

Ebensowenig kann die StA die Aussetzung anfechten. Grundsätzlich ist zwar gegen den Aussetzungsbeschluß Beschwerde gegeben[763]. Im vorliegenden Falle könnte sich die StA zur Begründung jedoch nur darauf berufen, daß der vom Angeklagten beabsichtigte Antrag

---

[760] § 24 I ist genügt, wenn nach dem Vortrag des ASt eine Rechtsverletzung möglich erscheint: OLG Bremen JVBl 61, 23; OLG Saarbrücken JVBl 61, 166; SCHMIDT SchlHA 62, 73 (74); EB. SCHMIDT LK III § 24 EGGVG Rdz. 2; SCHWARZ-KLEINKNECHT 1 zu § 24 EGGVG; SCHÄFER bei LR (21. Aufl., 2. Band 1965) 1—3 zu § 24 EGGVG. Vgl. ferner: BVerwGE 1, 99 (100) u. 8, 283 (286); EYERMANN-FRÖHLER § 42 Rdz. 85, 86; ULE VerwGbkeit III 1 a zu § 42.

[761] OLG Köln NJW 56, 803; HENKEL S. 426 Anm. 3; JAGUSCH bei LR (20) 4 zu § 305; KM 5 a zu § 228; EB. SCHMIDT LK II § 305 Rdz. 7; SCHWARZ-KLEINKNECHT 4 zu § 228.

[762] S. o. FN 758.

[763] OLG Kassel HESt 2, 156 (157); OLG Neustadt HESt 3, 61; OLG Frankfurt a. a. O. FN 758; OLG Köln, JAGUSCH, KM, SCHWARZ-KLEINKNECHT a. a. O. FN 761; ERBS I zu § 305; K. PETERS S. 356; EB. SCHMIDT LK II § 305 Rdz. 6.

auf gerichtliche Entscheidung unzulässig sei. Diese Einwendung betrifft aber unmittelbar die anschließend vom OLG zu entscheidende Frage und ist deswegen nicht im Beschwerde-, sondern im Anfechtungsverfahren geltendzumachen[764].

3. Auch wenn hiernach die Gefahr des Mißbrauchs ausgeschlossen und eine nachhaltige Störung des Strafverfahrens nicht zu befürchten ist[765], bleibt das gewonnene Ergebnis freilich unbefriedigend. Es wäre wünschenswert, daß der Gesetzgeber zur Wahrung der Verfahrenseinheit und zur Verfahrensbeschleunigung auch die Zustimmungsverweigerung im Falle des § 153 III StPO der Nachprüfung durch das Prozeßgericht zugänglich machte, indem er diese Bestimmung etwa folgendermaßen faßte:

> Ist die Klage bereits erhoben, so kann das Gericht das Verfahren in jeder Lage einstellen, wenn die StA dem nicht widerspricht. Der Beschluß, durch den die Einstellung ausgesprochen oder abgelehnt wird, ist unanfechtbar.

Schon durch diese geringfügige Änderung, die die Befugnisse der StA unangetastet ließe, wäre der Rechtslage derjenigen in den zuvor behandelten Fällen angeglichen. Solange dies nicht geschieht, ist im Hinblick auf die praktische Verwirklichung des durch Art. 19 IV GG garantierten Rechtsschutzes zwischen der Zustimmungsverweigerung nach § 153 III StPO einerseits und der Bejahung des böI. (§ 232 I StGB) sowie der Verneinung der besonderen Bedeutung des Falles (§ 24 I Nr. 2 u. 3 GVG) auf der anderen Seite zu unterscheiden. Alle drei Entscheidungen der StA zeigen zwar die Merkmale eines Justizverwaltungsaktes. Nur die erste unterliegt aber der gerichtlichen Kontrolle nach den §§ 23—30, während die beiden letzteren bereits im Rahmen des Strafverfahrens auf ihre Rechtmäßigkeit nachgeprüft werden können und müssen.

C.

Die gerichtliche Überprüfung von Entscheidungen der StA nach den §§ 23—30 EGGVG

1. Mit der vorangegangenen Entscheidung ist der sachliche Geltungsbereich der §§ 23—30, soweit er hier von Interesse ist, abschließend umrissen. Von den Maßnahmen der StA im Strafverfahren, die nach den oben gewonnenen Ergebnissen gemäß Art. 19 IV S. 1 GG richterlicher Kontrolle unterliegen müssen, fallen unter § 23:

---

[764] Insoweit kann nichts anderes gelten als z. B. bei der Aussetzung nach § 262 II oder 153 c StPO bzw. Art. 100 GG, wo die Beschwerde ebenfalls versagt: JAGUSCH, KM a. a. O. FN 761.

[765] Schon die Möglichkeit der Anfechtung wird dazu führen, daß Fälle wie der oben geschilderte (S. 68) nicht mehr vorkommen. Sie wird damit ihren Zweck erreichen, ohne praktisch in Erscheinung zu treten.

1. die ausdrückliche oder stillschweigende Verweigerung der Einsicht in die Ermittlungsakten (§ 147 III StPO, Nr. 171 ff. RiStV)[766],
2. die willkürliche Weigerung, der Einstellung wegen Geringfügigkeit zuzustimmen (§ 153 III StPO)[767],
3. die Einstellung des Verfahrens, soweit dem Verletzten das AEV verschlossen ist, also die ausdrückliche Einstellung in den Fällen des § 172 II S. 3 StPO[768], die Fristsetzung nach § 154 d StPO[769] und die tatsächliche Ablehnung der Anklageerhebung durch Untätigkeit[770], sowie schließlich
4. die Nichtbescheidung eines nicht vom Verletzten gestellten Strafverfolgungsantrages entgegen § 171 StPO und Art. 17 GG[771].

Im letztgenannten Fall hat zwar der ASt weder ein materielles subjektiv-öffentliches Recht auf Durchführung der Strafverfolgung noch ein formelles subjektiv-öffentliches Recht darauf, daß die StA über seinen Antrag ohne Ermessensfehler bzw. unter Einhaltung der ihrer Beurteilungsfreiheit gezogenen Grenzen (§ 28 III) entscheide. Seine Rechte erschöpfen sich auf der anderen Seite aber auch nicht in einem Anspruch auf Unterrichtung im Falle der Einstellung, der mit dem Verpflichtungsantrag nach § 23 II nicht verfolgt werden könnte, da ein rein informativer Bescheid keine Rechtswirkungen entfaltet und somit kein Justizverwaltungsakt ist[772]. Das Recht des ASt auf Bescheidung nach § 171 StPO in Verbindung mit Art. 17 GG umfaßt vielmehr, wie oben dargelegt wurde, den Anspruch darauf, daß die StA als zuständige Behörde seinen Antrag sachlich prüft und eine Entscheidung in der Sache trifft[773], also entweder Anklage erhebt oder das Verfahren einstellt. Ein solches formelles subjektives Recht auf ein bestimmtes Verhalten der Behörde[774] kann aber anerkanntermaßen im Wege der Verpflichtungsklage geltendgemacht werden[775]; denn jede der beiden möglichen Sachentscheidungen, von denen die StA auf Verlangen des ASt eine, wenn auch nicht notwendig die seinen Intentionen entsprechende, treffen muß, dient der Regelung eines Einzelfalles auf dem Gebiete der Strafrechtspflege (§ 23 I). Allerdings bestimmt § 23 II wörtlich:

---

766 S. o. S. 68 ff.

767 S. o. S. 63 ff.

768 S. o. S. 88 ff.

769 S. o. S. 96 ff. u. S. 112 ff.

770 S. o. S. 98 f. u. S. 117 f.

771 S. o. S. 78 ff.

772 Obermayer NJW 56, 361 (362).

773 S. o. S. 78 ff.

774 Obermayer a. a. O. FN 772, S. 363.

775 Bachof Klage S. 75 f.; Obermayer a. a. O. FN 772, S. 362 f.

Mit dem Antrag auf gerichtliche Entscheidung kann auch die Verpflichtung der Justiz- oder Vollzugsbehörde zum Erlaß eines abgelehnten oder unterlassenen Verwaltungsaktes begehrt werden.

Das Gesetz geht also von dem Normalfall aus, daß die Verpflichtung zum Erlaß eines bestimmten, zuvor beantragten Justizverwaltungsaktes verlangt wird, während im vorliegenden Falle der ASt zwar eine bestimmte Entscheidung beantragt hat, aber nur den Erlaß eines von zwei möglichen Justizverwaltungsakten beanspruchen kann. Da aber einerseits dem ASt auch hier der Rechtsweg offenstehen muß (Art. 19 IV GG) und andererseits die §§ 23—30 Ausführungsbestimmungen zu Art. 19 IV GG sind, ist insoweit eine ausdehnende Auslegung geboten; denn nur sie vermag dem Zweck der §§ 23 ff. und dem Gesichtspunkt des Sachzusammenhangs[776] gerecht zu werden. Der ASt hat demgemäß bei Untätigkeit der StA die gleichen prozessualen Rechte wie der Verletzte, über dessen Strafverfolgungsantrag nicht entschieden wird. Gegenstand des Verfahrens ist aber selbstverständlich nur die Verpflichtung der StA, seinen Antrag überhaupt zu bescheiden. Nur sie, nicht etwa die Verpflichtung zur Erhebung der öffentlichen Klage, kann er deswegen beantragen (§ 23 II), und nur sie kann das Gericht gegebenenfalls aussprechen (§ 28 II).

2. a) Zuständig zur Entscheidung über den Antrag nach § 23 ist ein Strafsenat des OLG, in dessen Bezirk die Justizbehörde — also die Antragsgegnerin — ihren Sitz hat (§ 25 I S. 1). Ist ein Beschwerdeverfahren vorausgegangen, so richtet sich die örtliche Zuständigkeit nach dem Sitz der Beschwerdebehörde (§ 25 I S. 2). In Ländern mit mehreren Oberlandesgerichtsbezirken kann durch Landesgesetz die örtliche Zuständigkeit eines OLG für das gesamte Landesgebiet begründet werden (§ 25 II). Das ist in Nordrhein-Westfalen geschehen. Dort sind die nach § 25 I den Strafsenaten zugewiesenen Entscheidungen dem OLG Hamm übertragen[777].

b) Nach § 24 I ist der Antrag nur zulässig, wenn der ASt geltendmacht, durch die Maßnahme oder ihre Ablehnung oder Unterlassung in seinen Rechten verletzt worden zu sein. Hierzu ist ausreichend, aber auch erforderlich, daß er einen Sachverhalt vorträgt, der eine Rechtsverletzung rechtlich möglich erscheinen läßt[778]. Daß diese Möglichkeit in den eingangs genannten Fällen besteht, wurde oben im einzelnen dargelegt. Soweit sich der ASt gegen die Verweigerung der Zustimmung zur Einstellung nach § 153 III StPO sowie gegen die Einstellung eines Ermittlungsverfahrens wendet, das nur ein im Wege der Privatklage zu verfolgendes Vergehen oder eine Übertretung zum Gegenstand hat, ist zu beachten, daß nicht jede objektiv

---

[776] Vgl. BFH JZ 51, 596 ff.

[777] Gesetz vom 8. 11. 1960, GVBl S. 352.

[778] S. o. FN 760.

rechtswidrige Entscheidung der StA gleichzeitig in seine Rechte eingreift[779].

c) Der Antrag auf gerichtliche Entscheidung ist schriftlich oder zur Niederschrift der Geschäftsstelle des OLG oder eines Amtsgerichts zu stellen (§ 26 I). Im Gegensatz zum AEV[780] besteht kein Anwaltszwang, doch steht es dem ASt selbstverständlich frei, sich durch einen Rechtsanwalt vertreten zu lassen. Die Vorschriften über die Bewilligung des Armenrechts[781] gelten hierbei entsprechend (§ 29 III).

d) Soweit die Entscheidung der StA „der Beschwerde oder einem anderen förmlichen Rechtsbehelf im Verwaltungsverfahren" unterliegt, kann das OLG nach § 24 II erst nach vorangegangenem Beschwerdeverfahren angerufen werden. Als förmlicher Rechtsbehelf im Sinne dieser Bestimmung ist die Beschwerde an den vorgesetzten Beamten der StA nach § 172 I StPO anzusehen[782]; denn im Gegensatz zum AEV ist ihre Zulässigkeit nicht auf bestimmte Fälle der Verfahrenseinstellung beschränkt. Im übrigen kommt in den hier interessierenden Fällen die Durchführung eines Vorverfahrens nicht in Betracht. Die Auffassung des OLG München, das den Antrag auf gerichtliche Entscheidung erst nach erfolgloser Einlegung der immer möglichen allgemeinen Dienstaufsichtsbeschwerde für zulässig hält[783], wird von der herrschenden Lehre[784] mit Recht abgelehnt. Sie läßt sich mit dem Wortlaut des Gesetzes nicht vereinbaren, da die Dienstaufsichtsbeschwerde eben kein *förmlicher* Rechtsbehelf ist.

e) Als letzte formelle Voraussetzung ist schließlich die Einhaltung der Antragsfrist zu nennen, die in den §§ 26 I und 27 I und III festgelegt ist:

Bei Anfechtung eines belastenden Justizverwaltungsaktes (§ 23 I) sowie in den Fällen, in denen die Justizbehörde einen Vornahmeantrag ausdrücklich abgelehnt hat (§ 23 II 1. Alternative), muß der ASt das Gericht innerhalb eines Monats „nach Zustellung oder schriftlicher Bekanntgabe des Bescheides" anrufen (§ 26 I). Aus dieser Vorschrift entnimmt man zum Teil, daß der Antrag auf gerichtliche Entscheidung stets die Erteilung eines schriftlichen Bescheides voraus-

---

[779] I. e. S. 67 f. u. S. 94 ff.

[780] § 172 III S. 2 StPO.

[781] §§ 114—127 ZPO.

[782] KG JVBl 62, 93.

[783] B. v. 31. 1. 61 — VAs 2/61 —, zit. vom OLG Hamm JVBl 62, 68.

[784] Altenhain DRiZ 63, 8 (11); Schmidt SchlHA 62, 73 (74); Schwarz-Kleinknecht 2 zu § 24 EGGVG; Schäfer bei LR (21. Aufl., Band 2 1965) 6 zu § 24 EGGVG; OLG Hamm JVBl 61, 141; OLG Nürnberg JVBl 61, 190 u. 260.

setze[785]. Diese Ansicht findet jedoch im Gesetz keine Stütze; denn sie verkennt, daß § 26 I ausschließlich die Frist und die Form des Antrags regelt und darüberhinaus keine weiteren Zulässigkeitsvoraussetzungen aufstellt[786]. Wäre sie richtig, so könnte der dem Betroffenen gewährte und verfassungsmäßig garantierte Rechtsschutz nur zu leicht dadurch verkürzt werden, daß die Behörde sich darauf beschränkte, ihre Anordnungen mündlich zu treffen. Deswegen ist davon auszugehen, daß der Antrag nach § 23 auch gegenüber mündlich mitgeteilten Entscheidungen gestellt werden kann[787].

Fraglich kann nur sein, ob in diesem Falle ebenfalls die Einhaltung der Antragsfrist erforderlich ist oder ob mündliche Anordnungen der unbefristeten Anfechtung unterliegen. Das OLG Nürnberg[788] hat sich in dieser Frage für die erste Möglichkeit entschieden, da nicht anzunehmen sei, daß der Gesetzgeber bei mündlicher Bekanntgabe die Möglichkeit der Anfechtung nicht habe befristen wollen, obwohl angesichts der Flüchtigkeit des gesprochenen Wortes gerade hier ein Bedürfnis bestehe, den Rechtsbehelf an kurze Fristen zu binden. Diese Entscheidung führt sicherlich zu einem für die Justizverwaltung wünschenswerten Ergebnis. Sie steht aber im Widerspruch zum Wortlaut des Gesetzes und läßt sich auch aus der Entstehungsgeschichte nicht herleiten. In der ursprünglichen, vom Bundesrat vorgeschlagenen Fassung lautete die dem heutigen § 26 I entsprechende Bestimmung[789]:

> Der Antrag auf gerichtliche Entscheidung muß innerhalb eines Monats nach Zustellung oder Bekanntgabe des Bescheides . . . gestellt werden.

Diese Formulierung, die auch die mündliche Bekanntmachung erfaßt hätte, hat der Gesetzgeber aber nicht übernommen. Er hat vielmehr die Befristung durch Einfügung eines entsprechenden Zusatzes ausdrücklich auf den Fall der schriftlichen Mitteilung beschränkt, während er auf der anderen Seite im Verwaltungsstreitverfahren eine Frist für die Klageerhebung auch bei mündlicher Bekanntgabe vorgesehen hat[790]. Angesichts dessen spricht nichts dafür, daß er den Fall der mündlichen Mitteilung übersehen hätte[791]. Gibt die StA somit dem ASt nur mündlich davon Nachricht, daß sie ihm z. B. keine Akteneinsicht gewähren werde, so bleibt diese Entscheidung

---

[785] OLG Bremen JVBl 61, 21 (22); Eb. Schmidt LK III §§ 26, 27 EGGVG Rdz. 1.

[786] Altenhain JVBl 61, 22 u. DRiZ 63, 8 (12).

[787] OLG Hamm JVBl 61, 261; OLG Nürnberg JVBl 61, 260; Altenhain JVBl 61, 22 f. u. 260 (261); Schmidt SchlHA 62, 73 (74); Schäfer bei LR (21. Aufl., Band 2 1965) 1 zu § 26 EGGVG.

[788] A. a. O. FN 787.

[789] DBTag Drucks. III/55, § 168 f I auf S. 61.

[790] § 74 I S. 2 VwGO.

[791] Ebenso Altenhain JVBl 61, 260 (261) u. DRiZ 63, 8 (11).

unbegrenzt anfechtbar[792]. Nur eine schriftliche Entscheidung setzt die Frist des § 26 I in Lauf[793]. Einer schriftlichen Mitteilung dürfte aber eine vor Gericht in Anwesenheit des Betroffenen abgegebene Erklärung, die ins Protokoll aufgenommen wird, gleichzustellen sein, so daß bei einer etwaigen Aussetzung zur Anfechtung der Zustimmungsverweigerung im Falle des § 153 III StPO der Antrag auf gerichtliche Entscheidung jedenfalls innerhalb der Monatsfrist gestellt werden muß. Im übrigen liegt gerade in den hier interessierenden Fällen eine alsbaldige Anfechtung im Interesse des ASt, da bei fortschreitendem Verfahren jede Verzögerung zu seinen Lasten geht.

Gegen die Versäumung der Antragsfrist nach § 26 I ist die Wiedereinsetzung in den vorigen Stand gegeben. Bis zum Ablauf eines Jahres hat der ASt Anspruch auf Wiedereinsetzung, wenn er ohne Verschulden an der Einhaltung der Frist verhindert war (§ 26 II und III). Diese dem § 60 VwGO entsprechende Regelung erleichtert die Wiedereinsetzung im Vergleich zu § 44 StPO nicht unerheblich. Ist mehr als ein Jahr verflossen, kommt dagegen die Wiedereinsetzung nur bei Fristversäumnis infolge höherer Gewalt in Betracht (§ 26 IV). Bescheidet die StA einen Vornahmeantrag nicht (§ 23 II 2. Alternative), so kann der ASt in der Regel eine gerichtliche Entscheidung frühestens nach Ablauf von drei Monaten (§ 27 I) und spätestens bis zum Ablauf eines Jahres seit Antragstellung (§ 27 III) verlangen. Der Antrag ist schon früher zulässig, wenn dies wegen der besonderen Umstände des Falles geboten ist (§ 27 I). Das wird z. B. bei Nichtbescheidung eines Strafverfolgungsantrags wegen einer Übertretung zutreffen, da diese bereits nach drei Monaten verjährt (§ 67 III StGB). Auch dann, wenn über einen Antrag des Verteidigers nicht entschieden wird, ihm während des Ermittlungsverfahrens Akteneinsicht zu gewähren, dürfte es dem Beschuldigten im allgemeinen nicht zuzumuten sein, einen Zeitraum von drei Monaten verstreichen zu lassen, innerhalb dessen die Ermittlungen längst zum Abschluß gebracht sein können. Die Jahresfrist darf überschritten werden, wenn eine frühere Antragstellung infolge höherer Gewalt unmöglich war oder unter den besonderen Umständen des Einzelfalles unterblieben ist (§ 27 III).

3. a) Auf das Verfahren vor den Strafsenaten finden die Vorschriften der StPO über das Beschwerdeverfahren sinngemäß Anwendung (§ 29 II)[794]. Eine mündliche Verhandlung findet demgemäß

---

[792] Die Anfechtbarkeit entfällt jedoch mit Erhebung der Anklage, da damit die Entscheidungsbefugnis auf das Prozeßgericht bzw. den Untersuchungsrichter übergeht (§ 147 I u. II StPO).

[793] Ebenso: OLG Hamm, ALTENHAIN, SCHMIDT, SCHÄFER a. a. O. FN 787 und BGH NJW 63, 1789.

[794] §§ 304—311 StPO, von denen allerdings nur die §§ 307—309 I StPO in Betracht kommen. Darüber hinaus erstreckt die Rechtsprechung die

nicht statt (§§ 309 I StPO, 29 II). Im übrigen sind hier die für den ASt bedeutungsvollen §§ 307 und 308 I StPO hervorzuheben. Nach § 307 StPO hat die Anrufung des Gerichts im Gegensatz zu der verwaltungsprozessualen Regelung[795] grundsätzlich keine aufschiebende Wirkung. Der Senat kann jedoch die Vollziehung bis zu seiner Entscheidung aussetzen. Gemäß § 308 StPO ist demjenigen, zu dessen Nachteil das Gericht entscheiden will, zuvor Gelegenheit zur Stellungnahme zu geben. Diese Vorschrift kann im Einzelfall zu Schwierigkeiten führen. Grundsätzlich hat sich die Möglichkeit zu sachlicher Äußerung auf alle für die Entscheidung bedeutsamen Tatsachen zu erstrecken[796]. Auf der anderen Seite muß aber der Anspruch auf rechtliches Gehör mit anderen prozessualen Belangen abgestimmt werden[797] und darf nicht zu einer Gefährdung der Ziele des Strafverfahrens führen. Hieraus können sich u. U. gewisse Einschränkungen ergeben. Wenn z. B. der ASt die Verpflichtung der StA erstrebt, seinem Verteidiger Einsicht in die Akten eines gegen ihn schwebenden Ermittlungsverfahrens zu gewähren, und die StA sich darauf beruft, daß die Gestattung der Akteneinsicht den Untersuchungszweck gefährde (Nr. 172 I RiStV), so kann er auch aus § 308 I StPO und Art. 103 I GG nicht das Recht herleiten, über den gegenwärtigen Stand der Ermittlungen informiert zu werden; denn damit wäre die aus zwingenden Gründen erforderliche Beschränkung des Akteneinsichtsrechts gegenstandslos. Hier findet vielmehr die Kontrolle der StA ihre natürliche Grenze. Die StA kann die für ihre Auffassung maßgeblichen Umstände auch in dem Verfahren vor dem OLG nicht offenlegen, wenn sie nicht das erreichen will, was gerade vermieden werden soll. Deswegen ist hier ihre Erklärung als solche hinzunehmen, soweit nicht offenkundige Anhaltspunkte für ihre Unrichtigkeit bestehen.

b) Für den Fall der Untätigkeitsklage trifft § 27 II eine besondere Verfahrensbestimmung, die es erlaubt, den Gang des Verfahrens der jeweiligen Sachlage anzupassen. Bringt die StA zureichende Gründe dafür vor, daß sie nach drei Monaten (§ 27 I) noch keine Entscheidung getroffen hat, so kann das Gericht das Verfahren

---

sinngemäße Anwendung auch auf Verfahrensgrundsätze, die in der StPO an anderer Stelle geregelt, aber für das Beschwerdeverfahren von Bedeutung sind. Vgl. KG NJW 61, 2363 zu § 24 II StPO und OLG Hamburg JVBl 62, 18 zu § 44 S. 2 StPO sowie ALTENHAIN DRiZ 63, 8 (12) u. SCHÄFER bei LR (21. Aufl., 2. Band 1965) 3 zu § 29 EGGVG.

795 § 80 VwGO.

796 BVerfGE 5, 22 (24); 6, 12 (14); 7, 53 (57); 7, 239 (240); 7, 275 (278); 8, 184 (185); 8, 208 (209); 9, 120; 9, 261 (267); 10, 177 (182 ff.); BVerwGE 2, 343; ARNDT NJW 59, 6; MAUNZ-DÜRIG Art. 103 I Rdz. 29.

797 BVerfGE 9, 89 (95 f.); JAGUSCH NJW 59, 265 f.; MAUNZ-DÜRIG Art. 103 I Rdz. 44.

bis zum Ablauf einer von ihm zu bestimmenden Frist aussetzen und die Frist bei gegebenem Anlaß auch später noch verlängern. Diese Regelung ist vor allem dann von Bedeutung, wenn die StA die Entscheidung über einen Strafverfolgungsantrag hinausschiebt und der Antragsteller hiergegen vorgehen will. Wie sich oben gezeigt hat[798], kann der Verletzte nicht einfach rügen, daß die StA das Verfahren zu langsam betreibe, sondern bei einer Verzögerung der Entscheidung das Gericht nur dann anrufen, wenn diese bei objektiver Würdigung aller Umstände des Einzelfalles einer Ablehnung seines Antrags auf Anklageerhebung gleichkommt, ist aber auf der anderen Seite regelmäßig nicht in der Lage, zu beurteilen, ob diese Voraussetzungen tatsächlich vorliegen. Das sich hieraus ergebende Problem, welches zu praktisch unüberwindbaren Schwierigkeiten führen muß, wenn man versucht, auf diese Fälle die Vorschriften über das AEV entsprechend anzuwenden, wird durch § 27 I und II in zwangloser Form gelöst. Die Bestimmung, daß der Antrag auf gerichtliche Entscheidung grundsätzlich gestellt werden kann, wenn nach drei Monaten keine Entscheidung der StA ergangen ist (§ 27 I), der StA aber bei entsprechender — nur ihr bekannter und deswegen auch von ihr geltendzumachender — Sachlage eine längere Frist zuzubilligen ist (§ 27 II), gibt dem Verletzten den für ihn erforderlichen festen Anhaltspunkt und gewährleistet doch die in jedem Fall erforderliche Berücksichtigung der Gesamtsituation, die nicht zuletzt durch das Recht der StA geprägt wird, den Umfang und damit die Dauer der Ermittlungen frei zu bestimmen[799], soweit dabei die Straftat nicht zu verjähren droht. Erst wenn die StA auch innerhalb der hiernach vom Gericht zu bestimmenden Frist keine Entscheidung trifft, ist endgültig die Annahme gerechtfertigt, daß sie nicht beabsichtige, die Sache weiterzuverfolgen. In diesem Falle sowie dann, wenn sie das Ermittlungsverfahren während der Aussetzung nach § 27 II einstellt, nimmt das gerichtliche Überprüfungsverfahren seinen Fortgang. Erhebt sie jedoch innerhalb dieses Zeitraums die öffentliche Klage, so ist die Hauptsache für erledigt zu erklären (§ 27 II S. 2). Soweit der nichtbeschiedene Strafverfolgungsantrag nicht durch den Verletzten gestellt worden ist, gilt das Gesagte mit der Maßgabe entsprechend, daß hier jede Sachentscheidung während der vom Gericht bestimmten Frist zur Erledigung in der Hauptsache führt.

4. a) Der Umfang der gerichtlichen Überprüfung erstreckt sich auf alle tatsächlichen und rechtlichen Aspekte des streitigen Rechtsverhältnisses, wobei das Gericht zur besseren Aufklärung des Sachverhalts auch Ermittlungen anordnen oder selbst vornehmen kann (§§ 308 II StPO, 29 II). Hat die StA eine Ermessensentscheidung

---

[798] S. 98 f. u. S. 117 f.

[799] Vgl. SCHNEIDEWIN JZ 58, 623.

getroffen[800], so prüft das Gericht neben der Frage, ob die Voraussetzungen hierfür vorlagen, auch nach, ob die StA die Grenzen ihres Ermessens eingehalten und hiervon in einer dem Zweck der Ermächtigung entsprechenden Weise Gebrauch gemacht hat (§ 28 III). Dabei sind als immanente Grenzen des Ermessens vor allem der Gleichheitssatz[801] und der Grundsatz der Verhältnismäßigkeit[802] von Bedeutung. Soweit der StA bei ihrer Entscheidung ein Beurteilungsspielraum zusteht[803], beschränkt sich die Nachprüfung darauf, ob dessen Grenzen eingehalten worden sind[804].

b) Die gerichtliche Entscheidung ist in jedem Falle endgültig (§ 29 I). Ihr Inhalt ergibt sich, falls der Antrag begründet ist[805], aus § 28 I oder II. § 28 I kommt nur in Betracht, wenn sich der ASt gegen die Fristbestimmung zur anderweitigen Austragung einer zivil- oder verwaltungsrechtlichen Vorfrage (§ 154 a StPO) wendet. Hier hebt das Gericht die Verfügung der StA in der Form der Beschwerdeentscheidung des Generalstaatsanwalts (§ 172 I StPO) auf[806]. Für alle übrigen Fälle gilt § 28 II. Ist die Sache spruchreif, so spricht das Gericht die Verpflichtung der StA aus, die beantragte Amtshandlung vorzunehmen[807]. Andernfalls verpflichtet es die StA, den ASt unter

---

[800] Z. B. gem. §§ 153 b, 154 I, 154 b I—III, 154 c, 154 d StPO.

[801] Art. 3 I GG. Hiernach ist die Entscheidung fehlerhaft, wenn die StA grundlos von ihrer sonstigen Übung in vergleichbaren Fällen abweicht (Forsthoff S. 85; Klinger G IV zu § 42; BVerwGE 2, 163 (168); OVG Münster OVGE 6, 88 u. 197, 202) oder sich von willkürlichen Erwägungen leiten läßt (BVerfGE 1, 14 (52) u. 208 (247); 3, 162 (182) u. 225 (243); 4, 144 (155) u. 219 (243); 6, 84 (91); BVerwGE 2, 151 (153); 10, 325 (329); Hamann C 3 zu Art. 3; Maunz-Dürig Art. 19 IV Rdz. 36).

[802] Forsthoff S. 224 u. S. 271; Klinger G III zu § 42; H. Peters S. 13; BGH NJW 55, 258 (259); BVerwGE 5, 50 (52); OVG Münster OVGE 9, 130 (131); Württb.-Bad. VGH DRZ 50, 500 (501).

[803] Z. B. gem. § 153 I u. § 376 StPO in Verb. mit Nr. 69 II RiStV sowie weitgehend bei der Entscheidung über die Gewährung von Akteneinsicht (i. e. o. S. 94 ff. u. S. 68 ff.).

[804] Vgl. i. e. o. S. 33 ff., insb. S. 41 ff.

[805] Andernfalls wird der Antrag zurückgewiesen, wobei sich die Kostenfolge unmittelbar aus dem Gesetz ergibt: §§ 130 KostO, 30 I. Das Gericht hat aber den Geschäftswert festzusetzen: §§ 30 KostO, 30 III. Hat der Antrag Erfolg, so entstehen Gerichtskosten nicht: §§ 131 I S. 2 u. V KostO, 30 I S. 1. Wegen der außergerichtlichen Kosten siehe: § 30 II u. § 66 a RAGebO.

[806] Diese Fassung des Tenors entspricht jedenfalls der Übung im Verwaltungsprozeß: § 113 I S. 1 in Verb. mit § 79 I Nr. 1 VwGO.

[807] Die gleichzeitige Aufhebung der ablehnenden Entscheidung der StA ist nicht erforderlich, da sie bereits in der Verpflichtung zur Vornahme bzw. Neubescheidung liegt (BVerwGE 1, 291, 296). Sie empfiehlt sich jedoch zur Klarstellung (Klinger D 4 zu § 113) und ist aus diesem Grunde im Verwaltungsstreitverfahren auch üblich.

Beachtung der Rechtsauffassung des Gerichts (erneut) zu bescheiden[808]. Die Spruchreife wird insbesondere fehlen, wenn die Vornahme der beantragten Maßnahme im Ermessen der StA liegt oder von der Anwendung eines Rechtsbegriffs abhängt, der ihr einen gerichtsfreien Beurteilungsspielraum läßt; denn hier darf das Gericht der Entscheidung der StA nicht vorgreifen und insbesondere die Opportunitätsfrage nicht selber entscheiden[809]. Auch hier sind aber Fälle denkbar, in denen die Sache spruchreif ist. Unter besonderen Umständen im Einzelfall kann der zu respektierende Entscheidungsspielraum der StA derart zusammenschrumpfen, daß nur eine einzige rechtlich richtige Entschließung möglich ist[810].

Nach diesen Grundsätzen ist z. B. die Verpflichtung der StA zum Erlaß der beantragten Maßnahme auszusprechen, wenn sie das Verfahren auf Grund der §§ 153 I, 153 b, 154 I, 154 b I—III und 154 c StPO eingestellt hat und die Voraussetzungen hierfür nicht vorlagen oder wenn sie untätig bleibt, obwohl genügender Anlaß zur Erhebung der öffentlichen Klage besteht und eine Opportunitätsentscheidung nicht möglich ist. Das gleiche gilt, wenn die StA dem Verteidiger des Beschuldigten die Einsicht in die in § 147 III StPO bezeichneten Schriftstücke vorenthalten sollte, oder nach Abschluß des Ermittlungsverfahrens dem Rechtsanwalt des Verletzten, der das AEV vorbereiten will[811], keine Akteneinsicht gewährt. Soweit die StA die Akteneinsicht in anderen Fällen verweigert oder nach ihrem Ermessen von der Anklageerhebung absehen kann, kommt dagegen regelmäßig nur eine Verpflichtung zur (erneuten) Bescheidung in Frage. Ebenso verhält es sich, wenn der ASt — soweit dies ausnahmsweise zulässig ist — die Zustimmungsverweigerung im Falle des § 153 III StPO oder die Verweisung auf den Privatklageweg angreift. Unabhängig von der Spruchreife kann das Gericht die StA stets nur zur Bescheidung verpflichten, wenn sie keine Entscheidung über einen nicht durch den Verletzten gestellten Strafverfolgungsantrag trifft oder ihm diese nicht mitteilt.

---

[808] In diesem Falle ist der ASt nicht etwa teilweise unterlegen: Koehler F V 4 zu § 113.

[809] Kohlhaas GA 1956, 241 (249) u. bei LR (21) 5 u. 14 zu § 153; KM 6 b zu § 153; BVerwGE 1, 74 (76); 4, 283 (285); OVG Lüneburg OVGE 9, 218 (221 f.) u. 13, 259 (261 f.); Ule VerwGbkeit II zu § 113 (S. 385 f.).

[810] BVerwGE 11, 95 (97); ferner: BVerwGE 4, 283 (286); 5, 50 (53); OVG Berlin Entsch. OVG Berlin Bd. 1, S. 98 ff. u. Bd. 5, S. 7 (23); OVG Lüneburg, OVG Münster, Ule a. a. O. FN 809; Eyermann-Fröhler § 113 Rdz. 52.

[811] Bzw. das Verfahren nach den §§ 23 ff., soweit dieses an Stelle des AEV zulässig ist.

SCHLUSS

Durch Art. 19 IV GG ist die Rechtsstellung des einzelnen nicht nur im Bereich der allgemeinen und der Justizverwaltung, sondern auch im Strafverfahren selbst erheblich verstärkt worden. Obwohl die StA Organ der Rechtspflege ist und als Strafverfolgungsbehörde nicht verwaltet, sondern gemeinsam mit dem Gericht die Aufgabe der Justizgewährung erfüllt, unterliegen ihre Maßnahmen richterlicher Kontrolle, soweit sie jemanden in seinen Rechten beeinträchtigen können. Mit dieser Feststellung ist über ihre Funktionen im Rahmen der Strafrechtspflege nichts gesagt. Sie zieht auch die traditionell rechtsstaatliche und objektive Einstellung der StA nicht in Zweifel und bedeutet nicht, daß sich gerade in diesem Bereich ein besonderes praktisches Bedürfnis für den Ausbau des Rechtsschutzes gezeigt hätte. Die Notwendigkeit gerichtlicher Überprüfung folgt vielmehr allein, aber auch zwingend aus der abhängigen Stellung der Staatsanwälte einerseits und der „verfassungsgestaltenden Grundentscheidung für einen verfahrensrechtlich lückenlosen Individualrechtsschutz"[812] auf der anderen Seite.

Wann eine Maßnahme der StA in subjektive Rechte eingreift, ist eine Frage der Auslegung und Wertung im Einzelfall. Sie muß zu dem Ergebnis führen, daß die Bejahung des besonderen öffentlichen Interesses an der Strafverfolgung (§ 232 I StGB), die willkürliche Verweigerung der Zustimmung zur Verfahrenseinstellung nach § 153 III StPO, die Verweigerung der Einsicht in die Ermittlungsakten und die Verneinung der besonderen Bedeutung des Falles (§ 24 GVG) die Rechtssphäre des Betroffenen berühren und damit gerichtlich nachprüfbar sind. Auch gegenüber der Einstellung des Verfahrens steht dem Verletzten gem. Art. 19 IV GG der Rechtsweg in weiterem Umfang offen, als dies in § 172 II StPO vorgesehen ist.

Die Durchführung der gebotenen Rechtmäßigkeitskontrolle wird dadurch erschwert, daß die StPO als das ältere Gesetz Art. 19 IV GG nur unvollkommen Rechnung trägt und andrerseits ein Rückgriff auf die subsidiären §§ 23 ff. EGGVG in manchen Fällen zu der höchst unerwünschten Folge eines Zwischenstreites führen müßte. Trotzdem bietet das geltende Recht stets die Möglichkeit, dem Betroffenen Rechtsschutz zu gewähren, ohne den Ablauf des Strafverfahrens empfindlich zu stören oder gar zu gefährden.

---

[812] Vgl. Maunz-Dürig Art. 19 IV Rdz. 1, 2.

Das durch die fortschreitende Entwicklung bedingte Nebeneinander verschiedenster Rechtsschutzbestimmungen macht die Rechtslage aber unübersichtlich und verlangt eine Bereinigung. Insbesondere hat das Anklageerzwingungsverfahren neben den §§ 23 ff. EGGVG seine Berechtigung verloren. Im Gegensatz zu seinen starren Vorschriften ermöglicht die auf modernen verwaltungsrechtlichen Erkenntnissen beruhende Verfahrensgestaltung der §§ 23 ff. EGGVG eine der jeweiligen Sachlage angepaßte und damit bessere Kontrolle der StA. Die von der Sache her nicht gerechtfertigte Aufspaltung der Anfechtungsmöglichkeiten ist dabei um so weniger erfreulich, als zwar sachlich in allen Fällen ein Strafsenat des OLG, örtlich aber für das Verfahren nach den §§ 23 ff. EGGVG in Nordrhein-Westfalen nur das OLG Hamm zuständig ist[813] und ferner im AEV Anwaltszwang besteht (§ 172 III S. 2 StPO). Hier läßt sich durch Aufhebung der §§ 172 ff. StPO einfach Abhilfe schaffen. Im übrigen kann es nicht Aufgabe dieser abschließenden Betrachtung sein, ins Einzelne gehende Änderungsvorschläge zu entwickeln. Hiermit würden Fragen angeschnitten, die die Verfahrensstruktur als solche betreffen und die nur im Rahmen der großen Strafprozeßreform zu klären sein werden. Die einfachste Lösung wäre es, dem Staatsanwalt volle (richterliche) Unabhängigkeit zu verleihen. Damit würde sich das Problem des Rechtsschutzes von selbst erledigen. Ob damit der Sache der Justiz tatsächlich am besten gedient wäre, wie Eb. Schmidt es meint[814], oder ob demgegenüber entscheidend ins Gewicht fällt, daß der Staat ein besonderes Organ benötigt, um seine Auffassung vor dem unabhängigen Richter geltend zu machen[815], muß hier naturgemäß offenbleiben. Das Anliegen dieser Arbeit war nur, die sich aus Art. 19 IV GG und den §§ 23 ff. EGGVG für die Tätigkeit der StA und den Ablauf des Strafverfahrens ergebenden Folgen aufzuzeigen.

---

[813] § 25 II EGGVG, Ges. v. 8. 11. 60, GVBl NRW S. 352.

[814] DRiZ 57, 273 (274 f.); ebenso Hoberg DRiZ 53, 136 ff. mit weiteren Hinweisen.

[815] Hoenigschmied S. 39 ff.; Schäfer bei LR (20) 3 a zu § 146 GVG; ders. bei LR (21. Aufl., Band 2 1965) 3 c u. d zu § 146 GVG.

LITERATURVERZEICHNIS

Altenhain	Der Rechtsschutz gegen Verwaltungsmaßnahmen der Strafjustiz- und Vollzugsbehörden, in: JVBl 60, 193 ff.
—	Anm. zu OLG Bremen JVBl 61, 21, in: JVBl 61, 22 f.
—	Anm. zu OLG Nürnberg JVBl 61, 260, in: JVBl 61, 260 f.
—	Die Rechtsprechung der Strafsenate zum Rechtsschutz gegen Justizverwaltungsakte auf dem Gebiet des Strafrechts, in: DRiZ 63, 8 ff.
Amelunxen	Die Staatsanwaltschaft als Symbol des Gerechtigkeitswillens des Staates, in: DRiZ 55, 92 f.
Arndt	Das rechtliche Gehör, in: NJW 59, 6 ff.
—	Grundfragen einer Reform der deutschen Justiz, in: DRiZ 59, 199 ff.
—	Umwelt und Recht — Umstrittene Staatsanwaltschaft, in: NJW 61, 1615 (1616 f.).
Asschenfeld	Sind die Justizverwaltungsentscheidungen in der britischen Zone durch Klage vor den Verwaltungsgerichten anfechtbar?, in: MDR 50, 85 f.
Bachof	Die verwaltungsgerichtliche Ermessenskontrolle, in: SJZ 48, Sp. 742 ff.
—	Verwaltungsgerichtsbarkeit und Justiz unter besonderer Berücksichtigung des Bonner Grundgesetzes, in: SJZ 50, Sp. 161 ff.
—	Die Vereinheitlichung der Verwaltungsgerichtsbarkeit durch eine Verwaltungsgerichtsordnung des Bundes, in: DRZ 50, 341 ff.
—	Die verwaltungsgerichtliche Klage auf Vornahme einer Amtshandlung, Tübingen 1951, zit. Bachof Klage.
—	Beurteilungsspielraum, Ermessen und unbestimmter Rechtsbegriff im Verwaltungsrecht, in: JZ 55, 97 ff.
—	Reflexwirkungen und subjektive Rechte im öffentlichen Recht, in: JGdSchrift S. 287 ff.
—	Anm. zu BVerwG DVBl 57, 786, in: DVBl 57, 788 ff.
Bader	Zur Stellung des Staatsanwalts in der heutigen Strafrechtspflege, in: NJW 49, 737 ff.
—	Staatsanwaltschaft „im Einsatz"!, in: JZ 51, 187 f.

— Können die „Schattenseiten" der Weisungsgebundenheit des Staatsanwalts wirksam beseitigt werden?, in: DRiZ 54, 238 f.

— Staatsanwalt und Rechtspflege, in: JZ 56, 4 ff.

Beling Deutsches Reichsstrafprozeßrecht, Berlin und Leipzig 1928, zit. Beling.

Bettermann Anm. zu OLG Köln DVBl 52, 309, in: DVBl 52, 312 ff.

— Gewerberechtliche Nachbarklage?, in: NJW 61, 1097 ff.

Boehm Anm. zu OLG Dresden GA Bd. 73, 382, in: Ga Bd. 73, 383 f.

Brandt Zum Begriffe des Verletzten i. S. des § 172 StPO, in: JW 28, 2192.

Bühler, Ottmar Die subjektiven öffentlichen Rechte und ihr Schutz in der deutschen Verwaltungsrechtsprechung, Berlin, Stuttgart, Leipzig 1914, zit. O. Bühler.

Bühler, Wilhelm Das Verhältnis von Staatsanwalt und Gericht im Strafverfahren, Dissertation, Tübingen 1953, zit. W. Bühler.

Burchardi-Klempahn Der Staatsanwalt und sein Arbeitsgebiet, 2. Auflage, Münster 1956, zit. Buchardi-Klempahn.

Carstens Die Geschichte der Staatsanwaltschaft in Deutschland bis zur Gegenwart, Strafrechtliche Abhandlungen Heft 299, Breslau 1932.

Czermak Zum gerichtsfreien Beurteilungsspielraum im Verwaltungsrecht, in: JZ 63, 276 ff.

Dallinger Aus der Rechtsprechung des Bundesgerichtshofes in Strafsachen, in: MDR 52, 16 ff. und MDR 56, 269 ff.

— Das Dritte Strafrechtsänderungsgesetz, II. Teil: Gerichtsverfassung und Strafverfahren, in: JZ 53, 432 ff.

Deutscher Richterbund Denkschrift zur Frage der Einbeziehung der Staatsanwälte in das Richtergesetz, in: DRiZ 55, 254 ff.

— Stellungnahme zum Regierungsentwurf eines Deutschen Richtergesetzes, in: DRiZ 57, 121 f.

— Änderungs- und Ergänzungsvorschläge zum Regierungsentwurf eines Deutschen Richtergesetzes, in: DRiZ 57, 173 ff.

— Stellungnahme zum neuen Entwurf eines Richtergesetzes, in: DRiZ 58, 101 ff.

— Leitsätze für die Gestaltung der großen Justizreform, C. Staatsanwälte, in: DRiZ 60, 33 (34 f.).

Döhring Die deutsche Staatsanwaltschaft in ihrer geschichtlichen Entwicklung, in: DRiZ 58, 282 ff.

Dörffler	Verwaltungsakte mit Drittwirkung, in: NJW 63, 14 ff.
Dreher-Massen	Strafgesetzbuch mit Erläuterungen und den wichtigsten Nebengesetzen, 3. Auflage, München und Berlin 1959, zit. Dreher-Maassen.
Dünnebier	Die Grenzen der Dienstaufsicht gegenüber der Staatsanwaltschaft, in: JZ 58, 417 ff.
—	Das wiederholte Anklageerzwingungsverfahren, in: JR 59, 47 ff.
Dürig	„Bedürfnis" und „öffentliches Interesse" als Rechtsbegriff, in: JZ 53, 535 ff.
Duhme	Staatsanwalt und Richtergesetz, in: DRiZ 58, 339 ff.
Ebermayer	Richter und Staatsanwalt, in: DRiZ 29, 45 ff.
Ebermayer-Lobe-Rosenberg-Nagler	Strafgesetzbuch (Leipziger Kommentar), 8. Auflage, Band 1, Berlin 1957; Band 2, Berlin 1958; zit. LeipzK.
Ehmke	„Ermessen" und „unbestimmter Rechtsbegriff" im Verwaltungsrecht, Tübingen 1960, zit. Ehmke.
Elling	Die Einführung der Staatsanwaltschaft in Deutschland, ein Beitrag zur Geschichte des Strafprozesses, Strafrechtliche Abhandlungen Heft 131, Breslau 1911.
Engisch	Einführung in das juristische Denken, 2. Auflage, Stuttgart 1959, zit. Engisch.
Erbs	Handkommentar zur Strafprozeßordnung, Frankfurt/M. und Bonn 1950, zit. Erbs.
Eschenburg	Staat und Gesellschaft in Deutschland, Stuttgart 1956, zit. Eschenburg.
Eyermann-Fröhler	Verwaltungsgerichtsordnung, Kommentar, 3. Auflage, München und Berlin 1962, zit. Eyermann-Fröhler.
Forsthoff	Lehrbuch des Verwaltungsrechts, Erster Band: Allgemeiner Teil, 8. Auflage, München und Berlin 1961, zit. Forsthoff.
Freisler	Gedanken zum Verkehrsrecht unter besonderer Berücksichtigung der Verordnung vom 2. 4. 1940, in: DJ 1940, 525.
Friesenhahn	Der Rechtsschutz im öffentlichen Recht nach dem Bonner Grundgesetz, in: DV 1948/49, 478 ff.
—	Über Begriff und Arten der Rechtsprechung unter besonderer Berücksichtigung der Staatsgerichtsbarkeit nach dem Grundgesetz und den westdeutschen Landesverfassungen, in: Festschrift für Richard Thoma (Tübingen 1950), S. 21 ff.

Gerland — Der deutsche Strafprozeß, Eine systematische Darstellung, Mannheim, Berlin, Leipzig 1927, zit. Gerland.

Giese — Grenzen der verwaltungsgerichtlichen Ermessensnachprüfung, in: JZ 52, 585 ff.

— Grundgesetz für die Bundesrepublik Deutschland, Kommentar, 3. Auflage, Frankfurt/M. 1953, zit. Giese.

Göbel — Anklagezwang und Gewaltentrennung, in: NJW 61, 856 ff.

Görcke — Weisungsgebundenheit und Grundgesetz, in ZStW Bd. 73 (1961), 561 ff.

Graf zu Dohna — Das Strafprozeßrecht, 3. Auflage, Berlin 1929, zit. Graf zu Dohna.

Grewe — Die Bundesrepublik als Rechtsstaat, in: DRZ 49, 392 ff.

Gross — Im Spannungsfeld von Verwaltung und Verwaltungsgerichtsbarkeit, Bericht über die 6. Jahresversammlung der Vereinigung der Verwaltungsgerichtspräsidenten, in: DVBl 54, 739 ff.

Großer-Nerz-Wolters — Gehört der Staatsanwalt in das Richtergesetz? Stellungnahme zur Frage der Einbeziehung der Staatsanwälte in das Richterrahmengesetz, ausgearbeitet im Auftrage des Deutschen Richterbundes, in: DRiZ 54, 206 ff.

Güde — Das Weisungsrecht des früheren Reichsjustizministers gegenüber dem früheren Oberreichsanwalt, in: DRiZ 58, 4 ff.

— Das Amt des Staatsanwalts, in: Mitteilungsblatt des Bayerischen Richtervereins e. V., 10. Jahrgang, Nr. 2/1959, S. 6 ff.

Haas — Unbestimmter Rechtsbegriff oder Ermessen?, in: MDR 53, 651 ff.

Hamann — Das Grundgesetz, Ein Kommentar für Wissenschaft und Praxis, Berlin, Neuwied, Darmstadt 1956, zit. Hamann.

— Rechtliches Gehör, in: AnwBl 58, 141 ff.

Haueisen — Das formelle subjektive Recht im Verwaltungsprozeß, insbesondere das Recht auf fehlerfreie Ausübung des Ermessens, in: DVBl 52, 521 ff.

— Das subjektive Recht auf fehlerfreie Ausübung des Ermessens, in: NJW 54, 418 f.

Hardwig — Die Wiederholung des Klageerzwingungsverfahrens, in: GA 1959, 229 ff.

Henkel — Der Staatsanwalt, in: DR 1935, 277 ff.

— Strafverfahrensrecht, Ein Lehrbuch, Stuttgart und Köln 1953, zit. Henkel.

Hesse	Der Rechtsschutz durch staatliche Gerichte im kirchlichen Bereich, zugleich ein Beitrag zur Frage des rechtlichen Verhältnisses von Staat und Kirche in der Gegenwart, Göttingen 1956, zit. Hesse.
von der Heydte	Aussprache zum Thema: „Tragweite der Generalklausel in Art. 19 IV des Bonner Grundgesetzes", in: VVDStRL Bd. 8 (1950), 162 f.
von Hippel, Ernst	Die rechtsprechende Gewalt und das Richtergesetz, in: JZ 56, 1 ff.
von Hippel, Robert	Der deutsche Strafprozeß, Lehrbuch, Marburg 1941, zit. R. v. Hippel.
Hoberg	Die Unabhängigkeit des Staatsanwalts, in: DRiZ 53, 136 ff.
Hönigschmied	Die Staatsanwaltschaft unter besonderer Berücksichtigung ihrer Weisungsgebundenheit im Verhältnis zum Legalitätsprinzip, Dissertation, Erlangen 1957, zit. Hönigschmied.
Hofmeister	Die Stellung des Staatsanwalts, in: DRiZ 58, 189 ff.
Huber	Wirtschaftsverwaltungsrecht, 2. Auflage: Band 1, Tübingen 1953, zit. Huber I; Band 2, Tübingen 1954, zit. Huber II.
van Husen	Gibt es in der Verwaltungsgerichtsbarkeit justizfreie Regierungsakte?, in: DVBl 53, 70 ff.
Jagusch	Über das rechtliche Gehör im Strafverfahren, in: NJW 59, 265 ff.
Jarosch	Die Prüfung unbestimmter Rechtsbegriffe durch die Verwaltungsgerichte, in: DVBl 54, 521 ff.
Jellinek	Verwaltungsrecht, unveränderter Neudruck der 3. Auflage von 1931, Offenburg 1948, zit. Jellinek.
Jesch	Unbestimmter Rechtsbegriff und Ermessen in rechtstheoretischer und verfassungsrechtlicher Sicht, in: AöR Bd. 82 (1957), 163 ff.
Kaiser	Die Bedeutung der §§ 23—30 EGGVG insbesondere für Entscheidungen der Staatsanwaltschaft, in NJW 61, 200 ff.
—	Gerichtliche Überprüfung von Entscheidungen der Staatsanwaltschaft im Strafverfahren, in: NJW 61, 1102.
Kappe	Ist die Entscheidung über die Bestellung eines Pflichtverteidigers gemäß § 140 II StPO eine Ermessensentscheidung?, in: GA 1960, 357 ff.
Kern	Die beamtenrechtliche Stellung der Staatsanwälte, in: DRiZ 51, 119 ff.

—	Gerichtsverfassungsrecht, 3. Auflage, München und Berlin 1959, zit. Kern GVR.
—	Strafverfahrensrecht, 6. Auflage, München und Berlin 1960, zit. Kern StVR.
Kirchner	Das Weisungsrecht des Reichsjustizministers gegenüber dem Oberreichsanwalt, in: DRiZ 58, 108 f.
Klein, Friedrich	Tragweite der Generalklausel im Art. 19 IV des Bonner Grundgesetzes, in: VVDStRL Bd. 8 (1950), 67 ff.
Klein, Rüdiger	Die Kongruenz des verwaltungsrechtlichen Ermessensbereichs und des Bereichs rechtlicher Mehrdeutigkeit, Versuch einer rechtstheoretischen Präzisierung ermessender Geistestätigkeit, in: AöR Bd. 82 (1957), 75 ff.
Kleinknecht-Müller	Kommentar zur Strafprozeßordnung und zum Gerichtsverfassungsgesetz, 4. Auflage, Nürnberg, Düsseldorf, Berlin 1958, zit. KM.
Klinger	Verwaltungsgerichtsordnung, Kommentar, Göttingen 1960, zit. Klinger.
Koehler	Verwaltungsgerichtsordnung, Kommentar, Berlin und Frankfurt/M. 1960, zit. Koehler.
Koellreutter	Deutsches Staatsrecht, Stuttgart und Köln 1953, zit. Koellreutter.
Kohlhaas	Anm. zu OLG Stuttgart JR 53, 348 und 349, in: JR 53, 349.
—	Antragsdelikte bei Wegfall eines Offizialdelikts, in: NJW 54, 1792 ff.
—	Die Erklärung des öffentlichen Interesses nach § 232 StGB, in: NJW 56, 1188 ff.
—	Unzulässige Durchbrechung des Legalitätsprinzips, in: GA 1956, 241 ff.
—	Die Stellung der Staatsanwaltschaft als Teil der rechtsprechenden Gewalt, Neuwied 1963, zit. Kohlhaas, Stellung der StA.
Kohlrausch-Lange	Strafgesetzbuch mit Erläuterungen und Nebengesetzen, 43. Auflage, Berlin 1961, zit. Kohlrausch-Lange.
Krüger, Herbert	Anm. zu HessVGH NJW 51, 48 und OVG Münster OVGE 1, 124, in: DVBl 51, 85 ff.
—	Der Verwaltungsrechtsschutz im besonderen Gewaltverhältnis, in: NJW 53, 1369 ff.
Krüger, Hildegard	Der Gleichbehandlungsgrundsatz als Grundlage öffentlich-rechtlicher Gruppenrechte, in: DVBl 55, 208 ff.
Labs	Anm. zu BVerwGE 1, 92, in: DÖV 54, 533 ff.
—	Anm. zu BVerwGE 4, 89, in: DÖV 57, 584 f.
Lerche	Wehrrecht und Verwaltungsgerichtsbarkeit, in: DVBl 54, 626 ff.

Leß	Zur Stellung des Staatsanwalts, in: JR 51, 193 ff.
Leverenz	Die Weisungsgebundenheit der Staatsanwaltschaft, in: DRiZ 61, 101 ff.
Loening	Die Verwaltungsgerichtsbarkeit im Bonner Grundgesetz, in: DÖV 49, 324 ff.
—	Zur Vereinheitlichung der Verwaltungsgerichtsbarkeit, in: SJZ 50, Sp. 255 ff.
—	Die gesetzliche Koppelung von unbestimmtem Rechtsbegriff und Ermessenstatbestand bei der Versagung und Entziehung von Begünstigungen, in: DVBl 52, 197 ff. und 235 ff.
Löwe-Rosenberg	Die Strafprozeßordnung und das Gerichtsverfassungsgesetz mit Nebengesetzen, 20. Auflage, herausgegeben von Niethammer, Geier, Jagusch, Kohlhaas, Schäfer, Sarstedt und Tillmann, 1. Band, Strafprozeßordnung, Berlin 1958; 2. Band, Gerichtsverfassungsgesetz, Berlin 1956, zit. LR (20).
—	Die Strafprozeßordnung und das Gerichtsverfassungsgesetz mit Nebengesetzen, 21. Auflage, herausgegeben von Dünnebier, Geier, Jagusch, Kohlhaas, Sarstedt und Schäfer, Lieferung 1 bis 3, Berlin 1962/63 zit. LR (21).
Loppuch	Die verwaltungsbehördliche Ermessensentscheidung und Ermessenshandlung, in: DVBl 55, 377 ff. und 416 ff.
Lüke	Die gerichtliche Nachprüfung von Justizverwaltungsakten, in: JuS 61, 205 ff.
von Mangoldt-Klein	Das Bonner Grundgesetz, Kommentar, Band I, 2. Auflage, Berlin und Frankfurt/M. 1957, zit. von Mangoldt-Klein.
Maunz	Deutsches Staatsrecht, 11. Auflage, München und Berlin 1962, zit. Maunz.
Maunz-Dürig	Grundgesetz, Kommentar, 1. bis 5. Lieferung, München und Berlin 1961, zit. Maunz-Dürig.
Mayer, Hellmuth	Klageerzwingungsverfahren und Opportunitätsprinzip, in: JZ 55, 601 ff.
Menger	Zum staatlichen Rechtsschutz gegenüber kirchlichen Rechtshandlungen, Ein Beitrag zur Auslegung der Generalklausel in Art. 19 IV des Grundgesetzes und in den Verwaltungsprozeßordnungen, in: MDR 55, 512 ff.
—	Anm. zu OVG Berlin JZ 55, 555, in: JZ 55, 556.
—	Höchstrichterliche Rechtsprechung zum Verwaltungsrecht, in: VerwArchiv Bd. 50 (1959), 271 ff.
Meyer, Klaus	Zur Problematik der unbestimmten Begriffe in der Rechtsprechung der Verwaltungsgerichte, in: DÖV 54, 368 ff.

Mühlhaus — Das „besondere öffentliche Interesse" an der Strafverfolgung bei Verkehrsunfällen, in: JZ 52, 170 ff.

Naumann — Anm. zu Württ.-Bad. VGH DVBl 52, 404, in: DVBl 52, 406 f.

— Die Verwaltungsgerichtsordnung, in: DÖV 60, 201 ff.

Nebinger — Verwaltungsrecht, Allgemeiner Teil, 2. Auflage, Stuttgart 1949, zit. Nebinger.

— Asthma, in: DÖV 53, 626 ff.

Neumayer — Stellung und Bedeutung der Staatsanwaltschaft, in: DRiZ 56, 132 f.

Niese — Die Anklageerzwingung im Verhältnis zum Legalitäts- und Opportunitätsprinzip, in: SJZ 50, Sp. 890 ff.

Niethammer — Anm. zu OLG Bremen JZ 53, 471, in: JZ 53, 472 f.

Obermayer — Verwaltungsakt und innerdienstlicher Rechtsakt, Stuttgart, München, Hannover 1956, zit. Obermayer.

— Die Untätigkeitsklage und das Recht auf Bescheid, in: NJW 56, 361 ff.

— Das Verhaltensermessen der Verwaltungsbehörden, in: NJW 63, 1177 ff.

Oehler — Die amtliche Verfolgung der leichten vorsätzlichen und fahrlässigen Körperverletzung, in: JZ 56, 630 ff.

Otto — Die Preußische Staatsanwaltschaft, Berlin 1899, zit. Otto.

Pabst — Die Bedeutung des Art. 19 IV Bonner Grundgesetz für die verwaltungsgerichtliche Anfechtungsklage, in: DÖV 51, 284 ff.

Peters, Hans — Lehrbuch der Verwaltung, Berlin, Göttingen, Heidelberg 1949, zit. H. Peters.

Peters, Karl — Strafprozeß, Ein Lehrbuch, Karlsruhe 1952, zit. K. Peters.

— Anm. zu BVerfGE 7, 275, in: JZ 58, 435.

Poppe — Keine Wiederholung des Klageerzwingungsverfahrens?, in: NJW 56, 1058 f.

— Zweifelsfragen bei der Anwendung des § 153 c StPO, in: NJW 57, 1577 ff.

Redding — Unbestimmter Rechtsbegriff oder Ermessen, in: DÖV 54, 365 ff.

Reuß — Das Ermessen, Versuch einer Begriffserklärung, in: DVBl 53, 585 ff.

— Der unbestimmte Rechtsbegriff, Seine Bedeutung und seine Problematik, in: DVBl 53, 649 ff.

— Anm. zu VGH Freiburg DÖV 53, 636 und VGH Stuttgart DÖV 53, 641, in: DÖV 54, 55 ff.

— Anm. zu BVerwGE 1, 92, in: DÖV 54, 535 ff.

— Der unbestimmte Rechtsbegriff, in: DÖV 54, 557 ff.

— Anm. zu BVerwGE 4, 89, in: DÖV 57, 585 ff.

— Das Prestige der Verwaltungsgerichtsbarkeit, in: DVBl 59, 265 ff.

Rietzsch — Die Verordnung zur Änderung der Strafvorschriften über fahrlässige Tötung, Körperverletzung und Flucht bei Verkehrsunfällen vom 2. 4. 1940, in: DJ 1940, 532.

Röhl — Das rechtliche Gehör, in: NJW 58, 1268 ff.

Ruscheweyh — Gedanken zum Rechtsweg in Justizverwaltungsangelegenheiten, in: DVBl 58, 686 ff.

Schäfer, Hans — Der dritte Start der Verwaltungsgerichtsordnung, in: DVBl 58, 45 ff.

— Endlich eine bundeseinheitliche Verwaltungsgerichtsordnung!, in: JZ 60, 73 ff.

Schindler — Unbestimmter Rechtsbegriff oder Ermessen? — Eine Entgegnung, in: MDR 54, 331 ff.

Schmidt, Eb. — Staatsanwalt und Gericht, Betrachtungen zur Verfahrensstruktur auf Grund der Novellengesetzgebung zur Reichsstrafprozeßordnung und der Reformvorschläge, in: Probleme der Strafrechtserneuerung, Festschrift für Eduard Kohlrausch, Berlin 1944, S. 263 ff., zit. Eb. Schmidt, Kohlrausch — Festschrift.

— Lehrkommentar zur Strafprozeßordnung und zum Gerichtsverfassungsgesetz:
Teil I Die rechtstheoretischen und rechtspolitischen Grundlagen des Strafverfahrensrechts, Göttingen 1952, zit. LK I;
Teil II Erläuterungen zur Strafprozeßordnung und zum Einführungsgesetz zur Strafprozeßordnung, Göttingen 1957, zit. LK II;
Teil III Erläuterungen zum Gerichtsverfassungsgesetz und zum Einführungsgesetz zum Gerichtsverfassungsgesetz, Göttingen 1960, zit. LK III.

— Die Rechtsstellung der Staatsanwaltschaft, in: MDR 51, 1 ff.

— Richter und Staatsanwalt im demokratischen, sozialen Rechtsstaat, in: DRiZ 52, 181 ff.

— Die Rechtsstellung der Staatsanwälte im Rahmen der rechtsprechenden Gewalt und ihre Einbeziehung in das Richtergesetz, in: DRiZ 57, 273 ff.

— Probleme der Struktur des Strafverfahrens unter rechtsstaatlichen Gesichtspunkten, in: DRiZ 59, 16 ff.

— Rechtsauffassung der Staatsanwaltschaft und Legalitätsprinzip, in: MDR 61, 269 ff.

— Anklageerhebung, Eröffnungsbeschluß, Hauptverfahren, Urteil (Betrachtungen zur Strafprozeßreform), in: NJW 63, 1081 ff.

Schmidt, H. W. Anfechtung von Justizverwaltungsakten nach den §§ 23 ff. EGGVG, in: SchlHA 1962, 73 ff.

Schmidt-Räntsch Die neue Regierungsvorlage zum Richtergesetz, in: DRiZ 58, 61 ff.

Schneider, E. Die Ablehnung eines Einbürgerungsantrages vor den Verwaltungsgerichten, in: ZaöRV Bd. 19 (1958), 449 ff.

Schneider, H. Zum Inhalt des „Grundsatzes der Praktikabilität", in: DRiZ 63, 302 f.

Schneidewin Anm. zu OLG Hamm JZ 58, 622, in: JZ 58, 623 ff.

— Das Klageerzwingungsverfahren nach Fristbestimmung gemäß § 154 a StPO, in: JZ 59, 307 ff.

Schönke-Schröder Strafgesetzbuch, Kommentar, 10. Auflage, München und Berlin 1961, zit. Schönke-Schröder.

Schütz Der unbestimmte Rechtsbegriff, in: DÖV 54, 556 f.

Schunck-De Clerck Verwaltungsgerichtsordnung mit ergänzenden Bundesgesetzen und den Ausführungsgesetzen der Länder, Kommentar, Siegburg 1961, zit. Schunck-De Clerck.

Schwarz Strafprozeßordnung mit Gerichtsverfassungsgesetz und Nebengesetzen, 22. Auflage, Berlin und München 1960, zit. Schwarz.

Schwarz-Dreher Strafgesetzbuch mit Nebengesetzen und Verordnungen, 25. Auflage, München und Berlin 1963, zit. Schwarz-Dreher.

Schwarz-Kleinknecht Strafprozeßordnung mit Gerichtsverfassungsgesetz und Nebengesetzen, 23. Auflage, München und Berlin 1962, zit. Schwarz-Kleinknecht.

Seidel Grundsätzliche Gedanken über eine große Justizreform — K. Die Staatsanwaltschaft, in: DRiZ 56, 141 (145).

Sieveking Die neue Verwaltungsgerichtsordnung, in: MDR 60, 177 ff.

Stich Einheitlicher Rechtsschutz gegen Verwaltungsakte der Justiz- und Vollzugsbehörden, Wichtige Ergänzung des Einführungsgesetzes zum Gerichtsverfassungsgesetz durch die neue Verwaltungsgerichtsordnung, in: DÖV 60, 368 ff.

Thiemann Zur Parteistellung und Weisungsgebundenheit des Staatsanwalts, in: DRiZ 50, 255 f.

Thierfelder Gerichtliche Überprüfung von Akten der Staatsanwaltschaft, in: DVBl 61, 119 f.

— Gerichtliche Überprüfung von Entscheidungen der Staatsanwaltschaft im Strafverfahren, in: NJW 61, 1101 f.

Tietgen — Rechtsschutz gegen Justizverwaltungsakte, in: NJW 56, 1129 ff.

von Turegg-Kraus — Lehrbuch des Verwaltungsrechts, 4. Auflage, Berlin 1962, zit. von Turegg-Kraus.

Ule — Zur Anwendung unbestimmter Rechtsbegriffe im Verwaltungsrecht, in: JGdSchrift S. 309 ff.

— Anm. zu BVerwG JZ 58, 625, in: JZ 58, 628 ff.

— Die Verwaltungsgerichtsordnung, in: DVBl 60, 1 ff.

— Verwaltungsprozeßrecht, Ein Studienbuch, 2. Auflage, München und Berlin 1961, zit. Ule VerwProzeßR.

— Verwaltungsgerichtsbarkeit (Kommentar zur VwGO), 2. Auflage, Köln, Berlin, München, Bonn 1962, zit. Ule VerwGbkeit.

Vogel — Das besondere öffentliche Interesse an der Strafverfolgung bei Körperverletzungen (§ 232 I StGB), in: NJW 61, 761 ff.

Wagner — Zur Weisungsgebundenheit der Staatsanwälte, in: NJW 63, 8 ff.

Weber — Die allgemeinen Voraussetzungen des Klageerzwingungsverfahrens nach der Strafprozeßordnung und die Erweiterung des Verfahrensbereichs durch Art. 19 IV des Grundgesetzes, Dissertation, Tübingen 1953, zit. Weber.

von Weber — Die öffentliche Klage bei leichter und fahrlässiger Körperverletzung (§ 232 I StGB), in: MDR 63, 169 f.

Werner — Anm. zu BFH JZ 55, 347, in: JZ 55, 349.

— Das Problem des Richterstaates, Heft 2 der Schriftenreihe der Juristischen Gesellschaft e. V. Berlin, Berlin 1960, zit. Werner.

Wernicke — Kommentierung zu Art. 19 GG im Kommentar zum Bonner Grundgesetz (Bonner Kommentar) Lieferung 1—11, Hamburg 1950, zit. Wernicke BK.

Witten — Die Zulässigkeit des Verwaltungsrechtswegs und die Praktikabilität des Grundgesetzes, in: NJW 61, 753 ff.

Wolff — Verwaltungsrecht I, Ein Studienbuch, 4. Auflage, München und Berlin 1961, zit. Wolff.

Würtenberger — Der Staatsanwalt, in Berneker: Die juristischen Berufe in Vergangenheit und Gegenwart, Mainz 1948, S. 75 ff., zit. Würtenberger.

Zschacke — Die Begründung des Verwaltungsaktes und ihre Bedeutung im Verwaltungsstreitverfahren, in: NJW 54, 413 ff.

ABKÜRZUNGEN

a. A.	anderer Ansicht
a. a. O.	am angegebenen Ort
AEV	Anklageerzwingungsverfahren
AG	Amtsgericht
Alsberg E I	Die strafprozessualen Entscheidungen der Oberlandesgerichte, herausgegeben von Max Alsberg, 1. Band
Anm.	Anmerkung
AnwBl	Anwaltsblatt
AöR	Archiv für öffentliches Recht
ASt	Antragsteller
AV	Ausführungsverfügung
B.	Beschluß
BayObLG	Bayerisches Oberstes Landesgericht
BayObLGSt	Entscheidungen des Bayerischen Obersten Landesgerichts in Strafsachen
BayVerfGH	Bayerischer Verfassungsgerichtshof
Bd.	Band
BFH	Bundesfinanzhof
BGBl	Bundesgesetzblatt
BGH	Bundesgerichtshof
BGHSt	Entscheidungen des Bundesgerichtshofes in Strafsachen
BGHZ	Entscheidungen des Bundesgerichtshofes in Zivilsachen
BJMin	Bundesjustizminister
BK	Bonner Kommentar
BRAK	Bundesrechtsanwaltskammer
BSG	Bundessozialgericht
BVerfG	Bundesverfassungsgericht
BVerfGE	Entscheidungen des Bundesverfassungsgerichts (Amtliche Sammlung)
BVerfGG	Bundesverfassungsgerichtsgesetz
BVerwG	Bundesverwaltungsgericht
BVerwGE	Entscheidungen des Bundesverwaltungsgerichts (Amtliche Sammlung)

DBG	Deutsches Beamtengesetz
DBTag	Deutscher Bundestag
Diss.	Dissertation
DJ	Deutsche Justiz
DJT	Deutscher Juristentag
DJZ	Deutsche Juristenzeitung
DÖV	Die öffentliche Verwaltung
DR	Deutsches Recht
DRB	Deutscher Richterbund
Drucks.	Drucksache(n)
DRZ	Deutsche Rechts-Zeitschrift
DRiZ	Deutsche Richterzeitung
DV	Deutsche Verwaltung (Zeitschrift für Verwaltungsrecht)
DVBl	Deutsches Verwaltungsblatt
EGGVG	Einführungsgesetz zum Gerichtsverfassungsgesetz
EGStPO	Einführungsgesetz zur Strafprozeßordnung
EntschOVGBerlin	Entscheidungen des Oberverwaltungsgerichts Berlin
FN	Fußnote
GA	Goltdammers Archiv für Strafrecht
GewO	Gewerbeordnung
GG	Grundgesetz
GKG	Gerichtskostengesetz
GVBlNRW	Gesetz- und Verordnungsblatt für Nordrhein-Westfalen
GVG	Gerichtsverfassungsgesetz
HESt	Höchstrichterliche Entscheidungen, Sammlung von Entscheidungen der Oberlandesgerichte in Strafsachen
h. L.	herrschende Lehre
HRR	Höchstrichterliche Rechtsprechung
i. e.	im einzelnen
JBl Saar	Justizblatt des Saarlandes
JGdSchrift	Forschungen und Berichte aus dem öffentlichen Recht, Gedächtnisschrift für Walter Jellinek (München 1955)
JMinBlNRW	Justizministerialblatt des Landes Nordrhein-Westfalen
JR	Juristische Rundschau
JuS	Juristische Schulung
Justiz	Die Justiz
JVA	Justizverwaltungsakt

JVBl	Justizverwaltungsblatt
JW	Juristische Wochenschrift
JZ	Juristenzeitung
KG	Kammergericht
KM	Kleinknecht-Müller
KostO	Kostenordnung
LG	Landgericht
LeipzK	Leipziger Kommentar
LM	Lindenmaier-Möhring (Nachschlagewerk des Bundesgerichtshofs)
LR	Löwe-Rosenberg
LVG	Landesverwaltungsgericht
MDR	Monatsschrift für deutsches Recht
MRK	Konvention zum Schutze der Menschenrechte und Grundfreiheiten
MRVO 165	Militärregierungsverordnung Nr. 165: Verwaltungsgerichtsbarkeit in der Britischen Zone
NdsRPflege	Niedersächsische Rechtspflege
NJW	Neue Juristische Wochenschrift
OGH	Oberster Gerichtshof für die Britische Zone
OGHSt	Entscheidungen des Obersten Gerichtshofes für die Britische Zone in Strafsachen
OLG	Oberlandesgericht
OVG	Oberverwaltungsgericht
OVGE	Entscheidungen der Oberverwaltungsgerichte Münster und Lüneburg (Amtliche Sammlung)
PBefG	Personenbeförderungsgesetz
RAGebO	Rechtsanwaltsgebührenordnung
Rdz.	Randzeichen
RG	Reichsgericht
RGBl	Reichsgesetzblatt
RGSt	Entscheidungen des Reichsgerichts in Strafsachen
RiStV	Richtlinien für das Strafverfahren
RJM, RJMin	Reichsjustizminister
RMilitärGE	Entscheidungen des Reichsmilitärgerichts (Amtliche Sammlung)
Rspr.	Rechtsprechung

S.	Satz, Seite
SchlHA	Schleswig-Holsteinische Anzeigen, Justizministerialblatt für Schleswig-Holstein
SJZ	Süddeutsche Juristenzeitung
Sp.	Spalte
StA	Staatsanwaltschaft
StGB	Strafgesetzbuch
StPÄG	Gesetz zur Änderung der Strafprozeßordnung und des Gerichtsverfassungsgesetzes
StPO	Strafprozeßordnung
StrK	Strafkammer
U.	Urteil
VerwArchiv	Verwaltungsarchiv
VB	Vorlegungsbeschluß
VerwRspr.	Verwaltungsrechtssprechung
VG	Verwaltungsgericht
VGH	Verwaltungsgerichtshof
Vgl.	vergleiche
VO	Verordnung
Vorbem.	Vorbemerkung
VRS	Verkehrsrechtssammlung
VVDStRL	Veröffentlichungen der Vereinigung Deutscher Staatsrechtslehrer
VwGO	Verwaltungsgerichtsordnung
ZaöRV	Zeitschrift für ausländisches öffentliches Recht und Völkerrecht
z. B.	zum Beispiel
ZBR	Zeitschrift für Beamtenrecht
ZStW	Zeitschrift für die gesamte Strafrechtswissenschaft